가끔은 이기적이어도 괜찮아

The Joy of Being Selfish:
Why You Need Boundaries And How to Set Them
by Michelle Elman
First Published by Welbeck, an imprint of Welback Non-Fiction Limited,
part of Welbeck Publishing Group, London.

가끔은
이기적이어도
괜찮아

미셸 엘먼 지음
도지영 옮김

좋은 사람보다 나다운 사람이 되기 위한 관계의 기술

NO PROBLEM

비즈니스북스

옮긴이 **도지영**

이화여자대학교에서 정치외교학과 경제학을 전공하였으며, 연세대학교 대학원에서 국제통상을 전공하였다. 현재 번역 에이전시 엔터스코리아에서 출판 기획 및 전문 번역가로 활동하고 있다. 주요 역서로는 《데일 카네기 인간관계론》, 《마음의 연금술》, 《더 프랙티스》 등이 있다.

가끔은 이기적이어도 괜찮아

1판 1쇄 인쇄 2022년 7월 15일
1판 1쇄 발행 2022년 7월 22일

지은이 | 미셸 엘먼
옮긴이 | 도지영
발행인 | 홍영태
편집인 | 김미란
발행처 | (주)비즈니스북스
등 록 | 제2000-000225호(2000년 2월 28일)
주 소 | 03991 서울시 마포구 월드컵북로6길 3 이노베이스빌딩 7층
전 화 | (02)338-9449
팩 스 | (02)338-6543
대표메일 | bb@businessbooks.co.kr
홈페이지 | http://www.businessbooks.co.kr
블로그 | http://blog.naver.com/biz_books
페이스북 | thebizbooks
ISBN 979-11-6254-288-0   03190

* 잘못된 책은 구입하신 서점에서 바꾸어 드립니다.
* 책값은 뒤표지에 있습니다.
* 비즈니스북스에 대한 더 많은 정보가 필요하신 분은 홈페이지를 방문해 주시기 바랍니다.

비즈니스북스는 독자 여러분의 소중한 아이디어와 원고 투고를 기다리고 있습니다.
원고가 있으신 분은 ms1@businessbooks.co.kr로 간단한 개요와 취지, 연락처 등을 보내 주세요.

사람들과 잘 지내기 위해 애쓰고 노력했지만
정작 자신은 남에게 존중받지 못했던 모든 사람에게 이 책을 바칩니다.
누구나 그렇듯 당신은 존중받아 마땅한 사람입니다.

관계 앞에서 나는 어떤 모습일까?

다음 체크리스트는 사람들과의 관계에서 자신이 어떤 모습인지 알려주는 문항들이다. '네'로 답하는 문항이 많을수록 관계에서 스스로를 우선순위에 두지 못한다는 의미다. 이는 달리 말하면 관계에서 선을 더 많이 그어야 한다는 뜻이다.

· · ·

		네	아니오
1	다른 사람의 말에 동의하지 않을 때 내 의견을 말하는 게 어렵다.	☐	☐
2	사람들이 자주 내 뒷담화를 한다.	☐	☐
3	'싫다'라고 말하는 게 어렵다.	☐	☐
4	주위 사람의 기분이 안 좋으면 내 기분도 덩달아 안 좋아진다.	☐	☐
5	전화를 먼저 끊는 게 어렵다.	☐	☐
6	내가 필요한 걸 요구할 때 죄책감을 느낀다.	☐	☐
7	수동공격적인passive-aggressive(공격성을 은근히 드러내는 것. 예의 바르게 이야기하지만 돌려서 비난하는 느낌을 준다— 옮긴이) 성격이라는 이야기를 종종 듣는다.	☐	☐
8	상대방의 말에 동의하지 않으면 그가 상처받을까 걱정된다.	☐	☐
9	내가 행복하지 않아도 차라리 다른 모두가 행복한 게 좋다.	☐	☐
10	다른 사람이 내 감정에 상처를 주면 잊으려 애쓴다.	☐	☐
11	내 인생은 드라마에 나올 법한 사건들로 가득하다.	☐	☐
12	사람들과 대화를 나누고 난 뒤 마음속으로 내용을 되짚어본다.	☐	☐

13 사람들이 싸우면 내가 싸움을 말려야 할 것 같은 기분이 든다. ☐ ☐

14 화를 표현하는 게 어렵고 차라리 참는 게 낫다. ☐ ☐

15 나는 다른 동료에 비해 더 오래 일한다. ☐ ☐

16 가족 내에서 중재자 역할을 한다. ☐ ☐

17 친구 관계에서 받는 것보다 주는 게 많다. ☐ ☐

18 새로운 관계를 맺을 때 내 사생활을 지나치게 드러내는 편이다. ☐ ☐

19 내 의견보다는 다른 사람의 의견을 중요하게 여긴다. ☐ ☐

20 종종 억울함을 느끼지만 그런 억울함을 표현할 방법을 모른다. ☐ ☐

21 나에 관한 대화를 나눌 때면 불편하다. ☐ ☐

22 관계의 평화를 위해 원하지 않는 이야기에도 동의한다. ☐ ☐

23 내 의견을 주장할 때 죄책감을 느낀다. ☐ ☐

24 누군가 나에 대해 잘못된 생각을 가지고 있으면 바꿔주고 싶다. ☐ ☐

25 나는 다른 사람의 비밀을 잘 지키는 데 반해 나의 비밀 이야기는 ☐ ☐
   잘 지켜지지 않는 편이다.

26 다른 사람을 행복하게 해야 한다는 책임감을 느낀다. ☐ ☐

27 '독이 되는 관계'라고 이름 붙일 수 있는 관계가 있다. ☐ ☐

28 솔직해지는 게 두렵다. 솔직함이 말다툼으로 번질까 봐 걱정되기 ☐ ☐
   때문이다.

29 사람들은 나를 '만만하다'라거나 '사람이 너무 좋다'라고 말한다. ☐ ☐

30 내 주변의 사람들이 순수히 나를 위해 곁에 있지는 않을 것이다. ☐ ☐

31 나의 연애 상대는 내가 기댈 수 있고 신뢰할 수 있는 사람이 되어 ☐ ☐
   주길 바란다.

누구에게나 좋은 사람이 되고 싶어 힘든 당신에게

'세상 그 누구보다 나를 가장 사랑해야 한다.' 이 말에 누구나 동의할 것이다. 하지만 이는 종종 조건부로 작용한다. 바로 '다른 사람을 위해 해야 할 일들을 먼저 마쳤다면'이라는 조건 말이다. 그런데 여기에는 문제가 하나 있다. 일단 다른 사람부터 위하고 나면 나를 위해 쓸 시간이나 에너지가 전혀 남아 있지 않다는 점이다. 사람들은 흔히 다른 사람을 위한 일을 우선하고 챙기려 애쓰는데 이때 그만큼 대가가 따른다는 걸 반드시 알아야 한다.

그 대가는 바로 '나 자신'이다.

다른 사람을 위하려면 나를 돌볼 시간과 에너지를 희생해야 한다. 그래서 관계에서 선boundary을 긋는 일이 중요하다. 선을 긋는 건 자기 사랑의 다른 표현이다. 하지만 누구도 이 방식에 대해 얘기하고 싶어 하지 않는다. 나보다 남을 우선으로 해야 '좋은 사람'이 된다는 믿음과 정면충돌하는 일인데다 내가 원하는 바를 중요시하면 '이기적인 사람'이라고 비난받을까 두렵기 때문이다.

그러나 나를 사랑하는 건 '나의 인생을 다른 사람의 책임으로 미루지 않는다'라는 의미다. 또 선을 긋는다는 건 '내게 꼭 필요한 건 내가 구할 것이며 다른 사람이 가져다주겠지 하고 기대지 않는 것이다'라는 뜻이다. 이런 생각이 이기적인 것이라면 그렇다, 나는 기꺼이 이기적인 사람이 되겠다!

사랑받기 위해 애쓰고 있는가

이기적인selfish: 다른 사람을 신경 쓰지 않고 자기 자신의 이익, 기쁨 혹은 안녕만을 추구하거나 집중하는 것.

논란의 여지가 있겠지만 나는 나를 사랑하기 위해서는 이기적인 자세가 필요하다고 생각한다. 그러려면 인생의 우선순위를 다시 조정해 순위 목록의 맨 위에 '나'를 올려놓아야 한다.

현대 사회에서 '이기적'이라는 말은 나쁜 꼬리표다. 이기적이라는 말을 들으면 '다른 사람 입장을 생각하지 않는 사람'이라는 이미지가 떠오르기 때문이다. 하지만 나보다 남을 더 신경 쓰고 싶으면 나를 뒤로 미루고 마는 안타까운 결과로 이어진다. 자기 자신을 스스로 살피고 돌보는 일이야말로 우리가 주변 사람에게 해줄 수 있는 가장 다정한 행동이라고 생각한다. 자신을 스스로 챙기지 못하면 당신과 가까운 누군가가 대신 그 책임을 느끼게 될 것이다.

우리가 사는 세상은 흔히 이타적인 사람을 칭송한다. 그런데 다른 사람을 먼저 위하는 듯 행동하는 사람의 이면을 들여다볼 필요가 있다. 그들은 자신의 말과 행동, 선택에 대한 타인의 반응이 너무 두려운 나머지 스스로 원하는 바를 요구하지 못한다는 사실을 숨기고 있다. 예를 들어 매우 이타적인 사람에게 뭐가 먹고 싶은지 물어봤다고 치자. 이타적인 사람은 답을 하지 못한다. 아무리 여러 번 물어봐도 결정은 나의 몫이 될 뿐이다. 이런 사람은 남을 매우 배려하는 듯 보이지만 자주 이런 상황에 놓이면 묻는 사람이 지치게 된다. 결국 내가 그들의 속마음을 읽어야 하기 때문이다. '이 사람은 정말 무엇을 먹든 상관없는 것일까, 아니면 진짜 원하는 바를 입 밖으로 내지 않는 것일까?'

자신의 의견을 내세우지 않는 사람이 스스로 무엇을 원하는지 모르는 이유는 한 번도 무엇을 원하느냐는 질문을 받아본 적이 없거나 원하는 바를 말했을 때 상대에게 자주 무시당해서 요구하는 걸 그만두었기 때문이다. 어느 쪽이든 이타적인 태도는 '좋은 사람이 되려는' 마음이 아니라 다른 사람들로부터 '사랑받으려는' 마음에서 나오는 경우가 많다. 따라서 이타적인 사람은 자신이 얼마나 유용한 사람인지 증명했을 때, 그래서 다른 사람에게 인정을 받았을 때만 자존감을 얻는다. 그러다 보니 스스로의 욕구보다 다른 사람의 인정을 우선시한다.

이타적인 성격에 자부심을 갖는 사람 대부분이 사실은 다른 사람을 위해서가 아니라 자신을 위해서 이타적으로 행동한다는 점이 아이러니하다. 이들은 스스로 마주하기 꺼려지는 내면의 공허함을 채우고자 다른 사람의 인정을 얻기 위해 온갖 일을 한다. 누구도 부탁하지 않은 희생을 자처하고 뒤돌아서서는 자기에게 신경 써주지 않는다며 꾹꾹 쌓아온 억울함을 터뜨린다.

이처럼 '이타적'이라는 사람들이 보이는 문제점은 두 가지다. 이들은 자신이 돕고 있는 사람이 아무것도 할 줄 모른다고 생각한다. '내가 돕지 않으면 저 사람은 제대로 일을 해내지 못할 것'이라는 생각에 빠져 자기 일이라 여기고 발 벗고 나선다. 그래서 이어지는 문제는 이타적인 사람이 상대방의 인생에 지나치게 개입하고 간섭하며 불쑥불쑥 선을 넘곤 한다는 점이다. 자신과 아무 상관없는 일인데도 의견을 낼 권리가 있다고 당연하게 생각하는 것이다.

'남의 일'이 아닌 '내 일'을 먼저 생각하기

이런 상황에서 가장 필요한 말은 한마디뿐이다. 바로 '남의 일에 상관하지 말라'다. 타인을 먼저 위하던 사람이 남이 아닌 자신에게 더 초점을 맞추게 되면 어떻게 될까? 다른 사람을 먼저 생각했던 이유는 사실 자신이 불안했기 때문이고, 다른 사람을 위한다고 했던 일이 문제 해결은커녕 오히려 문제를 일으켰다는 사실을 알게 된다. 우리가 모두 '내 일에만 신경 쓰고' 좀 더 '이기적'으로 군다면 다른 사람을 내 식대로 재단하거나 다른 사람이 구하지도 않은 의견을 내는 일은 줄어들 것이다. 우리가 이기적인 태도를 취한다면 주변 사람에게 자신의 문제를 투사하기보다는 문제를 해결하는 데 초점을 맞추며 살 것이다.

자, 여기서 생각해보자. 다른 사람에게 시간과 에너지를 퍼주는 대신 애초에 그 시간과 에너지를 돌려받을 필요가 없도록 자신을 위해 쓴다면 어떨까? 내 시간과 에너지를 앗아가는 상대방도 문제지만 더 근본적인 문제는 '싫다'라고 거절하지 못한 우리에게 있다.

특히 여성은 자신에게 '선을 그을 권리'가 있다는 사실을 믿는 데서부터 출발해야 한다. 동서양을 불문하고 여성들은 어린 시절부터 순교자가 되는 법을 배운다. 가족이나 연인, 친구 등 주변 사람을 위해 희생하거나 맞춰줘야 할 여성으로서의 역할을 배우는 것이다. 그래서 자신의 꿈, 야망, 욕구는 제쳐두고 대신 시간과 에너지를 주변 사람들에게 쏟는다. 여성이 자신의 꿈을 이루는 데 시간이나 에너지를 쓰지 않은 탓에 세상이 놓쳐버린 재능이 얼마나 많았을까? 자신의 꿈을 찾을 만큼 '이기적'이지 못해 세상에 나오지 못한 중요한 아이디어는 얼마나 많았을까?

이타적인 사람이 되어 다른 사람을 돌봐야 한다는 사회적 메시지는 아주 어린 나이부터 주입된다. 그런 이유로 많은 사람이 다른 사람에게 자신의 몫을 얼마나 베풀었는지 그리고 모두의 요구 사항을 얼마나 들어주었는지에 따라 자존감을 얻는다. 자신이 얼마나 남에게 필요한 사람인가에 따라 또 얼마나 좋은 사람으로 보이는가를 바탕으로 자신의 가치와 중요도를 매긴다. 하지만 행동이 '좋은 사람'을 정의할 수는 없다. 설령 그럴 수 있더라도 '충분히 좋다'는 게 어느 정도인지는 다른 사람만이 정의할 수 있다.

좋은 배우자, 좋은 친구, 좋은 직원, 좋은 가족으로 '보이려고' 애쓰지 마라. 그래야 비로소 우리는 다른 사람에게 베풀기 때문이 아니라 '내 모습 그 자체'로 좋은 사람이 된다는 사실을 깨달을 수 있다. 관계에 선을 긋는 과정은 '나라는 사람의 가치가 본질적인 것'이라는 깨달음을 얻는 과정이기도 하다. 우리는 지금까지 들어온 사회적 메시지, 즉 다른 이에게 좋은 사람이 되어야 한다는 메시지를 머릿속에서 흘려보낼 필요가 있다. 대신 스스로에게 좋은 사람이 될 방법을 재정의해야 한다.

가끔은 이기적이어도 괜찮다

선을 긋는 방법을 익히는 건 어려울지 모른다. 하지만 선이 없는 삶을 살기란 더 어렵다. 그건 내가 아주 잘 안다. 나야말로 선을 긋지 못한 채 살아온 사람의 대표적인 사례였기 때문이다.

열여덟 살 시절 나는 내가 무엇을 원하는지 전혀 알지 못했다. 그리고 그런 상황 속에서 누군가 내 기분이 어떤지 물어봤다면 나는 두려워하며 아무 말도 하지 못했을 것이다. 당시 나는 상호의존적인 관계에 둘러싸여 있었다. 친구들은 내가 전화벨이 단 한 번만 울려도 "여보세요." 한다고 농담하곤 했다. 나의 첫 번째 우선순위는 '좋은 친구'가 되는 일이었다. 좋은 친구가 된다는 건 듣기에는 좋았지만 내 건강에는 좋지 않았다. 아니, 더 정확히 말하면 그건 나를 망치는 짓이었다. 나는 내 절친과 매우 상호의존적인 사이였기 때문에 그 친구 없이 학교에 가면 꼭 절친은 어디 갔는지 모두가 물어볼 정도였다. 또 다른 친구들은 놀러 가고 싶을 때 같이 갈 사람이 없으면 항상 나를 떠올렸다. 조르기만 하면 내가 따라나설 것을 알았기 때문이다. 실제로 나는 가고 싶지 않을 때도, 다음 날 시험이 있어도 친구를 따라나섰다. 한마디로 나는 호구였다.

연애할 때는 상대에게 모든 것을 맞추기 위해 안간힘을 쓰곤 했다. 문제는 내가 애쓰고 있다는 사실을 상대 또한 알고 있었다는 점이다. 어느 날 저녁 남자친구가 보낸 문자에 한 시간 뒤 답을 했더니 남자친구는 "보통 재깍하고 답하는 네가 보인 드문 일"이라며 놀렸다. 친구들에게 내 연애가 늘 실패하는 이유를 물으면 모두가 같은 대답을 했다.

"넌 남자친구에게 너무 친절해."

지나고 나서 보니 '너무 친절하다'라는 말은 결코 칭찬이 아니었고 '아무것도 거절하지 못한다'를 돌려서 표현한 말이었다. 나는 실제로 내가 어떤 기분이나 감정을 느끼는지보다 상대가 나를 좋아하는 게 더 중요하다고 생각했다. 누군가 나를 속상하게 하면 입을 다물었고, 형편없는 행동을 보이는 사람이 있어도 '별일 아니야'라며 넘어가곤 했다. 누군가 선을 넘는 말이나 행동을 해서 화가 나면 돌려서 비난하는 방식으로 화를 삭였다. 무엇보다 최악은 나를 전혀 존중하지 않는 사람들과 인생을 함께해왔다는 점이다. 내게는 연인이나 친구 관계를 끊을 선택권이 있다고 생각하지 않았다. 그래서 누군가 나와 시간을 함께 보내고 싶어 하면 깜짝 놀랐다.

선을 긋지 않았기 때문에 인생에 불필요한 사건들이 생길 뿐 아니라 스트레스, 불안, 죄책감, 억울함도 생긴다는 사실을 마침내 마주하기까지 나는 오랫동안 힘든 배움의 과정을 거쳐야 했다. 한마디로 선을 긋고 거절할 줄 알게 되면서 내 인생에는 큰 변화가 일어났다. 다른 사람과 선을 긋는 건 지금까지 내가 배웠던 모든 가르침 중에서 단연 최고로 꼽을 수 있는 교훈이었고, 지금까지의 삶에서는 상상할 수 없을 정도로 내 인생을 완전히 바꿔놓았다.

나는 라이프 코치 미셸 젤리 Michelle Zelli 에게서 인생의 선을 긋는 법을 비롯해 관계의 기본을 배웠다. 젤리는 그때부터 지금까지 나의 라이프 코치로 거절을 두려워하지 않는 지금의 나를 만들었다. 우리는 2015년에 만났다. 당시 나는 라이프 코치 일을 시작한 지 1년이 됐을 때였는데 이 일을 어느 방향으로 가져가야 할지, 어느 분야를 전문으로 삼아야 할지 확신이 없었다. 그러던 중 비즈니스 코칭을 배울 필요가 있겠다는 생각이 들어 그녀의 교육 프로그램에 참가하게 됐다.

젤리와 만난 첫 번째 세션에서 그녀는 지금 내게 진정으로 필요한 건 비즈니스 코칭이 아닌 라이프 코칭이라고 알려주었다. 젤리와 함께 보낸 처음 1년 동안 그녀를 만날 때마다 내 인생에 매우 많은 문제가 있다는 사실을 알게 됐다. 그건 눈이 번쩍 뜨이는 놀라운 경험이었다. 젤리는 내가 그간 보지 못했던 내 인생의 문제점들을 전부 알려주었다. 그뿐 아니라 젤리는 자신이 원하는 바를 너무나 잘 알고 그걸 표현하는 데 주저하지 않는 사람이었다.

어떻게 하면 그렇게 할 수 있는지 알지 못했지만 나도 그런 사람이 되고 싶었다. 젤리를 만나고 6개월 동안 나는 마치 마르지 않는 정보의 샘을 찾았지만 그걸 제대로 흡수하지 못하는 느낌이었다. 1년이 지나면서 나는 스스로 원하는 바가 무엇인지 훨씬 더 잘 알게 되었고 '이 기적'이라는 표현을 긍정적인 말로 재정의하게 되었다. 그렇게 살면서 처음으로 나를 관계의 우선순위에 두게 됐다. 마침내 나를 깎아내리거나 모욕하는 말이 무엇인지 깨달았고 무엇보다 선을 긋는 일이 가진 힘을 배웠다. 그리고 이제는 내가 배운 바를 행동으로 옮겨야 했다.

나는 2017년 한 해 동안 단 하나의 규칙에 따라 살겠다고 마음먹었다. 바로 '거절하기의 해'를 살기로 했다. 무엇이든 원하지 않는 일은 거절하고, 싫은 일을 합리화하며 하지 않겠다는 것이었다. 그때 나는

20대 초반이었고, 친구들 모임은 점점 작은 모임들로 쪼개지기 시작하는 단계에 있었다. 하우스 파티를 열고 하룻밤에 모두의 소식을 듣는 날은 지나갔다. 대신 드물게 야근을 하지 않는 날이면 퇴근 후 일대일로 만나 저녁을 먹는 약속이 꽉꽉 들어찼다. 나만의 시간을 조금도 가질 수 없었고 마치 끝없이 쳇바퀴를 돌리는 햄스터가 된 듯했다. 모임이 일대일 만남으로 바뀌다 보니 실은 친구와 나 사이에 공통점이 더는 없다는 생각 또한 문득 들었다. 나는 처음으로 내가 혼자만의 시간을 원한다는 걸 깨달았다. 그리고 혼자만의 시간을 가지려면 거절하는 법을 배워야 한다는 것도 깨달았다.

내가 처음으로 '아니'라고 거절한 순간은 2017년 1월 6일 저녁 늦게 찾아왔다. 새해가 된 후 첫 엿새간은 어떻게든 '하고 싶지 않은 일'과 마주치지 않고 보냈는데 6일 저녁 업무를 막 마무리할 때쯤 가장 친한 친구한테서 전화가 왔다. 그날은 별것 아니지만 짜증 나는 일이 계속 일어난 힘든 하루였다. 친구가 전화를 건 이유는 런던을 반쯤 가로질러야 갈 수 있는 펍에서 두 시간 뒤 열리는 퀴즈 모임에 갈 생각이 있는지 물어보기 위해서였다. 나는 평소처럼 일말의 고민 없이 "그래, 주소 보내줘."라고 말하고 전화를 끊었다. 망했다. 전화를 끊은 순간 벌써 결심이 무너졌다는 걸 알았다. '그래, 난 펍에서 열리는 퀴즈 모임을 좋아해. 그래, 오늘은 금요일 밤이야. 하지만 난 나이를 먹었고, 저녁 9시는 늦은 시간이고, 펍은 여기서 너무 멀어. 나는 정말로 휴대폰은 꺼두고 혼자 드라마를 보다가 일찍 잠자리에 들고 싶다고.' 그래서 나는 친구에게 다시 진화를 걸었다.

"나 안 갈래."

"왜?"

친구가 물었을 때 나는 거절하는 이유를 정당화시키지 않기로 했던 두 번째 결심을 떠올렸다.

"그냥…."

"왜 안 간다는 거야?"

"내가 안 간다고 말했으니까."

"알겠어. 그런데 너 좀 이상해."

"알아. 그럼 좋은 저녁 보내! 안녕!"

가장 친한 친구가 이런 행동을 하는 모습이 상상되는가? 당시의 나는 거절하는 일에 익숙하지 않았고 그래서 너무 어설펐다. 하지만 처음 선을 그을 때는 보통 그런 법이다. 그 이후로 내가 얻은 교훈은 선을 그을 때 가기 싫은 이유를 알려줄 필요는 없어도 약속을 취소하는 이유는 분명히 말해야 한다는 것이었다. 무엇보다 좋은 점은 거절에 익숙해질수록 약속을 취소할 일도 줄어든다는 점이다.

나에게 더 좋은 사람이 되는 법

한 가지 반가운 소식은 당신이 선을 긋는 법을 처음 배우는 게 아니라

실은 '다시 배우는' 것이라는 사실이다. 아이들은 대부분 자기의 선을 어떻게 알려야 하는지 안다. 갓난아이조차 소리를 질러 좋고 싫음을 분명히 표현한다. 낯선 사람이 아기를 안으면 자기 영역을 넘어온 사람을 거부하는 의미로 자지러지게 우는 아이의 모습을 볼 수 있다. 아장아장 걷는 정도의 아기들도 '싫어'라는 단어를 배우자마자 싫은 게 있으면 싫다고 말한다. 한 살 난 조카의 장난감을 뺏으면 돌려줄 때까지 "싫어!"라고 소리 지른다. 이렇게 어린아이들은 대화를 할 수 있을 정도로 충분한 어휘력을 갖추지 못해도 자신의 선을 분명히 표현한다.

하지만 어느 시점에 이르면 나의 욕구는 다른 사람의 욕구보다 중요하지 않다고 배우게 된다. 그런 가르침을 주는 사람은 예의 없는 것이라며 울지 말라고 하거나 원하지 않는 행동을 강요하는 부모님일 수 있다. 내 기억 속 처음으로 선을 침범당한 사건은 열 살 무렵에 일어났다. 그때 우리 가족은 산타바바라에 사는 부모님 친구인 한 아저씨의 집에 2주간 놀러 갔다. 도착한 첫날 밤 아저씨는 우리 가족을 위해 믿을 수 없을 만큼 멋진 식사를 준비해주었고, 디저트를 먹을 때가 되자 아주 잘 만들어진 베리 타르트를 내놓았다. 문제는 내가 과일을 싫어한다는 것이었다. 그렇다. 나는 모든 과일을 싫어한다. 이유는 알 수 없지만 과일을 먹으면 꽤 심한 구역질을 하는 체질이라 아저씨가 나이프를 가지러 부엌에 갔을 때 엄마에게 못 먹겠다고 말했다. 나는 마음속으로 아저씨에게 과일을 좋아하지 않는다고 말하는 것과 억지로 한 입 먹고 나서 토하는 것 중 어느 편이 더 나쁜 일인지 생각했다. 엄마가 대답했다. "그냥 한 입 먹으렴. 아서씨가 종일 정성 들여 만드신 거 잖아. 먹지 않는 건 무례한 짓이야." 이건 세상 모든 엄마가 어느 시점에서 한 번씩 하는 말이다. 하지만 이 말의 이면에는 '예의 바르게 행동하기 위해서는 자신의 감정과 욕구를 무시해야 한다'는 메시지가 들어 있다.

사실 이 상황을 잘 들여다보면 과일을 좋아하지 않는다고 말하는 게 전혀 무례한 행동은 아니다. 아저씨는 내가 과일을 먹지 못한다는 걸 알지 못했고 내가 아저씨의 베리 타르트에 개인적으로 불쾌함을 느낀 것도 아니었다. 식탁에는 베리 타르트를 맛있게 먹을 수 있는 사람이 세 명이나 있었고 내가 먹지 않아서 남는다고 버려야 하는 상황도 아니었다. 의도적이든 아니든 나는 그때 내가 느끼는 불편함은 중요하지 않으며 내 감정보다 다른 사람을 불편하게 만들지 않는 것이 더 중요하다고 배웠다. 이런 경험이 쌓이면서 우리는 자신의 욕구를 표현하는 선을 긋는 법을 모른 채 성장한다.

나이가 들수록 선을 긋기 어려운 또 다른 이유는 우리 내면에 마음 이론Theory of Mind 이 발전하기 때문이다. 마음 이론은 심리학자들이 자기 인식과 나와 남의 믿음을 생각하는 능력을 묘사하기 위해 사용하는 용어다. 태어날 때 우리는 매우 자기중심적이다. 이는 인간의 자연스러운 본성이다. 그러다 성장 과정에서 내 생각뿐 아니라 다른 사람의 생각도 존재하며, 그 생각 중 일부는 나에 관한 것이라는 걸 깨닫는다. 그러면 갑자기 나 자신을 우선순위에 두는 일이 좀 더 복잡해지기 시작한다. 이런 상황이 일어나는 배경에는 타인에게 사랑받고 싶다는 마음이 큰 부분을 차지한다. 상대가 나에 대해 어떻게 생각하고, 어떻게 평가하는지에 신경을 많이 쓰게 되는 것이다. 그런 이유로 어른이 되어 내리는 결정과 그에 따른 행동은 다른 사람의 영향을 받는 경우가 훨씬 더 많다. 하지만 사랑받기 위해 선을 긋지 않으면 예상치 못한 결과가 나타난다. 결국 타인에게 존중받지 못하게 될 뿐 아니라 분노에서 원망에 이르기까지 내면에 생기는 부정적인 감정을 회피하느라 지치게 된다.

우리는 사랑받고 싶다는 마음에서 벗어나야 한다. 사람들이 나를 싫어하는 것도 인생의 일부라고 받아들일수록 기꺼이 자신을 우선순위에 둘 수 있게 된다. 선을 긋는 일이 자신을 사랑하는 데 중요한 부분을 차지하는 이유다.

사람들에게 선을 그어야 한다고 이야기하면 가장 많이 보이는 반응이 "말은 쉽죠."다. 나도 그 생각에 동의한다. 모든 일이 말은 참 쉽다. 선을 긋고 나를 우선순위에 두는 일이 쉽다면 누구나 깨닫거나 배우지 않아도 그렇게 했을 테고 이 책도 필요 없었을 것이다. 그렇지만 말이 쉽다는 표현도 피해의식에서 비롯된 소리다. 세상 모든 사람에게는 선을 긋는 게 쉬운 일이고 나한테만 어려운 일이라고 믿는 건 잘못된 생각이다. 이 책이 존재하는 이유는 누구나 선을 긋는 일을 힘들어하기 때문이다. 지금은 선을 긋는 게 삶의 평범한 일부가 되었지만 한때는 내게도 어려운 일이었다. 이 책은 그 과정의 어떤 부분도 쉽다고 이야기하지 않는다.

하지만 선을 긋는다는 건 간단한 문제다. "지금까지 살아온 대로 계속 살고 싶은가, 아니면 더 나은 삶을 살 준비가 되었는가?"라는 질문에 대한 답이다. 만일 당신이 더 나은 삶을 맞이할 준비가 되지 않았다면 지금은 책을 내려놓았다가 준비가 되었을 때 다시 읽어라. 변화를 위한 동기를 얻기 위해 한계점에 도달해야만 하는 사람이 있다. "말은 쉽죠."라고 생각하며 책의 나머지 부분을 읽을 거라면 시간 낭비나 다름없다. 하지만 당신이 변할 준비가 되었다면 단언하건대 이 책은 아주 큰 도움이 될 것이다.

익숙하지 않은 사람이 선을 그으려면 처음엔 두려움을 느낀다. 하지만 시간이 지나면 선을 긋는 게 일상이 된다. 이 책을 다 읽었을 즈음 그런 변화가 여러분에게도 일상이 되기를 바란다.

차례

제1장 **가끔은 이기적이어도 괜찮아**

가끔은
이기적이어도 괜찮아

선 긋기를 한마디로 정리하자면 '다른 사람에게 나를 대하는 법을 가르치는 기술'이다. 내가 받아들일 수 있는 건 무엇이고 받아들일 수 없는 건 무엇인지 전하는 방식이다. 선은 말과 행동에서 내가 멈춰야 할 곳과 다른 사람이 시작해야 할 곳을 정의한다. 상대방이 나를 조종하고, 가스라이팅하고, 무례하게 대하고, 학대하려 할 때 나를 보호하기 위해서는 선이 필요하다.

나와 타인 사이의 선은 일종의 집과 같은 역할을 한다. 집 안은 나의 인생이고 집을 이루는 네 벽은 바깥세상으로부터 나를 보호한다. 다른 사람이 들어올 수 있는 문이 있으므로 바깥세상으로부터 완전히 차단된 건 아니지만, 문을 여는 건 나의 선택이다. 만일 누군가 문을 발로

차서 강제로 부수려 하면 침입으로 느낀다. 그럴 때 "오, 기왕 오셨으니 편히 있으세요."라고 말하지는 않을 것이다. 그건 누군가 내가 그어놓은 선을 넘었는데 "음, 어차피 하고 싶은 대로 하실 테니 제가 뭐라고 하겠어요?"라고 말하는 것과 마찬가지다. 우리는 창문을 통해 들어오려 하는 사람을 집 안으로 들이지 않는다. 창문을 닫아둔 데는 이유가 있기 때문이다.

당신의 집은 인생과 마찬가지로 오로지 당신만의 공간이다. 누구를 집에 들이고 누가 떠나야 할지 결정하는 주체는 당신이다. 누군가 집에 들어와서 깨지기 쉬운 화병을 집어 바닥으로 던졌다면 그 사람을 쫓아내야 한다. 이때 화병을 '개인적이고 약점이 될 만한 정보'라고 생각해보자. 사람들에게 새어나가서는 안 될 비밀을 털어놓았는데 응당 조심스레 다루어야 할 그 이야기를 상대방이 함부로 다뤘던 경험을 몇 번이나 겪어봤는가? 당신의 인생은 당신 집이고 집 안에서 용인되는 행동은 당신이 정해야 한다. 실내에서 신발을 신어도 되는 집이 있고 그러면 싫어하는 집도 있다. 규칙에는 옳고 그름이 있지 않다. 중요한 것은 당신의 집을 지킬 수 있는 규칙이 필요하다는 사실이다. 당신의 집이고 당신의 선이니 규칙도 당신이 정해야 한다.

동반의존codependence 개념의 전문가인 피아 멜로디Pia Mellody는 선을 '보이지 않는 상징적인 울타리'라고 묘사했다. 그리고 선을 긋는 목적을 다음의 세 가지로 설명했다.

1. 타인이 우리의 공간으로 들어와 우리를 괴롭히는 걸 막기 위해

2. 우리가 타인의 공간으로 들어가 그들을 괴롭히는 걸 막기 위해

3. 나는 어떤 사람인가에 대한 감각을 구체화하기 위해

특히 세 번째 목적을 포함하여 선 긋기의 세 가지 목적은 모두 우리의 정체성을 형성한다. 정체성은 인생의 모든 영역에 영향을 준다. 당신은 인생의 한 영역에서는 선을 잘 긋지만 다른 영역에서는 제대로 긋지 못할 수 있다. 만약 그렇다면 자신이 어느 영역에서 선을 가장 잘 긋는지 확인하라. 그리고 그것을 다른 영역에서도 선을 잘 그을 능력이 있다는 증거라고 스스로 생각하라.

나는 이 책 전체에 걸쳐 내가 어떻게 다양한 관계에서 선을 그었는지, 그리고 선을 그을 때 어떤 말을 사용했는지 예를 들어 설명할 것이다. 어떤 선을 어떤 과정을 거쳐 그어야 하는지 알려줄 가장 좋은 방법은 내가 경험한 일을 구체적인 예로 보여주는 것이라고 생각하기 때문이다.

여기서 예로 드는 건 어디까지나 '내가 정한 선'이라는 점을 기억해야 한다. 당신의 선은 내가 정한 선과 같지 않을 것이고, 마찬가지로 당신의 감정과 욕구는 나와 같지 않다. 당신이 의사소통하는 방식은 내가 의사소통하는 방식과 다를 것이다. 하지만 당신이 자신의 선을 표현하는 방법을 익히는 데 나의 사례를 참고한다면 하나의 선택지이자 시작점으로 삼을 수는 있다.

사람들에게 인간관계의 선을 가르치는 동안 다음과 같은 질문을 자주 받았다. "제가 그은 선이 불합리한가요?", "제가 너무 많은 걸 요구하나요?", "제가 정한 선이 너무 심해 보이지 않나요?" 이런 질문은 전부 "제가 이런 선을 정해도 될까요?"라는 물음으로 요약된다. 나의 대답은 언제나 같다. 당신이 원하는 바를 요구하기 위해 정한 선에 대해 내가 너무 심하다거나 불합리하다거나 당신이 까다롭고 이기적이라고(부정적인 의미에서!) 말하는 일은 결코 없을 것이다.

누군가의 욕구를 묵살한다고 해서 그 욕구가 없어지는 건 아니며 결국 당신이 얻고자 하는 것은 내가 상관할 바가 아니다. 당신의 욕구는 그냥 당신의 것이다! 당신이 정한 선도 당신의 것이다! 당신이 정한 선을 두고 과잉반응을 보이는 거라고 온 세상이 생각해도 나는 여전히 당신이 자신의 느낌과 반응을 표현하고 자신의 선을 그을 수 있다고 믿는다.

상대방 입장에선 당신이 그은 선이 불합리하다고 느낄지 모른다. 그에게는 그렇게 생각할 권리가 있다. 하지만 상대방이 그렇게 생각한다고 해서 당신의 선이 정말로 불합리하다고 말할 수 있을까? 그건 그 사람의 생각일 뿐이다. 자신이 너무 과한 걸 요구하는 건 아닌지 걱정하는 대신 당신의 선을 받아줄 수 있는 사람에게 당신의 의견을 말하고 있는지를 먼저 생각하라. 그들은 당신이 그은 선을 존중하며 결코 과한 요구를 한다고 생각하게 만들지 않는다.

모든 관계의 시작은 나를 사랑하는 것부터

자존감, 자신감, 나를 지키는 힘을 기르려면 선을 긋는 일이 꼭 필요하다. 다른 사람에게 존중을 요구할 때 자기 존중감 또한 커진다. 자신의 욕구를 의식할 때 일반적인 자기 인식 또한 높아진다. 선을 그으면 자아감각을 기를 수 있고 강한 자아정체성을 확립할 수 있다. 선이 있는 사람은 자신이 원하는 바를 알고 자신이 누구인지 안다. 내가 누구인지 그리고 세상이 내게 어떤 모습을 원하는지 사이의 선이 분명하기 때문이다.

우리는 보통 반려자나 가족 등 사랑하는 사람을 돌봐주어야 할 책임이 자신에게 있다고 생각한다. 반면 자신을 스스로 돌봐야 한다는 생각은 잘 하지 않는다. 그러나 자기 돌봄은 온전히 자신의 책임이다. 나를 스스로 돌보자. 그래서 나를 돌보는 일을 다른 사람의 할 일 목록에서 지워버리자. 다른 사람이 당신을 위해 해주었으면 하는 일을 모두 적어보라. 그게 당신을 계속 기쁘게 하는 일이든, 당신을 예쁘고 멋있다고 느끼게 하는 일이든, 삶에 즐거움을 더 많이 가져오는 일이든 상관없다. 그러고 나서 그 모든 일을 스스로 하고 있는지 물어보자. 십중팔구 그렇지 않을 것이다. 다른 사람이 우리를 돌봐주기를 바라는 이유가 여기에 있다. 나에게 필요한 건 스스로 채우는 것이 가장 기본이라고 생각하자. 그렇게 했을 때 더욱 바람직한 관계를 맺을 수 있다. 한층 자급자족적인 사람이 되기 때문이다.

유대인 속담에 "내가 나를 위하지 않으면 누가 나를 위하겠는가?"라는 말이 있다. 당신 스스로를 위해 당신의 삶을 사는 건 당신의 책임이다. 당신이 당신의 삶을 살지 않는다면 누가 그렇게 해줄까? 대대로 의사인 집안의 유산을 이어 부모님을 기쁘게 해드리려고 의대에 가는 아들이 있다고 생각해보자. 의사가 되는 건 그의 목표일까 아니면 부모님의 목표일까? 부모님을 만족시킨다는 목표를 일단 달성하고 나면 스스로 선택하지 않은 직업에서 얻는 성취감이 그를 계속 만족시킬 수 있을까? 그리고 부모님이 돌아가시고 나면 후회하며 살게 될까? 문제는 대부분의 사람이 타인의 기대가 지배하는 삶을 살 뿐 자신이 원하는 바가 무엇인지 스스로 알아보려는 시간을 거의 갖지 않는다는 점이다. 자기가 원하는 바를 얻을 방법에 대해서는 말할 것도 없다.

이기적인 행동은 다른 사람을 무시하는 행동이 결코 아니다. 그런 생각을 버린 후에 한번 세상을 바라보자. 이기적으로 행동하는 데 따르는 진짜 단점을 찾을 수 있는가? 당신이 아는 사람 중에 가장 이기적인 사람을 떠올려보면 당신의 요구를 그 사람이 거절했던 때가 기억날 것이다. 그건 분명 짜증 나는 경험이었겠지만 짜증을 내는 건 당신이었지 상대방이 아니었다. 아니면 반대로 당신에게 너무 많은 요구를 하는 사람을 떠올려보자. 상대방이 이기적인 걸까 아니면 당신이 거절하지 못하는 걸까? 선을 잘 긋는 사람은 원하지 않는 일이라면 몇 번의 요청을 받아도 싫다고 거절할 줄 안다. 당신 곁에 절대 있어주지 않는 사람이 떠오르는가? 건강한 자존감을 지닌 사람은 보답받지 못할 노력을 들여야 하는 관계에는 시간과 에너지를 투자하지 않는다.

　'이기적'이라는 표현을 들으면 또한 온 세상이 자기를 중심으로 돌아간다고 생각하는 그런 사람이 떠오를지도 모른다. 하지만 그렇게 생각하는 사람은 사실 그저 불안한 사람일 뿐이다. 불안한 사람은 당신이 입을 다문 이유가 자신에게 짜증이 났기 때문이라고 넘겨짚거나 자기 얘기만 하려고 대화에 끼어든다. '이기적'이라는 표현을 재정의하고 상대에게 어떻게 반응할지 정할 힘이 자신에게 있다는 점을 깨달으면 자신의 감정, 기분, 생각 등을 우선순위에 둔다고 해도 사실 아무런 문제가 없다. '이기적'이라는 표현이 불편하거나 자기 돌봄이라는 개념이 못마땅하다면 이 책을 자신을 돌보는 법을 알려주는 안내서로 여겨라.

　선을 긋는 데 있어 가장 어려운 부분은 보통 우리가 선을 그을 '자격이 있는 사람'이라는 생각을 하지 않는다는 데 있다. 어떤 사람들은 자신이 원하는 바를 중요하지 않다고 생각한다. 특히 애정이 결핍된 환경에서 자랐다면 어른이 된 후 어렸을 때 받지 못한 관심에 집착하게 되고, 관심을 얻을 수만 있다면 어떤 일이든 다 한다. 자신의 필요와 욕구를 무시해야 한다고 해도 말이다. 내가 평소 코칭 세션이 끝나고 숙제를 낼 때 이런 경우를 많이 봤다. 숙제하는 데 5분밖에 걸리지 않는다고 말해도 사람들은 5분의 시간을 내기 어렵다고 토로했다. 사실 5분의 시간은 낼 수 있다. 그들은 그저 '자신만을 위한 시간'을 써서는 안 된다고 생각하는 것이다. 그 시간을 다른 사람을 위해 사용해야 더 가치가 있다고 여긴다. 좀 더 이기적으로 굴자.

결국 다른 무엇보다 자기 자신에게 신경 써야 한다. 나도 처음에는 그게 얼마나 두려운 일이었는지 기억난다. 2017년 펍 퀴즈 모임에 가지 않겠다고 말했던 그날, 처음으로 거절이란 걸 하면서 나는 친구가 화를 낼 거라 생각했고 앞으로 어떤 일에도 나를 초대하지 않으면 어쩌나 걱정했다. 마음은 이런 식으로 우리를 겁주기 위해 상황을 과장한다. 우리가 안전지대에 무사히 머무를 수 있도록 하기 위해서다. 하지만 그때의 걱정은 전부 친구에 대한 생각이었다. 생각의 패턴을 무너뜨리려면 '내 생각'을 조금 더 해야 한다. 나는 실제로 어떻게 느꼈을까? 그러자 순간 마음이 편해졌다. 그날 나는 피곤했다. 하루 종일 일했고 밖에 나가 누굴 또 만날 에너지가 남아 있지 않았다. 그날 저녁에는 내 안의 의심을 옆으로 밀어둔 채 내가 원하는 대로 행동했고 그랬더니 행복해졌다.

자존감을 키우기 위해서 이제 여러분은 무엇을 요구할 권리가 있는지 배워야 한다. 자신이 어떤 대우를 받아야 하고, 무엇을 받아들일지 또 거절할지 알아야 한다. 다음은 이를 알기 위한 목록의 첫 부분이다. 나머지 부분은 각자 채워보자.

나에게는 이런 권리가 있다.
- 상대로부터 존중받으며 이야기를 듣는다.
- 내 필요와 관심사를 우선순위에 둔다.

- 내 감정을 느낀다.
- 내 생각을 전한다.
-
  _____
-
  _____

좋은 사람은 선을 긋지 않는다는 착각

세상에는 선을 둘러싼 오해들이 무척 많다. 선을 잘 그으려면 처음부터 그런 오해를 풀고 가야 한다.

오해1. 선을 긋는 건 못된 짓이다

거절을 하고 선을 긋는 일 자체는 못된 짓이 아니다. 하지만 의사소통 방식 때문에 상대방은 그게 못된 짓이라고 생각하기도 한다. 이런 경우는 선을 긋는 일이 문제라기보다 선을 그을 때 친절하게 표현하지 않은 게 문제다. 올바른 선 긋기는 대개 상대를 사랑하고 존중하는 마음을 가지고 관계를 건강하게 지속하기 위해 선택한 행동이다. 선이 필요한 이유를 이야기할 때에는 어느 정도 조심스럽게 전해야만 한다. 나는 선에 대해 폭넓은 이해를 지녔기 때문에 누군가 가만히 앉아 나를 원망하고 비꼬는 말을 내뱉는 대신 나에게 "선을 넘었다."고 직접 말해주면 정말로 고맙다.

오해2. 선은 관계의 벽을 세우는 행동이다

선이 없는 사람이야말로 관계의 벽을 세우고 있는 것과 마찬가지다. 그들은 동전의 양면과 같다. 책《친밀함의 요소》Intimacy Factor에서 피아 멜로디는 이를 다음과 같은 비유로 설명한다.

> 스스로를 둘러싸는 선이 없는 사람은 자신을 다 드러내는 사람이다. 이들은 자신이 무슨 일이든 할 수 있으며 사람들을 기쁘게 할 수 있을 것 같다고 느낀다. 책임 없는 신이 된 것처럼 말이다. 반면 자신을 둘러싸는 벽을 세우는 사람은 완고한 사람이다. 벽을 세우면 폐쇄적인 사람이 되고, 남보다 잘하려 들고, 남을 재단하고, 통제하게 된다. "앉아. 입 다물어. 네가 해야 할 일은 내가 알고 있어." 이런 식으로 마치 인간을 억압하는 신처럼 말이다. 선을 긋는 건 이러한 양극단을 피하는 방법이다.

위에서 소개된 극단적인 방식은 둘 다 보호기제에서 비롯되는 행동이다. 선을 긋는 사람은 이러한 양극단 유형의 사람들 사이에 존재하며 선을 긋는 것이야말로 관계를 맺는 건강한 방식이다.

벽을 세우는 것과 선을 긋는 건 완전히 다른 일이다. 벽을 세우면 세상으로부터 차단되고 사람들과 친밀한 관계를 맺을 수 없게 되지만 선을 그으면 건강한 인간관계를 맺을 수 있고 인간관계에서 상처받더라도 안전한 상태에 머물 수 있다. 벽을 세우는 목적은 다른 사람이 들어오지 못하게 하려는 것이다. 하지만 선을 긋는 목적은 너와 나 사이에 각자 지켜야 할 영역을 알리는 것이다. 간단히 말해 선은 일부 사람(내가 원하지 않는 사람)을 들어오지 못하게 하는 것이고, 벽은 누구도 들어오지 못하게 하는 것이다. 벽을 세우는 사람과 선이 희미한(혹은 선이 없는) 사람 사이에는 보이는 것 이상으로 비슷한 구석이 많다. 둘은 서로 다른 모습이지만 불안을 보인다는 점에서 같다. 여기서 말하는 불안은 거절당하거나 버림받을지 모른다는 두려움을 뜻한다. 벽을 세우는 사람은 항상 힘을 가지는 입장에 서기 위해 모든 사람을 차단하여 자신을 보호한다. 선이 희미한 사람은 절대 거절하지 않음으로써 모든 사람으로부터 사랑받으려 하고 갈등 상황을 피하는 방법으로 자신을 보호한다. 선이 희미한 사람은 상대를 위해 더 많이 베풀수록 그 사람

벽을 세우는 방식의 특징	선을 긋는 방식의 특징
관계를 막고 세상을 차단한다	건강한 관계를 맺게 해준다
사람들과 친밀하고 가깝게 지내는 걸 막는다	안전한 환경에서 인간관계의 상처를 받아들일 수 있다
사람이 들어오지 못하게 하려는 것이 목적	너와 나 사이의 차이를 아는 게 목적
누구도 들어오지 못하게 막는다	내가 들어오지 않았으면 좋겠다고 생각하는 사람만 막는다
두려움과 분노에서 비롯된다	사랑과 존중에서 비롯된다
"넘어오면 죽여버릴 거야."라는 메시지를 담고 있다	"넘어오면 다시는 들어오지 못하게 할 거야."라는 메시지를 담고 있다

이 자신을 떠나지 않으리라고 생각한다.

오해3. 선을 긋는 건 앙심을 품는 일이다

선을 긋는 일은 앙심을 품는 것과 상당히 다른 개념이다. 하지만 많은 사람이 그 둘을 혼동하곤 한다. 독이 되는 관계의 역학에만 익숙한 나머지 상대가 자신이 그은 선을 계속 지켜달라고 말할 때 혼란을 느끼기 때문이다. 앙심은 '용서'와 관련된 반면 선은 자신에 대한 '대우'와 관련됐다는 게 둘 사이의 차이점이다. 앙심은 상대를 벌주고 싶다는 마음과 더불어 문제를 흘려보낼 능력이 없는 데서 생겨난다.

우리 사회는 무슨 일이 있었든, 상대방이 진심으로 미안해하는지와 상관없이 용서를 베풀어야 한다는 잘못된 메시지를 종종 전한다. 상대방은 딱 한 마디 "미안해."라고만 하면 끝이다. 그러면 우리는 자동으로 즉각 부정적인 감정을 전부 없애는 과정을 거쳐야 한다. 그럴 수 없다고 하면 오히려 못되게 구는 사람이 되고 만다. 그러나 사과는 선물처럼 주는 것이지 용서를 대가로 받는 게 아니다. 미국의 유명 심리학자 해리엇 러너Harriet Lerner도 저서 《당신, 왜 사과하지 않나요?》에서 용서에 대해 의도는 좋지만 잠재적으로 해가 될 수 있는 다음과 같은 성격에는 동의하지 않는다고 밝힌다.

··· 용서는 괴로움과 증오의 수렁에 빠지지 않는 인생으로 가는 유
일한 길이다. 또한 아무리 나쁜 사람이라도 상대를 용서하지 않는

사람은 정신적으로 발달이 덜 된 사람이며 감정적, 신체적으로 문제가 일어날 커다란 위험을 무릅쓰는 셈이다.

앙심은 과거에 받은 모욕이나 상처를 두고 악감정이나 원망을 계속 느끼는 마음이다. 여기서 치유해야 할 부분은 바로 악감정과 원망이다. 나는 누군가를 반드시 용서하는 게 옳다고 생각하지 않는다. 하지만 우리가 느끼는 모든 부정적인 감정을 '정리'하는 일은 중요하다. 분노든 원망이든 몸속에 남은 부정적인 감정은 계속 우리를 아프게 만들기 때문이다. 부정적인 감정을 마주하고 오랜 시간 동안 그것을 느끼며 나아가 사라지도록 하는 능력을 갖추는 일이 그래서 중요하다. 나에게 상처 준 사람을 용서했는지 안 했는지는 중요하지 않으며 사라진 부정적인 감정이 나중에 다시 찾아온다 해도 괜찮다.

앙심을 품는 사람과 달리 선을 긋는 사람은 상대에게 악감정을 갖지 않는다. 선을 긋는 건 내 문제고, 내가 상대로부터 어떤 대우를 받고 싶은지의 문제다. 반면 앙심은 상대의 문제고 상대가 어떤 벌을 받아야 하는지의 문제다.

오해4. 선을 긋는 건 화가 났기 때문이다

선을 긋다 보면 우리가 화가 나서 선을 그은 거라고 넘겨짚는 사람도 있다. 하지만 그건 그 사람 생각이다. 그렇게 생각하는 사람은 선이 무엇인지 이해하지 못했거나 같은 상황에 놓이면 화를 내는 사람일 것이다.

화난 마음에 선을 그었다면 그건 잘못이다. 화가 났다면 선을 긋기 전에 먼저 자신의 감정부터 정리해야 한다. 감정을 제대로 정리했다면 상황에 대한 감정적인 반응이 아니라 사실을 전달하는 태도로 '지켜줬으면 하는 선이 있다'고 말할 수 있다. 이때는 감정적으로 중립인 상태인데 마치 누군가 전화번호를 물어보면 대답해주는 것과 같은 어조로 이야기하게 된다.

대부분의 사람은 선을 잘 긋지 못하며 선에 대한 인식도 희미하다는 사실을 기억해야 한다. 평생 아무런 선(제한) 없이 살아온 어린아이를 생각해보자. 부모님이 처음으로 선을 그으면 아이는 다소 혼란스럽고 부모님이 자기에게 화가 나서 그러는 것으로 생각한다.

오해5. 한 번 그은 선은 영원하다

한 번 그으면 영원히 존재하는 선도 있지만 모든 선이 꼭 그렇지는 않다. 대다수의 선은 유연하다. 확고한 선도 있지만 유연한 선도 있다. 내가 온라인상에서 확고히 지키는 선 하나는 공개 인스타그램 계정에 가족의 정보는 올리지 않는 것이다. 나는 대중 앞에 드러나는 삶을 살겠다고 선택했지만 우리 가족은 그에 동의하지 않았으므로 이 선을 지키는 것이 중요하다고 생각한다.

한편 연애 생활에 관한 선은 유연하다. 처음 온라인에 게시물을 올리기 시작했을 때 연애 생활에 관한 내용은 온라인상에서 절대 이야기하지 않겠다고 결심했다. 하지만 지난 2년 동안 내가 쓴 첫 번째 책이 나오면서 이 선에 변화가 생겼다. 그 책에 나는 처음 데이트를 하면서 경험한 몇 가지 일을 상세히 적었다. 데이트 경험을 공개하기로 마음먹은 건 그 경험이 내 인생 이야기의 중심이 되는 사건이라고 생각했기 때문이었다. 그리고 첫 책은 회상록이었기 때문에 내 경험이 들어가지 않으면 완성될 수가 없었다. 그래서 전에 정했던 선을 바꿨다. 지금 나는 연애 생활에 관한 사소한 이야기나 작은 정보 정도는 공개하되 여전히 데이트하는 사람의 실명이나 사진은 공개하지 않는다. 연애와 관련된 사적인 질문에도 답하지 않는 것을 선으로 정해놓고 있다. 하지만 장기적인 관계를 맺게 되면 이 선을 다시 바꾸고 싶어질지 모르며 선을 바꾸는 건 내 선택이자 권리다. 우리는 언제든 마음을 바꿀 수 있고 자기가 정한 선도 스스로 바꿀 수 있다. 결국 그건 내가 정한 나의 선이기 때문이다.

어디까지 선을 그어도 괜찮을까요

관계에서 선을 처음 그어보는 사람이라면 어떤 부분에서 어떻게 선을 그어야 할지 자기만의 기준이 없기 때문에 선 긋기가 어렵게 느껴질 수 있다. 관계 속에서 '나'를 지키기 위해 필요한 여러 종류의 선과 그 특징에 대해 알아보도록 하자.

물질의 선: 나의 소유물은 모두의 것이 아니다

재산과 소유물이 대표적인 물질의 선에 해당한다. 우리는 아주 어릴 때부터 물어보지도 않고 물건을 빌려 가는 형제들이나 허락도 없이 방에 들어오는 부모님을 상대하면서 물질의 선에 대해 배운다.

물질의 선이 약하게 설정된 예

나는 기숙 학교에서 학창 시절을 보냈다. 그 당시 아이들은 교과서를 잃어버리면 물질의 선을 자주 넘었다. 자기가 곤란해지지 않으려고 다른 아이의 책꽂이에서 교과서를 그냥 빼 가는 것이었다. 제때 돌려주는 경우는 거의 없었으므로 교과서를 빼앗긴 아이가 대신 곤란한 상황에 처하곤 했다.

물질의 선이 강하게 설정된 예

대학 시절 나는 네 명의 여자 친구들과 함께 살았는데 우리 중에 내가 가장 향수를 많이 모은 사람이었다. 외출 준비를 마치면 친구들은 종종 내 향수를 쓰러 왔다. 나도 아무렇지 않았다. 하지만 개인적인 이유에서 절대 손대면 안 되는 향수가 딱 한 병 있었고 친구들도 그 사실을 알았다. 아무도 자세한 이유는 묻지 않았고 향기를 한 번만이라도 맡게 해달라고 조르는 친구도 없었다. 친구들은 그저 나의 선을 받아들였고 그 향수를 제외한 다른 향수를 썼다.

신체의 선: 나의 몸은 가장 개인적인 공간이다

신체의 선에는 손길이 닿거나 안아주는 것, 혹은 너무 가까이 붙어 서는 것 등의 행위를 취할 때 적용된다. 우리의 몸은 지극히 개인적 공간이라는 사실을 기억하자.

신체의 선이 약하게 설정된 예

2019년 당시 대선 민주당 후보였던 조 바이든이 조사를 받는 사건이 있었다. 머리 뒤에 키스한다거나 코를 비비며 인사하는 등 그가 몸에 손을 대는 방식이 불편했다고 주장하는 사람들이 있었기 때문이었다. 이 일은 점점 거세지고 있던 미투 운동의 하나가 되었고, 발전하고 있던 신체의 선을 둘러싼 담론이 되기도 했다. 바이든은 사과문을 발표하면서 다음과 같이 이야기했다.

저는 사람들과 악수를 하고, 안아주고, 남성이든 여성이든 상대의 어깨를 잡고 말합니다. '우리는 할 수 있어요.' 상대가 여자든 남자든, 젊은 사람이든 나이 든 사람이든 지금까지 항상 그렇게 사람들을 대했습니다. 제가 상대에게 신경을 쓰고 있으며 그들의 목소리를 경청하고 있음을 보여주기 위한 방식이었습니다. 하지만 이제는 사회 규범이 달라졌습니다. 개인 영역을 보호하는 선이 분명히 그어졌습니다. 이제 저도 압니다. 저도 알아요. 사람들이 하는 말을 저도 들었고 이해합니다. 앞으로는 전보다 훨씬 조심하겠습니다.

그게 제 책임이고 저는 책임을 다할 것입니다.

여기서 바이든이 말하는 바는 자신이 힘내고 싶을 때 사람들이 다가와 안아주거나 어깨를 잡고 의욕을 북돋워주면 도움이 되었고, 그래서 세상 모든 사람이 자기처럼 반응할 거라 생각하는 전형적인 실수를 저질렀다는 것이다. 그의 생각처럼 다른 사람도 자신과 같은 방식으로 힘을 얻을 것이라 넘겨짚어서는 절대 안 된다. 내가 좋아하는 행동을 다른 사람은 싫어할 수 있으며 상대에게 도움을 줄 가장 좋은 방법을 알고 싶으면 그 사람에게 직접 물어봐야 한다.

신체의 선이 강하게 설정된 예

위의 사례와 반대로 신체적인 접촉을 하기 전에 허락을 구하는 사람이 있다. 누군가를 안기 전에 "안아드려도 될까요?"라고 간단히 물어보았다면 바이든이 마주했던 문제는 쉽게 해결되었을 일이다. 마찬가지로 신체의 선을 잘 긋는 부모는 자녀들에게도 신체의 선에 대해 잘 가르친다. 종종 부모님이 정말 아무 생각 없이 아이들에게 "가서 이모 안아줘."라는 식으로 요구할 때가 있다. 하지만 신체의 선을 잘 그었다면 이렇게 말해야 한다. "이모 안아주고 싶어?" 이러한 표현은 아이에게 편한 대로 결정하면 된다는 것, 중요한 건 너의 몸이고 너의 선택이라는 메시지를 전해준 셈이다. 그보다 더 중요하게는 아이가 싫다고 했을 때 아이의 결정을 존중하고 무례하다고 혼내는 일이 없어야 한다. 아이에게 선택권을 주었다면 아이가 내린 답도 존중해야 한다.

감정의 선: 타인의 감정은 나의 책임이 아니다

감정의 선을 긋는다는 건 무엇이 내가 느끼는 감정이고 무엇이 상대가 느끼는 감정인지 알며 내 감정이 아닌 다른 사람의 감정에 책임지기를 거절한다는 뜻이다. 또한 감정의 선을 그으면 누구도 내게 억지로 어떤 감정을 느끼게 만들 수 없다는 사실을 깨닫게 된다. 자신의 감정에 책임을 지고 자신의 감정 때문에 다른 사람을 탓하는 짓은 그만두자.

감정의 선이 약하게 설정된 예

자신의 기분이 나쁘다고 자기 감정에 다른 사람을 전부 휘말리게 하는 사람을 만나본 적 있는가? 이런 사람은 처음 상황과 상관없이 시비를 걸어 문제를 일으킨다. 그냥 자기가 행복하지 않으면 아무도 행복해서는 안 되는 사람이기 때문이다. 감정의 선이 약하게 설정된 예다.

또한 이런 사람은 자기 감정을 다른 누군가의 탓으로 돌리려 하거나 자신의 부정적인 감정을 해소하기 위해 다른 사람을 조종하려 드는 모습도 보인다. 감정의 선이 없는 사람은 보통 자기 인식이 부족한데 그 결과 자신이 느끼는 부정적인 감정을 완전히 별개의 상황에 투사한다. 흔한 예로 도로에서 보복 운전을 하는 사람이나 가게 종업원에게 자신의 분노를 쏟아내는 사람이 있다. 이들은 실제로 음식이나 다른 차량 때문에 화가 난 게 절대 아니다. 삶의 다른 부분에 풀리지 않는 화를 품고서는 가게 종업원처럼 화를 내도 후환이 별로 없을 것 같은 사람이나 보복 운전같이 피해자가 없다고 생각하는(인명 사고만 나지 않는다면 피해자가 없다고 생각할 수 있다) 상황에다 화를 낸다.

감정의 선이 강하게 설정된 예

내게 속한 감정과 그렇지 않은 감정이 무엇인지 구별하는 건 매우 중요하다. 나는 외모에 대한 평가로 부끄러움을 느끼는 상황을 예로 들어 이 차이점을 가르친다. 그리고 다음 문장을 사람들에게 자주 들려준다.

"그건 당신의 부끄러움이에요. 제가 느끼는 감정이 아니죠."

이 방법은 다른 감정을 다룰 때도 잘 통한다.

나의 조언을 들은 고객 중 한 명이 외모를 비판하는 자신의 엄마를 향해 이 말을 직접 사용한 일이 있었다. 그녀의 엄마는 곧 다가올 결혼식을 빌미로 그녀의 외모를 비난했다. "그 덩치로 결혼식을 올리면 네가 부끄러울 것"이라고 말하면서 말이다. 그녀는 엄마를 향해 몸을 돌려 차분히 말했다. "아니죠, 결혼식에서 제 덩치 때문에 부끄러움을 느끼는 사람은 엄마예요. 그건 엄마의 부끄러움이지 제가 느끼는 감정이 아니에요. 저는 제가 어떤 몸을 가지고 있든 있는 그대로의 나를 사랑하는 사람과 결혼식을 올릴 생각에 아주 신나 있는 걸요."

나는 종종 이렇게 설명한다. 마치 누군가 '부끄러움'이 든 가방을 들고 있다가 당신에게 "이봐요! 나를 위해 이 가방 좀 들어줄 수 있나요?"라고 말하는 것과 같은 일이라고 말이다. 사람들은 가방 안을 보지도 않고 부탁을 들어준다. 하지만 가방 안을 살펴보면 부탁을 즉각 거절하고 다시 돌려줄 것이다. 이 여성이 정확히 그렇게 했다. 그녀는 엄마에게 부끄러움을 돌려주었고 자신의 결혼식 날을 즐겁게 보냈다.

지성의 선: 나와 타인의 다름을 받아들인다

지성의 선은 아이디어와 생각 그리고 대화와 시간의 선을 의미한다. 지성의 선이 훌륭히 정해진 사람은 다른 사람의 의견을 무시하지 않으면서 이야기를 나누고 적절할 때 사과하며 상대와 의견이 일치하지 않아도 이를 받아들이고 논쟁을 벌이지 않는다. 시간 문제에서 선을 잘 긋는 사람은 스스로 약속한 시간을 지키고 약속보다 늦어지면 알려준다. 즉 아직 샤워 중이면서 '5분 뒤 도착해'라는 문자를 보내는 사람이 아니라는 뜻이다.

지성의 선이 약하게 설정된 예

지성의 선이 희미한 사람은 자기 생각이나 의견을 주변 사람과 분리하지 못한다. 이런 사람은 '의견 차이'를 잘 인정하지 못한다. 예를 들면 자녀가 자신과 다른 종교나 믿음을 가졌다는 걸 받아들이지 못하고 부모가 자신들의 종교를 강요하는 경우다. 자녀가 부모와 다른 종교를 선택했거나 무신론자가 되기로 했는데 부모가 자녀의 선택을 존중하지 못하고 자녀의 믿음을 묵살하는 건 지성의 선이 약하다는 표시다.

지성의 선이 강하게 설정된 예

매일 온라인상에서 불특정 다수와 소통하는 사람이 된다는 건 매일 비판받을 각오를 했다는 뜻이다. 나 같은 경우 비판을 받아들여 그 내용을 고려해보고 더 좋은 사람이 되기 위해 행동을 어떻게 바꿀지 정한다. 그러나 비판의 내용이 인신공격이라면 무시한다. 인신공격 없이 다른 사람과 의견이 다름을 전할 수 있는 능력은 건강한 의사소통에 필수적인 사항이다. 나는 조금이라도 인신공격이 들어간 비판이라면 내용의 옳고 그름과 상관없이 그 사람을 차단한다.

성적인 선: 합의라는 기본을 지키는 관계

성적인 선은 성적인 관계를 맺을 때 긋는 선이다. 대부분은 신체의 선이지만 침실에서 나누는 말도 여기에 포함된다. 성적인 선을 침범하는 가장 극명한 예는 성폭력이며 합의에 의한 관계는 사실 성적인 선의 최저 기준이라는 점을 알아야 한다. 하지만 합의 안에도 강압에 의한 합의가 있으므로 이를 잘 구별해야 한다. 성적 언어와 관련한 선에서는 '신호 표현'safe words(성관계 도중 어느 한쪽이 말하면 행위를 멈춰야 한다고 둘 사이에 정해놓은 단어 —옮긴이)이 중요하다. 이러한 것 외에도 대부분의 건강한 관계에서는 침대에서 상대가 어떤 성적 표현을 수용하고 어떤 표현은 싫어하는지에 대해 대화를 나눈다.

성적인 선이 약하게 설정된 예

청하지도 않았는데 자신의 신체 부위를 찍은 사진을 보낸다든가 상대의 거절을 받아들이길 거부하는 일 등이 여기에 해당된다. 오래된 연인 관계에서 한쪽은 별로 원치 않는데 다른 한쪽에서 성행위를 요구하는 경우가 있다. 이때 이런 사람은 계속 조르면 상대의 선이 낮아지지 않을까 기대한다. 그런 경우라면 양쪽 모두 성적인 선이 희미하게 설정되어 있다고 할 수 있다. 사랑받고 싶어서든, 거절당할까 두려워서든 원하지 않는 행위를 의무적으로 한다면 이 또한 성적인 선이 희미한 것이다.

성적인 선이 강하게 설정된 예

영국의 연애 리얼리티 쇼 〈러브 아일랜드〉에서 나오는 커플은 종종 다른 참가자들을 피해 '하이드어웨이'Hideaway라 불리는 별도의 방에서 둘만의 시간을 보낼 기회를 얻는다. 그렇게 함으로써 프라이버시를 더 보장받을 수 있고 그 방에서는 '좋은 시간'을 가질 수 있다. 한번은 한 커플이 이 방을 이용할 기회를 얻었다. 방에 들어서자 여성 출연자가 남성 출연자의 무릎에서 랩댄스를 췄다. 그러자 여성의 허리에 손을 얹기 전에 남성 출연자가 물었다. "만져도 될까?" 덕분에 그는 '합의의 왕'이라고 불리며 화제가 되었다. 이러한 모습에서 남성 출연자가 강한 성적인 선을 지녔음을 알 수 있다. 즉 그는 상대가 란제리를 입고 춤을 춘다고 해서 '당연히' 만져도 된다는 합의의 표시는 아니라고 보았던 것이다.

상처 입은 채로 자란 어쩌다 어른

만나는 사람들에게 선 긋기를 주제로 한 책을 쓰고 있다고 말할 때마다 그들은 정말 다양하고도 복합적인 반응을 보여주었다. 그중에서도 가장 놀라웠던 건 '선이 무엇이냐'고 묻는 사람들이 있다는 점이었다. 그들은 선을 그을 줄 모르거나 어려움을 느끼는 사람이 아닌 그 반대였다. 선을 긋는 일에 몸이 배서 구태여 그 방식을 가리키는 이름을 붙일 필요가 없었던 것이다. 이를 쉽게 이해하자면 영어가 모국어인 사람은 과거완료 시제가 무엇인지 설명하지 못하지만 영어를 외국어로 배운 사람은 그 용어를 아는 것과 비슷하다. 선에 대해 이야기하면 그들은 이렇게 대답한다. "하지만 그건 상식이잖아." 혹은 "원래 다 그렇게 하지 않니?"라고 말이다.

하지만 그렇지 않다. 안타깝게도 누구나 똑같이 이 개념을 받아들이는 건 아니다. 이러한 반응의 차이는 대개 트라우마나 유년 시절의 기억에서 나온다. 내게 선을 긋는 필요성과 방법에 대해 가르쳐주었던 라이프 코치 미셸 젤리가 이 분야의 전문가인데다 그녀의 전공이 트라우마다. 그녀야말로 선을 긋는 일이 종종 왜 잘못되고 마는지 그 심리적 배경을 설명해줄 최고의 적임자라고 생각했다. 나는 그녀에게 대부분의 사람에게 선을 긋는 일이 왜 힘든지, 그리고 그 기저에는 어떤 원인이 있는지 어린 시절의 트라우마를 통해 분석한 바를 알려달라고 부탁했고 다음과 같은 설명을 들었다.

선 긋기를 어렵게 만드는 어린 날의 아픈 기억

우리의 선은 가족의 청사진에 따라 생기곤 한다. 우리는 어린 시절의 경험을 통해 학습하고 결국 그건 우리의 존재 방식으로 자리 잡는다. 상담을 받으러 온 사람들을 보면 대부분 트라우마를 가지고 있다. 개중에는 트라우마를 가지고 있음을 스스로 아는 사람도 있고 모르는 사람도 있다. 모르는 사람들은 보통 자신이 정상이 아니며 정상이 아닌 부분을 고쳐야 한다고 믿는다.

이처럼 트라우마를 가지고 선이 없는 인생을 살 때 나타나는 여러 결과 중 하나는 스스로에게 무언가 본질적으로 잘못된 부분이 있다고 믿는 것이다. 이들의 감정 기복이 양극단을 향해 달리기 때문이다. 어느 날은 정말 예민해졌다가 다음 날에는 완전히 무뎌진다. 하지만 나는 오해를 바로잡고 싶다. 나를 찾아온 내담자들에게는 아무 문제가 없고 당신에게도 아무 문제가 없다. 감정의 기복은 지금 자신이 안전하다고 느끼지 못하는 가정에서 생존하기 위해 생긴 대응 기제일 뿐이다. 각자 집의 환경에 맞게 적응한 것이다.

그러나 이러한 감정 기복이 계속 반복되다 보면 반응도가 높아지고 결국 트라우마를 주는 환경 때문에 자신과 타인을 신뢰할 수 없게 된다. 믿을 만한 나침반 없이 인생을 헤쳐나가는 상태와 같다. 나침반은 무엇이 나의 것이고, 무엇이 남의 것인지 알려주기 위해 설계된 것인데 나침반이 없어 모든 게 나의 잘못이라고 생각하고 만다. 이것이 바로 기저에 놓인 트라우마의 증거다. 이들은 보통 어린 시절 성격 형성기에 부모님이 선을 희미하게 그었거나 아니면 폭력적인 선을 지녀 피해를 보며 자랐다.

악마가 되거나 발매트가 되거나

어린 시절을 힘들게 보낸 사람은 스스로를 지켜내는 어떤 강인함, 즉 방어 기제를 취하는 법을 배운다. 벽을 세우거나 사람들을 밀어내 자신을 보호하려고 겉을 꾸미며 대비한다. 사람들을 차갑게 대하는 것이다. 트라우마를 지닌 많은 성인이 인간관계를 받아들이지 못하고 타인을 밀어낸다. 이들이 이렇게 정성 들여 벽을 쌓는 이유는 매우 예민한 자신의 내면을 안전하게 보호하고 싶어서다. 하지만 선이 희미하다는 건 벽을 세워 사람들이 들어오는 것을 막았다가 어쩔 때는 또 벽을 무너뜨려 사람들이 맘대로 드나들며 행동하도록 하는 일을 번갈아가며 한다는 뜻이다.

인간은 다른 사람과의 안전하지 못한 관계로 상처를 입기도 하지만 사실 자신과의 관계에서 가장 큰 고통을 받는다. 상처받았을 때 선은 벽으로 바뀌고, 애정에 굶주렸을 때 선은 씻겨 내려가 없어진다. 벽을 세웠다가 선을 전혀 긋지 않거나 하는 이런 두 가지 모습이 번갈아 나타나고 중간 지점이 어디인지 찾을 수가 없다. 중간 지점을 찾는 법을 한 번도 배운 적이 없기 때문이다. 나는 이 두 가지 극단적인 경우를 '악마'와 '발매트'라고 부른다.

사람들은 아무렇지 않게 발매트를 밟고 다닌다. 사람들의 일방적인 욕구를 맞추느라 발매트는 억울하고 화가 나지만 변화할 힘이 없어 다른 사람들에게 맞추는 행동을 계속한다. 다른 사람에게 거절당할까 봐, 다른 사람이 자기를 안 좋게 생각할까 봐 걱정되어 발매트는 자기보다 남을 우선시하다 천천히 지쳐간다. 이용당하는 데 질려 그 역할을 그만두지 않는 한 발매트는 종종 어느 시점이 되면 180도 달라져 마음속 악마로 눈을 돌린다. 악마는 다른 사람의 선이나 필요에는 신경 쓰지 않는다. 전에는 발매트였던 사람이 이제는 벽을 세우고 싸울 준비를 하는 것이다. 누구도 가까이 다가갈 수 없다. 방어적으로 나오면서 여차하면 싸울 기세다. 발매트와 악마 사이를 왔다갔다 하다 도가 지나치면 이제는 자기 생각("나는 끔찍한 사람이야.", "지금 무슨 일이 일어나든 그건 전부 내 잘못이야.")이 사실이라는 걸 스스로 증명하려 한다. 이처럼 모순된 태도를 지니면 삶을 사는 본인 뿐 아니라 태도가 끊임없이 왔다갔다 하는 사람을 겪어내야 하는 주변도 지친다. 이런 상황이 생기는 이유는 자기가 어떤 감정과 기분을 느끼는지 정확히 알지 못하고 자기 감정을 알아볼 여유도 가져본 적이 없기 때문이다.

'상호얽힘'enmeshment(혹은 밀착이라고도 말한다)이라는 용어는 구조적 가족 치료의 선구자인 살바도르 미누친Salvador Minuchin이 처음 사용했다. 가족 역학 관계에서 가족 구성원 모두가 같은 걸 생각하고 느끼고 믿으면 각자의 개성이 발휘될 여지가 거의 없다. 가족 내에 대체로 암묵적으로 적용되는 이런 규칙이 있다는 얘기는 자신의 감정과 상호작용을 하는 다른 가족의 감정을 구별하지 못한다는 뜻이다. 가족과 감정이 얽혀 있는 사람은 가족 체제 밖에서 '이상함'을 느낀다. 가족 안에서 감히 달라지려 하면 가족들은 그를 거부하기도, 놀리기도, 이상한 눈으로 보기도 하며 그에게 '말썽꾼'이라는 딱지를 붙인다. 이런 상황에 놓이면 자신의 감정 상태를 제대로 보기보다 상대방이 어떻게 느끼고 행동하는가에 의존한다. 나아가 상대의 감정과 행동은 나의 책임이라는 믿음에 매몰된다. 가족과 감정이 얽힌 사람은 다른 가족 구성원을 위해 모든 일을 순조롭게 처리하는 것이 자신의 의무라고 느끼는 경우가 많다. 그리고 그렇게 하는 동안 자신의 필요와 욕구, 자존감은 희생시킨다.

가족 전체가 한 사람의 나르시시스트를 중심으로 도는 가족도 있다. 나르시시스트는 자신의 필요를 반드시 채워야 하는 사람인데, 자신의 기분 좋음을 최우선으로 삼는다. 안타깝게도 나르시시스트는 자존감이 몹시 부족하기 때문에 자신이 다른 사람과 달리 '특별하다'고 느낄 수만 있다면 무엇이든 한다. 그리고 자신이 가치 없는 사람이며 사랑받을 자격이 없다고 생각하는 근본적인 상처를 가린다. 나르시시스트는 가치 없는 내면을 숨기고 자신을 보호하기 위해 세상을 향해 눈부시고 화려한 겉모습을 내보인다. 보통 성공한 사람처럼 굴며 값싼 장

신구를 하고 허세를 부린다. 하지만 나르시시스트의 궁극적인 목적은 남들보다 자신이 뛰어나다고 느끼는 것이다. 상대를 통해 자신에 대한 우월성을 느끼고 싶어 하며 상대의 필요는 안중에도 없다. 선을 긋지 않는 사람은 자연히 나르시시스트의 작업 대상이 된다. 선을 긋지 않고 끊임없이 '퍼주기만' 하는 사람이기 때문이다. 반면 나르시시스트는 계속 받고 받기만 한다. 그들은 상대가 스스로의 삶과 자존감을 무너뜨리고 있다는 사실에 대한 어떠한 양심의 가책도 느끼지 않는다.

나의 욕구를 채우는 일은 절대 이기적이지 않다

어떤 유형의 가족 안에서 자랐든 어른이 되면 선을 긋는 법을 필수적으로 배워야 한다. 특히 어린 시절에 이를 전혀 배우지 못한 사람은 꼭 배워야 한다. 선을 그으면 당신을 이용하려 드는 나르시시스트나 당신의 인생에 끊임없이 간섭하며 프라이버시를 침해하는 밀착된 가족으로부터 자신을 보호할 수 있다. 나도 선을 그은 덕분에 애정 결핍, 약물 중독, 성인 가족 학대, 건강 문제를 비롯한 수많은 문제로부터 나를 구했다. 선을 긋자 용기와 대담함이 생겼고 그 결과 내 인생은 상상할 수 있는 최고의 공연장으로 바뀌었다. 나는 훌륭한 사람들과 함께 내가 좋아하는 일을 하고 무엇을, 언제, 어떻게 하겠다고 스스로 정하며 살고 있다. 선을 잘 그으려 노력하지 않았다면 나는 스스로를 믿지 못했을 것이고 인생의 적들과 절망, 파멸로부터 나를 보호하지도 못했을 것이다.

많은 이들이 어린 시절에 자신이 원하는 것을 충족시키며 살지 못했다. 그들은 가족 구조 안에서 자신의 욕구가 자주 묵살되는 경험을 했다. 자신의 욕구가 중요하지 않다는 믿음을 뒤집고 선을 잘 그으려면 불공정한 대우를 받지 않겠다고 스스로 결심해야 한다. 그리고 자기 자신을 이해하고 원하는 인생을 살기 위해 자신에게 필요한 것은 무엇인지 스스로 알아내야 한다.

내가 '자기 통달'self-mastery이라 부르는 이 과정은 인생이 우리에게 선사하는 가장 신나는 여정이다. 자신을 알게 되면 식탁에서 부스러기 먹기를 거부하고 대신 일품요리 메뉴를 달라고 요구한다. 선택권과 자유를 가지고 다른 사람이 나에게 바라는 인생이 아닌 스스로 원하는 인생을 설계하기 시작한다. 자기 통달의 첫 번째 단계는 나의 욕구가 충족되지 않으면 화가 난다는 걸 깨닫는 일이다. 자신을 알게 된다는 건 이런 감정을 인정하고 무엇이 필요한지 스스로 물어본다는 뜻이다. 선을 긋는 일은 얻고자 하는 바가 있다면 당당히 요구하겠다는 스스로의 결심에서 시작해야 한다.

변화가 나타나고 이를 받아들일 때 사람은 세 가지 유형으로 나뉜다. 첫째는 깃털이 간지럽히기 시작할 때부터 이를 집중해서 보고 반응하는 사람, 둘째는 벽돌 같은 것이 집 창문을 깨고 들어올 때까지 아무것도 하지 않는 사람, 셋째는 벽돌 수준이 아니라 버스가 내 집을 향해 달려오는데도 아무것도 하지 않다가 결국 그 버스가 집 안을 밀고 들어와 삶을 완전히 파괴할 때까지 교훈을 얻지 못하는 사람이다. 변회된 행동올 보일 때까지 이러한 경고 신호와 시험은 계속 나타난다. 잠시 시간을 내 당신의 과거를 돌아보자. 당신은 깃털이 간질일 때 바로 행동을 시작하는 사람인가, 아니면 버스가 자신의 삶을 파괴할 때까지 기다리기는 사람인가?

위기를 알아볼 기회는 여러 다른 형태로 나타난다. 전화하겠다고 해놓고 전화하지 않는 연인이나 만나면 또 지갑 가져오는 걸 잊었다고 말하는 친구일 수도 있다. 이런 문제가 생기면 새로운 선을 시험할 기회로 여겨라. 교훈을 얻고 선을 그을 수 있을 때까지 이런 기회는 계속 찾아올 것이다. 우리는 이제 위대한 여정을 시작하려 한다. 세상에는 건강한 선이 더 필요하고 변화는 바로 여기에서 시작한다!

제2장

남에게 너무 쉽게
휘둘리고 있다면

선 긋기를 방해하는 요인에는 여러 가지가 있다. 대부분의 사람이 선을 정하지 못하겠다고 말하지만 정작 왜 못하는지 물어보면 아무 대답도 하지 못한다. 선을 정할 때 당신이 어느 부분에 어려움을 느끼는지 정확히 알 수 있으면 이 문제를 해결할 수 있다. 선 긋기를 방해하는 요인들은 다음 여섯 개의 카테고리로 나눌 수 있다.

1. 자신이 정확히 무엇을 원하는지 모른다

선이 없으면 우리가 누구인지, 무엇을 원하는지 알기 어렵다. 그래서 주변 사람들에게 잘 휩쓸리고 그들의 바람과 욕구가 우리 자신의 바람과 욕구가 되는 경우가 종종 있다. 인생에서 우리가 무엇을 원하는지 알려면 우리의 가치가 무엇인지부터 알아야 한다.

2. 다른 사람과 자신의 감정을 구분하지 못한다

자기 감정이 무엇이고, 다른 사람의 감정이 무엇인지 분명하지 않을 때는 남의 감정을 끌어오기 쉽다. 그러다 보면 어떤 감정이 누구에게 속하는지가 불분명해진다. 우리가 정리할 수 있는 감정은 자신의 감정 뿐이다. 그러므로 다른 사람의 감정을 느끼고 있는 거라면 이 점을 알 아채야 한다.

3. 감정을 정리하지 못한다

우리는 '감정을 정리하라'는 말을 많이 듣는다. 감정을 잘 흘려보내기 위해서는 우리 몸 안에 감정이 있다는 걸 이해하고 감정이라는 감각에 주목하는 법을 배워야 한다. 감정은 일시적으로 나타나도록 되어 있 다. 이러한 일시적 감정을 잘 정리해야 우리 몸 속의 에너지가 활력으 로 바뀔 수 있다.

4. 선을 긋는 방법을 모른다

선을 긋는 방법을 배우는 건 새로운 언어를 배우는 것과 같다. 초급 단 계를 배우는 사람에게 선을 긋는 방법을 알려주고 자신의 선을 이야기 해보라고 하면 즉각 "못 하겠어요!"라고 말한다. 하지만 할 수 있다! 그냥 전에 해본 적이 없을 뿐이다. 알지 못하고 친숙하지 않은 영역으로 들어선 것이니 불편을 느껴도 괜찮다. 선을 긋는 데 익숙하지 않고 선을 그었을 때 사람들이 보이는 반응도 낯설기만 하다. 마찬가지로 사람들도 할 말을 하는 당신의 모습이 낯설 것이다.

5. 선을 긋고 죄책감을 느낀다

처음 선을 긋고 나서 몇 번쯤은 죄책감이 들 가능성이 크다. 결국 선을 긋는 건 지금까지 살아온 모든 방식에 반하는 일이기 때문이다. 자신이 더 좋은 대우를 받을 자격이 있다고 깨달을 정도로 자존감이 형성되려면 시간이 걸리기 마련이다. 하지만 선을 긋다 보면 반드시 자존감을 키울 수 있다.

6. 미움받을 거라는 두려움

선이 없는 사람은 보통 다른 사람의 의견에 지배당하는 삶을 산다. 그러다 보면 상대의 부정적인 반응을 피하는 쪽으로 행동하고 결정한다. 그러나 애초에 이건 불가능한 일이다. 우리는 다른 사람의 의견을 통제할 수 없다. 다른 사람의 의견을 우선시하는 한 선을 긋는 일은 계속 어렵기만 할 것이다. 당신 안에 '선을 그으면 상대가 나를 덜 좋아하게 될 거야'라는 생각이 자리 잡고 있기 때문이다.

선을 긋는 데 나타나는 장애물을 극복하기 위해서는 어떤 장애물이 있는지 알아야 한다. 책에서 배운 내용을 마음에 잘 새겼다가 당신의 생활에 꼭 적용해보도록 하자. 라이프 코칭의 세계에서 이를 '실행'

taking action이라고 부른다. 이 책 전체에서 마음가짐을 바꾸거나 생활 속에서 당신만의 선을 정하고 행동의 변화를 만들어내는 데 필요한 여러 실천 팁들을 마련해놓았으니 확인하길 바란다. 실행 단계에서는 실제 실천하기 위해 무엇을 해야 할지 작성할 것이 많다. 머릿속으로 생각만 하고 넘어가고 싶다는 마음이 들겠지만 손으로 직접 써보고 소리 내어 읽어보길 권한다. 뇌의 더 다양한 영역을 활용하게 되면서 행동을 기억으로 남길 가능성이 더 높다.

인생의 운전대를 누가 잡고 있나요

선의 필요성을 알기 전에 나는 인생에서 무엇을 원하는지 말할 수 없었다. 당시 누군가 남자친구에게 뭘 원하느냐고 물었다면 나는 내게 선택권이 있다는 사실에 놀랐을 것이다. 나는 남자친구가 나를 좋아하는지 대해서만 생각했다. 반대로 내가 남자친구를 좋아하는지 그렇지 않은지에 대해서는 한 번도 생각해본 적이 없었다.

커리어에 대해서도 실제 매일의 직장 생활이 무엇으로 이루어져야 하는지 물었다면 나는 아무 말도 못했을 것이다. 또 인생을 사는 목적이 무엇이냐는 질문을 받았다면 나는 "행복해지려구요."라고 답했을 것이다. 그러나 이 대답은 현실적이지 못하다. 매일, 하루 종일 행복한 사람은 없다. 그건 불가능한 일이다. 나는 행복해지고 싶었지만 무엇이 나를 행복하게 만드는지 알지 못했다.

우리가 어떻게 인간으로서 작동하는지 이해하는 핵심은 우리가 지닌 가치를 이해하는 데 있다. '가치'라는 원칙은 우리가 내리는 모든 결정 뒤에 숨어 있고 우리의 행동을 이끄는 원동력이다. 우리는 삶의 각 영역에서 서로 구별되는 가치를 지니고 있다. 대부분의 사람은 자신이 지닌 가치를 의식적으로 알지는 못하지만 그럼에도 선택의 순간에 놓이면 마음속 깊이 자리 잡은 가치에서 나온 신념을 따르곤 한다. 하지만 운전석에 앉아 자신의 인생을 이끌고자 한다면 이제 내게 중요한 건 무엇인지 '의식적'으로 신경 써야 할 때다.

당신이 중요하게 여기는 가치는 무엇인가

가치란 무형의 고차원적 개념으로, 우리가 어떤 결정을 내리는 데 도움을 주고 때로는 가치 그 자체가 기준이 되기도 한다. 예를 들어 누군가에게 건강과 관련해 무엇에 가치를 두는지 물었을 때 상대가 '달리기'라고 답했다고 하자. 상대에게 "달리기를 통해 무엇을 얻나요?"라고 물으면 '성취감'이라는 답을 얻을 것이다. 이때 성취감이 바로 가치다. 가치는 여러 가지 내용을 분류하는 한 단어의 답이며 본질적으로 우리가 인생에서 소중히 여기는 것이다(무형이라는 규칙을 벗어나는 유일한 경우는 돈이다. 돈은 사회에서 훨씬 많은 걸 상징하기 때문이다). 가치의 예로는 다음과 같은 것을 들 수 있다.

- 존중
- 안전
- 권위

- 이해
- 재미
- 섹스

- 충성
- 성취
- 사랑

이제 여러분의 차례다. 당신의 가치는 무엇인가? 자신에게 중요한 가치가 무엇인지 알아보려면 스스로 질문을 던져야 한다. "○○에 있어 내게 중요한 건 무엇일까?" 빈 곳에 다음과 같이 삶의 구체적인 영역을 넣어보자. "경력에 있어 내게 중요한 건 무엇일까?" 종이를 한 장 꺼내 삶의 영역을 전부 적고 각 영역에 따르는 가치를 생각나는 대로 적어라. 더는 떠오르지 않을 때까지 적으면 된다. 그다음은 적어둔 가치에 순서를 매길 시간이다. 스스로에게 질문하며 바른 순서를 찾는다. "가치 목록에 단 하나만 남겨야 한다면 어느 걸 남겨야 할까?" 그러고 나서 이런 질문을 다시 던진다. "내게 □□가 있어. 하지만 △△는 없지. 그럼 나는 행복할까?" 다시 말해 이런 식으로 물어보는 것이다. "연애 생활에 있어 설렘은 있지만 신뢰가 없다면 나는 행복할까?" 목록을 완성할 때까지 순서를 조정하고 자신만의 가치 목록을 꼭 가져 보도록 하자.

가치는 언제든 달라질 수 있다

한 번 만든 가치 목록은 아마 매년 다시 찾아보고 싶어질 것이다. 단 인생의 우선순위가 달라지듯 가치도 달라진다. 또 가치 목록에 쓴 당신이 선택한 단어가 모든 사람에게 같은 의미로 받아들여지지는 않는 다는 걸 말해둘 필요가 있겠다. 예를 들어 경력에 있어 내게는 '권위' 가 정말 중요하다라고 말했다고 해보자. 나는 팀 사람들이 내 이야기 에 귀를 기울였으면 좋겠다는 의미에서 말한 것이지만 다른 사람은 팀 에서 권력을 가지고 싶은 것이라고 생각할 수 있다. 사람들마다 생각 의 차이가 있듯 우리 머릿속에서 비슷하다고 여기는 두 단어도 함축된 의미는 서로 다를 수 있다. 성공과 성취처럼 말이다.

나답게 선 긋는 TIP

다음에 주어진 인생의 세 가지 영역에서 나만의 중요한 가치를 생각해보 자. 이 외에 당신이 중요하다고 여기는 영역이 있으면 어떤 영역이든 적 으면서 연습해보면 된다. 특히 나만의 선이 불분명한 영역을 다뤄보도록 한다. 예를 들어 건강 관리, 재무 생활, 사회 생활 혹은 종교 생활 등도 목록에 넣을 수 있다.

일	연애
1 _____	1 _____
2 _____	2 _____
3 _____	3 _____
4 _____	4 _____
5 _____	5 _____
6 _____	6 _____

7 _____   7 _____

8 _____   8 _____

가족과 친구

1 _____

2 _____

3 _____

4 _____

5 _____

6 _____

7 _____

8 _____

어떤 일이 있을 때 정말 화가 나는데 왜 화가 나는지 몰랐던 순간이 있었는가? 화가 나는 건 누군가 당신이 그은 선을 넘었다는 의미인데 위에서 작성한 가치 목록을 보면 왜 화가 났는지 파악할 단서를 얻을 수 있다. 예를 들어 부모님이 나보다 여동생을 더 신뢰하는 문제로 싸우게 되었을 때 구체적으로 무엇 때문에 짜증이 나는지 꼬집어 말하기는 어렵다. 하지만 가족과 친구 영역에서 가장 첫 번째 가치가 '이해받는 것'이었다면 이제는 화가 난 원인이 설명된다. 그러고 나면 부모님에게 선을 그으며 오해받는 느낌이 들었다고 말할 수 있다.

그 사람의 감정은 내 것이 아니다

내 감정과 다른 사람의 감정 구분하기

선이 불분명한 사람에게는 대부분 상호의존 문제가 있다. 미국 유명 심리학자 멜로디 비티Melody Beattie는 저서 《상호의존성이란 무엇인가》에서 상호의존을 다음과 같이 정의했다.

"상호의존적인 사람은 상대의 행동이 자신에게 영향을 미치도록 내버려두면서 동시에 상대의 행동을 통제하려는 생각에 사로잡혀 있는 사람이다."

상호의존성은 학습된 행동으로, 아이가 부모와의 관계에서 적절한 선이 없고 충분한 사랑과 관심을 받지 못한 채 성장한 경우에 발생한다. 상호의존적인 행동은 유년기에 학습하지만 성인기가 되어서도 계속 나타난다. 이들은 다른 사람을 위해 희생할수록 자신이 쓸모 있는 사람이 된다고 생각한다. 그 보상으로 사랑과 애정을 받을 수 있다고 어릴 때부터 배웠기 때문이다. 그렇게 자란 사람은 자신과 상관없는 사람을 돌보느라 많은 일을 하게 된다. 이들은 상대가 부정적인 감정을 표출할 때 그 감정에 책임을 느끼고 불안과 죄책감을 경험한다. 나아가 상대가 지닌 감정의 짐을 부담하고 현재의 문제를 해결해야 한다는 책임을 느낀다.

예를 들어 당신이 상호의존하고 있는 상대가 친구와 사이가 틀어지면 마치 당신이 친구 문제로 어려움을 겪는 듯한 감정을 경험하는 것이다. 상황에 공감할 수는 있지만 당사자와 똑같은 강도로 감정을 경험하는 건 자연스러운 일이 아니다. 상대방의 감정을 대신 정리해주는 짓은 그만둬라. 공감은 훌륭한 능력이지만 지나치게 공감한 나머지 방안의 기운을 빨아들일 정도가 되면 너무 지쳐버리고 만다. 자신의 감정을 마주하는 것만으로도 충분하며 다른 사람의 감정은 당신의 책임이 아니다. 다른 사람의 감정을 내 책임으로 느끼는 건 상대의 힘을 빼앗는 일이다. 상대를 도와주려는 좋은 마음에서 하는 일이라 생각하겠지만 실은 그 사람이 독립하지 못하도록 막고 있는 셈이다.

지금 느끼는 감정이 실제 내 것인지 아닌지 확실하지 않다면 감정을 자극하는 일이 당신에게 일어난 일인지, 아니면 다른 사람에게 일어난 일인지 스스로 물어보라. 누군가 강렬한 감정적 반응을 보이는 곳에 있는가? 그렇다면 물리적으로 한발 물러나 심호흡을 하고 이 감정이 내가 느끼는 감정인지 아닌지 스스로 분명히 해야 한다. 종이와 펜을 준비하고 지금까지 살면서 다른 사람의 감정을 내 감정처럼 느꼈던 때가 언제였는지 한번 적어보자. 과거에 그랬던 때가 언제였는지 알고 나면 또 그렇게 될 가능성이 높을 때가 언제인지 알아챌 수 있는 경고 표시가 생긴다.

당신의 감정은 당신이 다룰 수 있다

"그 사람 때문에 너무 화가 나." 평소 이런 말을 몇 번이나 하는지 생각해보자. 생각해보면 이는 무척이나 이상한 표현이다. 전혀 미안해하지 않는 사람에게 죄책감을 느끼게 만들 수 있을까? 아무리 애를 써도 누군가에게 억지로 어떤 감정을 가지게 만들 수는 없는 법이다. 다시 말하면 감정은 당신 안에서 일어나는 반응이고 그 감정을 관리하고 정리해야 할 책임 또한 당신에게 있다는 뜻이다.

예를 들어 남자친구와 전화 통화하는 내용을 아빠가 엿들었다고 해보자. 전화를 끊고 난 후 아빠가 내 사생활을 침해했다는 사실에 화가 난다. 아빠가 전화를 엿들은 일이 감정을 일으킨 자극이고, 화가 나는 건 자극에 대한 반응이며, 우리는 여기에 대응해 소리를 지르거나 뛰쳐나간다. 자극에서 반응으로, 반응에서 대응으로 넘어가는 과정이 자동으로 일어난다고 생각하기 쉽지만 그렇지 않다. 전화를 엿들은 사람이 언니였다면 당신의 반응은 달랐을 것이다. 지하철에서 낯선 사람이 그랬다면 당신은 완전한 무관심으로 반응했을 것이다. 이렇게 감정의 자극과 반응 사이에 공간이 있다는 사실은 대응 방법 또한 통제할 수 있다는 의미다. 이에 더해 우리가 '느끼는' 감정이 부정적인 게 아니라 '감정에 대응하는 방식'이 부정적임을 깨닫는 것도 중요하다. 예를 들면 화 자체는 건강한 감정이다. 하지만 화가 난다고 의자를 던지는 건 건강한 대응 방법이 아니다.

사실이 아닌 내 머릿속 이야기에 빠지는 사람들

감정의 자극제가 된 사건과 느낌 사이에 내부적으로 어떤 일이 일어나고 있는지 살펴보면 그 과정에서 우리의 뇌가 의미를 부여한다는 사실을 알 수 있다. 뇌는 의미를 찾는 장치이고 사실이 존재하지 않으면 우리의 뇌는 상황을 이해하기 위해 필요한 일을 한다. 즉 우리가 모르는 부분은 지어내게 되는데 보통 뇌가 지어낸 이야기는 실제보다 더 나쁘다.

나는 코칭을 하면서 '이야기'story라는 용어를 많이 사용한다. 사실 fact은 무엇이고 우리가 만들어내는 이야기는 무엇인지 분명히 구분하는 것이 중요하다. 남자친구와의 전화 통화를 아빠가 엿들었던 예를 살펴보면 화를 내기 전에 나의 뇌는 '아빠는 내 사생활을 존중하지 않는다', '아빠는 내 남자친구를 좋아하지 않는다'고 말한다. 아빠의 행동을 이 두 가지 생각과 직접 관련시켜 화가 난 것이다. 부정적인 생각이 소용돌이치도록 두면 뇌는 하나의 이야기를 만들어 나의 귀에 이런 식으로 속삭인다. '너에게 신경 쓰는 사람은 아무도 없어. 모두가 너를 어린아이 취급해. 네 언니가 통화하고 있었다면 아무도 통화 내용을 들으려 하지 않았을 거야.' 그러나 이런 생각은 이야기일 뿐 '사실'이 아니다. 아빠에게 왜 내 사적인 대화를 듣고 있었냐고 물어보면 이런 이유일 수도 있고, 다른 이유일 수도 있다.

때론 어떤 감정을 느껴도 감정에 부여한 의미 때문에 우리가 감정에 따라 행동하지 않을 때도 있다. 예를 들어 극장에서 영화를 보면서 무섭다고 느낄 때가 그렇다. 몸으로는 공포를 느낄 수는 있지만 우리의 뇌가 이 감정에 대해 '우리는 안전하며 지금은 공포를 느끼도록 의도된 상황'이라는 의미를 부여하므로 어떤 반응도 나타나지 않는다.

어디에도 '나쁜 감정'은 없다

어린 시절부터 우리가 감정에 대해 논의해온 방식에는 근본적인 결함이 있다. 바로 감정에는 긍정적인 감정과 부정적인 감정이 있다는 생각이 그것이다. 하지만 감정에는 긍정적인 것과 부정적인 것이 존재하지 않는다. 감정은 좋거나 나쁘다고 말할 수 없다. 감정은 그저 존재할 뿐인데, 우리가 자라면서 감정에 대해 배운 내용을 바탕으로 스스로 재단하기에 좋고 나쁘다는 구분이 생긴다. 모든 감정은 자연스럽고 인간적이며 건강한 것이다. 감정을 건전하지 못하게 만드는 건 우리가 배워온 '감정을 다루는 방식'이다.

우리가 어떤 감정을 느끼는지 그리고 우리가 감정에 따라 어떤 행동을 하는지는 별개의 문제다. 가장 기본적인 형태의 감정은 해를 끼치지 않는다. 하지만 그 감정에 따른 우리의 '행동'이 해를 끼칠 수 있다. 사람들이 모든 감정 중에 분노가 가장 나쁘고 건전하지 못한 감정이라고 생각하는 이유는 화가 났을 때 사람들이 하는 행동 때문이다. 감정과 감정을 사용하는 방식은 어떤 일을 마주했을 때 몸과 뇌의 같은 정리 과정 안에서 일어나지만 서로 분리된 부분이다. 건강한 화를 내기 위한 핵심은 다른 누군가를 다치게 만드는 쪽으로 향하지 않고 몸에서 물리적인 화의 기운을 빼내는 것이다. 예를 들어 이런 방법을 추천한다. 베개 때리기, 벽에 대고 소리 지르기, 분노의 편지 쓰기(보내지는 않는다), 또는 내가 가장 좋아하는 방법으로 분노의 노래를 고래고래 따라 부르기 등이 있다.

각각의 감정은 다 우리에게 도움이 된다. 감정은 누른다고 사라지는 게 아니다. 감정을 억누르면 결국엔 삶의 다른 영역에서 다른 방식으로 모습을 드러낼 뿐이다. 각 감정에 적절히 대처할 도구(방식)가 주어진다면 감정을 잘 헤쳐나갈 수 있고 감정에 휘둘리는 일을 줄일 수 있다. 몇 가지 대표적인 감정의 특성을 한번 살펴보자.

•• 화: 선을 긋는 데 있어 가장 중요한 감정은 화다. 화가 난다는 건 누군가 당신이 그은 선을 넘었다는 분명한 표시다. 화는 에너지를 만들어내는 유일한 '부정적인' 감정이다. 화가 날 때 에너지가 생기는 이유는 자신의 도덕과 가치를 보호할 힘을 내기 위해서다. 정말 지친 상태였는데 어떤 일이 일어나 화를 내본 적 있는가? 그러면 보통 다시 힘이 난다. 해리엇 러너는《무엇이 여자를 분노하게 만드는가》에서 이 점을 잘 이야기하고 있다.

화는 정당하거나 부당한 것이 아니며 의미가 있거나 무의미한 것도 아니다. 화는 그냥 화다. "제가 느끼는 화가 정당한 건가요?"라고 묻는 건 "제게 목마를 권리가 있나요?"라고 묻는 것과 비슷한 일이다. (…) 화는 우리가 느끼는 어떤 것이다. 화가 존재하는 데는 이유가 있고 언제나 존중과 관심을 받아 마땅한 대상이다. 우리는 누구나 어떤 감정이든 느낄 권리가 있고 당연히 화도 예외는 아니다.

• 두려움: 두려움은 우리를 위험으로부터 보호하고 앞으로 일어날 일을 경고하려는 감정이다. 이 감정의 유일한 문제는 우리의 뇌가 가끔씩 위험하지 않은 것을 보고도 위험하다고 표시한다는 데 있다. 두려움이 생기는 동기는 자신을 안전하게 지키고 안전지대 안에서만 머물게 하려는 것이다. 사자가 우리를 잡아먹으려 들 때라면 도움이 되겠지만 개인의 성장이나 인생에서 더 많은 도전을 해보려 할 때는 그다지 도움이 되지 않는 감정이다. 두려움의 목소리에 귀 기울이고 이 감정이 우리를 안전하게 지키려 한다는 걸 인정하자. 그러고 나서 우리 앞에 놓인 선택지를 보고 신중한 결정을 내리면 된다.
• 슬픔: 사람들이 슬픔이라는 감정을 얼마나 불편하게 여기는지 알고 싶다면 그냥 울어보라. 아니면 울음이 터질 것 같은 이야기로 대화를 시작하기만 하면 된다. 상대방은 즉시 펄쩍 뛰며 말할 것이다. "울지 마세요." 사람들은 자신의 슬픔을 몹시 불편하게 여기기 때문에 당신의 슬픔을 보는 것만으로 자신이 슬퍼하는 것과 똑같은 영향을 받는다.

- **죄책감**: 죄책감은 자신의 가치 그리고 스스로 원하는 모습과 맞지 않는 행동을 했다고 무의식이 우리에게 보내는 신호다. 죄책감에 대해서는 뒤에서 더 자세히 다루도록 하겠다.

- **부끄러움**: 부끄러움은 사실 죄책감에서 파생된 감정이다. 죄책감은 행동에서 비롯된 감정인 반면 부끄러움은 상태에 관한 감정이다. "내가 나쁜 짓을 저질렀어."라는 말과 "나는 나빠."라는 말 사이에서 나타나는 차이와 같다.

나답게 선 긋는 TIP

나는 나의 것이 아닌 다른 사람의 감정으로 어떤 걸 껴안고 있을까? 다음 글을 완성해보자.

> ○○(어떤 상황)에 대해 내가 지닌 □□(감정 이름)은 내 감정이 아니다. 그건 △△△(사람 이름)가 느끼는 감정이다. 나는 이 감정을 내려놓는다. 이 감정은 나의 감정이 아니고 나를 위한 감정도 아니다. 이 감정은 내가 책임져야 할 감정이 아니며 내 인생에 아무런 의미가 없는 감정이다.

당신의 몸속 어디에 이 감정이 들어차 있는지 확인하고, 위의 내용을 소리내어 말하면 그 감정을 내보내는 데 도움이 된다. 몸속에서 감정이 완전히 빠져나갈 때까지 감정이 있었던 곳에 숨을 불어넣어라.

괜찮아, 그렇게 느끼는 건 당연한 거야

우리는 감정을 제대로 느끼는 법에 대해 배운 적이 없다. 사실 배운 게 있다면 그와 정반대를 배웠다. 본래 아이들은 감정을 느끼고 반응하는 자연스러운 능력을 가지고 태어난다. 이러한 자연스러운 반응을 둘러싸고 불편함을 내비치는 사람은 아이들 주변의 어른들이다. 보통 "울지 마.", "유난 떨지 마라." 같은 말을 통해 어른들의 불편함이 전해진다. 아이들은 자신이 느끼는 감정이 '쓸데없다'는 식의 취급을 받게 되면서 감정을 내면에 가두고 표현하지 않아야 한다고 배운다. 아이는 그렇게 자라는 동안 감정을 억제할 자신만의 방법을 발전시킨다. 내가 이 글을 쓰고 있는 지금 우리는 코로나 바이러스에 따른 팬데믹 한가운데에 있다. 코로나 팬데믹이야말로 감정 표현을 억눌러야 하는 상황을 잘 보여주는 예다. 이 상황을 겪으며 느끼는 감정을 표현하는 대신 나보다 상황이 더 안 좋은 사람도 있다고 생각한다. 그 결과 슬픔과 죄책감이 섞여 감정을 정리할 수 없게 된다. 그러나 내가 죄책감을 느낀다고 해서 누구의 상황도 개선되지 않으며 뒤죽박죽 섞인 감정 속에 묻혀 있으면 그저 상황이 더 힘들어질 뿐이다.

이 책 전체에서 나는 '감정을 정리하라'는 표현을 계속 사용할 것이다. 그러니 감정을 정리하라는 게 무슨 뜻인지 자세히 이야기해볼 필요가 있겠다. 우리의 감정은 일종의 '움직이는 에너지'이며 그 에너지는 몸 밖으로 빼내야 한다. 우리가 감정을 정리하는 걸 피하는 이유는 감정에 초점을 맞추다 보면 보통 그 강도가 커지게 되기 때문이다. 하지만 감정을 느끼지 않고 정리하지 않으면 그 감정이 우리 안에 쌓이게 된다는 사실을 기억하자. 그렇게 쌓인 감정은 곤란한 순간에 조금씩 다른 사람에게 쏟아내는 형태로 표출되며 때로는 파괴적인 결과를 가져오기도 한다. 이와 반대로 감정에 뛰어들어 헤쳐나가면 감정이 누그러지거나 완전히 사라진다. 인생에 이처럼 감정을 정리하는 시간을 더 많이 가질수록 다른 사람에게 감정을 쏟아내는 일이 줄어든다.

우선 감정에 대해 어떠한 판단도 하지 말아야 한다. 종종 자신이 느낀 감정이 타당하지 않다고 여길 때 우리는 쌓아 올린 감정 위에 감정을 더 쌓으며 상황을 악화시키는 데 시간을 쓴다. 이를테면 사람들은 공포를 느낀다는 그 자체를 두려워하거나 화가 났다는 사실 자체에 화를 낸다. 감정이 타당해야 할 필요는 없다. 누군가가 죽어서 슬픔을 느낄 때 우리는 슬픔을 허락한다. 하지만 죽은 사람에게 화가 날 때는 죽은 사람에게 화를 낸다는 데 대한 죄책감이 들면서 감정이 악화된다. 그래서 화가 나는 감정을 정리할 수 없다. 아무리 비이성적이거나 비논리적이라 해도 누군가 죽었다는 사실에 분노할 수 있다. 어떤 감정이 들 때는(일단 그 감정이 다른 사람의 감정이 아니며 내가 정리해야 할 나의 감정이라는 사실을 확인했다면) 다음 세 가지 주요 사항을 기억해야 한다.

1. 어떤 감정을 느끼든 있는 그대로 느껴도 된다.
2. 감정은 타당하다.

3. 그러한 감정을 느껴도 괜찮다.

이 내용을 여러 곳에 적어두고 떠올려보도록 해보자. 포스트잇에 적어 거울에 붙여두거나 휴대전화 메모장에 적어 배경화면으로 설정할 수 있다. 하나의 주문처럼 세 가지 내용을 반복해서 말하거나 혹은 자신과 대화를 나눠도 된다. 감정이 강하게 올라오는 걸 알고 있는데 스스로 느끼기를 거부한다는 생각이 들면 마음속으로 이렇게 말해라.

"넌 괜찮아. 넌 이 감정을 느낄 수 있고 네가 지금 느끼는 이 감정은 타당하고 중요해."

내 감정을 정리할 만큼 아무런 방해도 받지 않는 시간을 충분히 가지지 못할 수도 있다. 그럴 땐 어떻게 해야 할까? 내일 회사에 중요한 일이 있는데 연인과 이별해 슬퍼하고 있다고 해보자. 내일 아침 그 업무를 할 수 있을 정도로 다시 나를 추스를 수 없을 것 같다는 생각 때문에 무너지면 안 된다고 나의 감정을 억누르는 순간이다. 이럴 때 나는 혼자 있을 시간을 따로 정해둔다. 그러면 주말 혹은 가능한 한 빠른 시간 안에 그 감정을 내가 마주하리라는 걸 알고 무의식은 쉬게 된다. 이렇게 하면 내가 느껴야 할 감정을 정리하는 일에 집중할 만큼 시간이 날 때까지 감정을 마음속 깊이 담아둘 수 있다. 감정을 정리할 시간을 확실한 일정으로 잡으며 내 감정이 우선순위라는 걸 무의식에게 보여준다. 모임을 취소하든 아니면 그저 달력에 써놓기만 하는 것이든 시간을 내는 행동으로 내 감정을 존중하고 이를 정리하는 것이 시간을 들일 만한 일이라는 걸 확인한다.

감정을 정리하는 날에는 혼자 있어야 한다. 그래야 세상 속에서 내가 종종 쓰고 있는 가면을 벗을 수 있기 때문이다. 고독과 함께할 때 나는 라이프 코치 일이 주는 압박감과 부담감에서 한발 물러설 수 있다. 그저 한 사람으로, 미셸 엘먼으로 있을 수 있는 것이다. 각자 자신을 위로하는 방법을 아는 건 중요하다. 다른 사람이 주는 사랑과 애정으로 마음을 달랠 수도 있지만 사실 다른 사람으로부터 받은 사랑과 애정이 우리 몸 안에 있는 감정을 해결해주지는 않는다.

감정은 이렇게 정리한다

제일 먼저 편히 앉을 만한 곳을 찾는다. 그리고 담요를 덮거나 촛불을 켠다. 차분하고 안정감을 느낄 수 있는 방법이라면 무엇이든 좋다. 발을 바닥에 대고 심호흡을 한다. 4초 동안 코로 숨을 들이쉬고, 다시 4초 동안 숨을 멈춘 후 이어서 6초 동안 입으로 숨을 뱉는다. 이를 몇 번 반복하고 나서 신체에 감각이 느껴지는 곳이 있는지 몸을 잘 살핀다. 긴장이나 고통이 두드러지게 느껴지는 부위가 있는가? 열감이 느껴지거나 핀이나 바늘로 찌르는 것과 비슷하게 콕콕 쑤시는 기분이 들 수도 있다.

신체적인 감각이 느껴지는 곳을 찾았다면 그 느낌에 집중하라. 때로 그 느낌은 강도가 커지고 고통스러워지기까지 한다. 이것이 바로 우리가 눌러왔던 고통이다. 감정적인 고통이 신체적 고통으로 발현되는 일은 흔하다. 우리 몸속에 감정이 들어 있기 때문이다. 고통을 느끼는 신체 부위에 더 오래 주의를 기울이고 계속 숨을 불어넣으면 긴장감과 고통이 사라지거나 신체의 다른 부위로 이동한다. 어디로 가든 그 감각을 따라가라. 예를 들어 심장에서 느껴지던 긴장감이 위로 이동해 목구멍에서 느껴진다면 그 느낌을 따라가며 집중하라.

몸에서 느껴지는 감각에 감정을 부여하거나 왜 그렇게 느끼는지 설명하는 등 머릿속에 이런 생각이 떠오르면 인식을 다시 몸의 감각으로 돌려라. 떠오르는 생각을 일부러 조용히 시켜야 할 필요는 없다. 몸에 느낌이 있는 곳으로 주의를 돌리면 내면의 소리는 어차피 가라앉을 테니 말이다. 소리치거나 절규하고 싶은 충동이 들기도 한다. 감각이 목 안에서 올라올 때 특히 그렇다. 만약 완전히 혼자 있는 상황이라면 그대로 소리를 지른다. 혼자 있는 게 아니라면 베개에 대고 소리를 지르자. 이상해 보일지 몰라도 감정은 표출되어야 하고 주변 사람을 다치게 만들지 않는 한 이런 분출 행동은 감정을 정리하는 건강한 방법이다.

이와 비슷하게 팔다리가 콕콕 쑤시는 기분이 든다면 가능한 한 격렬하게 털어낸다. 콕콕 쑤시는 느낌은 대개 두려움이나 트라우마에서 나온 에너지가 몸속에 갇혀 있을 때 나타난다. 화가 치민다면 무언가를 치고 싶다는 마음이 든다. 나는 보통 스쿼시 라켓으로 베개를 세게 친다. 주먹으로 베개를 때리는 방법도 효과가 있다. 우리 사회는 모든 형태의 공격성을 나쁘게 보기 때문에 이런 행동은 사람들의 걱정을 사기 쉽다. 하지만 공격성이 특정 개인(여기에는 자기 자신도 포함된다)을 향하지 않는 한 베개를 때리는 등의 행위는 권투를 하거나 테니스를 칠 때와 같은 방식으로 화의 에너지를 방출한다. 춤추는 것도 몸속에서 두려움과 분노의 에너지를 내보내기 좋은 방법이다. 다만 감정의 에너지를 몸 밖으로 내보내기 위해서는 내보내려는 감정에 의식적으로 관심을 두어야 한다. 그게 바로 우리가 감정 정리 연습을 통해 하는 일이다.

몸에서 느껴지는 감각이 지나치게 강해서 잠시 쉬고 싶다면 쉬어도 된다. 이런 식으로 감정을 정리하는 연습을 더 많이 하면 할수록 내성도 생기고 감정이 올라올 때 자각도 잘할 수 있다.

슬픔에 다가가는 걸 유독 어려워하는 사람들이 있다. 어릴 때 울면 벌을 받았던 사람들이 특히 그렇다. 이런 사람들에게는 슬픔을 유발하기 위한 재료가 필요하다. 슬픔이 표출되지 못하고 막혀 있을 때 나는 언제나 유튜브에서 '울음 참기' 챌린지 동영상을 본다. 일단 눈물이 흐르기 시작하면 몸에 남은 슬픔을 내보내기 쉬워진다. 마찬가지로 펑펑 울고 싶을 때면 드라마 〈그레이 아나토미〉나 〈디스 이즈 어스〉를 본다. 영화 중에는 〈말리와 나〉를 보면 눈물이 흐른다. 이런 방법이 전부 소용이 없을 때를 위해 내 휴대폰에는 슬픈 노래를 모아둔 플레이리스트가 들어 있다. 일단 슬픈 감정이 들기 시작하면 관심의 초점을 다시 자신의 상황에 맞춘다. 드라마나 영화에 대한 생각을 계속하면서 감정을 정리할 수는 없다. 드라마나 영화는 '감정의 문'을 열 도구이므로 거기에 머물러서는 안 된다. 그러니 자기가 정리하려던 감정으로 되돌아가자.

내가 감정 정리법을 배우면서 알게 된 또 하나의 핵심은 '내면 아이'라는 개념이었다. 내면 아이는 모든 사람의 마음속에 사는 아이인데 우리가 성장하는 동안 필요한 안전함과 사랑, 애정을 받지 못했을 때 어른이 된 뒤에도 어린 시절의 상처가 다시 나타나는 것이다. 때로 어떤 감정이 샘솟을 때, 특히 벌어진 상황에 비해 한층 강한 감정이 표출되는 경우는 보통 과거의 사건이나 어린 시절 결코 치유되지 못한 감정이 떠올랐기 때문일 가능성이 크다. 갑자기 엄청난 감정이 몰려오는 걸 느낄 때가 보통 이런 경우다. 이처럼 갑자기 몰려오는 강한 감정은 현재의 상황이 아닌 과거에 있었던 어떤 일에서 비롯된 것이다. 예를 들어 직장 동료들이 당신을 업무에서 배제하거나 중요한 결정을 내릴 때 소외시키면 어린 시절의 경험, 즉 친구 모임에서 거절당했던 느낌이 되살아난다. 물론 어느 정도의 상처나 슬픔은 지금 일어나는 일에서 비롯된 것이지만 과거에 받았던 상처와 비슷한 느낌이 우리를 과거로 돌아가게 하면서 타인을 밀어내거나 비꼬는 말을 하는 등 예전에 쓰던 대응 기제를 사용하게 만든다.

내면의 아이와 소통하기 위해서는 감정을 정리할 때와 마찬가지로 혼자 있을 수 있는 조용한 장소를 찾아 가능한 한 편안해져야 한다. 감정을 불러일으킨 상황을 떠올리며 다음의 질문을 스스로 던져보자.

- 이 느낌은 익숙한 느낌일까?
- 이런 비슷한 느낌을 처음 받은 건 언제였을까?

• 그 일이 있었을 때 나는 몇 살이었을까?

  질문할 때 맨 처음 떠오르는 본능적인 답이 정답이다. 깊이 생각하거나 지나치게 분석하려 들면 내면 아이와의 소통 과정을 논리적으로 설명하려 들면서 감정이 사라지게 된다. 깊이 생각하거나 지나치게 분석하려 하는 건 두려움 때문이다. 그러므로 자신이 깊이 생각하거나 지나치게 분석하고 있다면 위의 질문을 다시 생각한 뒤 처음 떠오른 생각을 답으로 한다. 말이 안 되는 답이라 해도, 구체적인 기억을 떠올릴 수 없다 해도 처음 떠오른 생각을 답으로 한다. 처음 떠오른 나이를 믿고, 그 나이였던 자신의 모습을 그린다.

  나의 경우, 직장에서의 따돌림이 일곱 살 때 있었던 구체적인 일에 대한 기억을 불러일으켰다. 어느 날 학교에 갔는데 제일 친하게 지내던 친구가 갑자기 나와 말을 하지 않았다. 친구가 왜 그러는지 이유를 알 수 없었다. 집에 와서 엄마에게 말했더니 엄마는 내게 별일 아니라고, 친구가 오늘 기분이 안 좋은 날이었을 거라고 말씀했다. 누군가를 탓하자는 것도, 엄마가 무언가 잘못했다는 것도, 가장 친했던 친구가 나쁜 친구였다는 것도 아니다. 다만 우리 내면에 여전히 남아 있는 감정이 존재하며 그 마음을 치유하기 위해서는 이 감정과 기억이 필요하다는 이야기다. 일곱 살 먹은 어린 자신의 모습을 그리면서 현재 어른이 된 내가 그 아이의 부모 노릇을 할 기회를 얻는 것이다. 아이를 앉히고 대화를 나눈다. 아이의 이야기를 듣고 아이가 나에게 하고 싶은 말을 할 수 있도록 해보자. 내면의 아이는 사랑한다는 말이 듣고 싶을 수도 있고, 아니면 '어른'인 내가 지지해주고 절대 떠나지 않겠다는 약속을 원하는 것일 수도 있다. 내면 아이와의 대화는 이런 식으로 이루어진다.

> 나: 속이 상했다니 안됐구나. 네 입장이었다면 나도 속이 상했을 거야. 내가 널 사랑하고 너를 위해 항상 여기에 있을 거라는 걸 알아줬으면 해. 무슨 일이 있어도 말야.
>
> 내면 아이: 내가 나쁜 사람이라서 걔가 나랑 친구하기 싫다고 하면 어쩌지?
>
> 나: 넌 나쁜 사람이 아니야. 이 상황에서 넌 잘못한 일이 전혀 없어. 넌 사랑스러운 사람이고 문제가 있으면 그걸 너에게 솔직하게 털어놓을 수 있는 친구를 만나야 마땅해.

아이의 두려움을 받아들여라. 아이의 감정을 인정하고 이 상황에서 아이가 받아야 할 사랑과 지지를 전하는 모습을 그려라. 눈물이 날 수도 있다. 눈물이 나면 몸 안에 쌓여 있던 과거의 에너지와 함께 흘려보내라. 지지가 필요하다고 느낀다면 이러한 내면 아이와의 대화를 도와주는 여러 내면 아이 명상법을 써보기를 추천한다.

선을 긋기 전에 먼저 자신의 감정을 진정으로 느껴보면 상황과 어느 정도 거리를 둘 수 있고 선도 단호하고 침착하게 그을 수 있다. 이러한 단계를 밟지 않으면 다른 사람들의 반응을 통해 과거의 기억이 떠오를 수 있고 그러면 과거에 했던 방식으로(혹은 자랑스럽지 않은 방식으로) 행동하게 된다. 내면 아이를 돌보는 두 가지 방법을 통해 감정을 정리하면 누군가 자신의 선을 넘는 때를 알게 된다. 또한 감정에 있어 얼마만큼이 나와 내 과거 기억에 따른 것이며, 또 다른 얼마만큼이 상대방의 것인지도 알게 된다. 내 감정과 상대의 감정이 무엇인지 알게 되는 순간 오직 내 문제에만 집중할 수 있는 길이 열린다. 예를 들어 동료의 따돌림을 통해 자신에게는 버림받고 거부당하는 데서 오는 두려움이 있을 뿐 아니라 자신이 아직도 사람들의 그런 행동을 받아들이지 못한다는 사실을 깨닫게 된다. 이러한 두려움의 감정을 정리하고 어른의 마음으로 그 감정을 이해하고 나면 직장에서 동료들과 어떻게 한층 솔직하게 소통해야 하는지 그에 필요한 선을 그을 수 있다.

나답게 선 긋는 TIP

자신이 느끼는 감정을 인정받고 당연하게 받아들이며 성장하지 않은 사람은 신체적 감각을 정리하는 감정 언어가 제한적이다. 기분이 나쁘다는 건 알지만 '어떻게 나쁜지' 말하지 못한다. 몸 안의 감정들을 느끼는 것이 불편하게 생각될 수 있지만 이는 친숙하지 않아서 그렇다. 평생 동안 그 감정들은 부정적인 것이라고 들어왔기 때문이다. 사실 '기분이 나쁘다'는 말은 감정에 판단을 더한 것인데 판단이 들어간 감정을 정리하는 일은 특히 어렵다. 감정을 정리할 때는 반드시 판단이 개입되지 않은 감정에 이름을 붙여야 한다.

심리학자 로버트 플루칙Robert Pluchik이 만든 '감정의 바퀴'The Wheel of Emotions는 우리가 느끼는 감정에 이름을 붙여야 할 때 유용하게 쓸 수 있는 도구다. 구체적으로 어떤 감정을 느끼는지 안다는 건 선을 그을 때 자신을 정확하게 표현할 수 있다는 뜻이다. 다음의 감정의 바퀴를 참고하여 당신이 느끼는 감정들에 하나씩 이름을 붙여보자. 자기 감정을 알아갈 때마다 자신이 어떤 사람인지 보다 더 쉽게 이해할 수 있을 것이다.

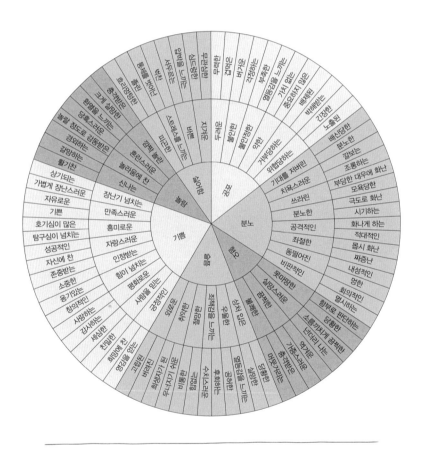

힘들어도 자신에게 다정한 사람이 되어주기

선을 처음 그을 때는 선을 긋겠다는 뜻을 전하기 위해 사용하는 말과 타이밍을 올바르게 찾는 데 많은 어려움을 겪는다. 처음 선에 대해 배울 때 나는 원하는 바를 어떻게 말해야 할지 정말 몰랐기 때문에 나의 라이프 코치였던 젤리의 도움을 받아 할 말을 정리하곤 했다. 나는 내게 필요하고 내가 원하는 걸 요구하는 데 익숙하지 않았다. 남에게 너무 너그럽게 굴어서 어떤 행동에서 변화를 원하는지 모호하게 표현하거나 반대로 너무 엄격하게 굴어서 내가 그은 선 안에서 불필요한 모욕을 당하곤 했다. 나는 양쪽 사이에서 균형을 잡기 위해 시행착오를 겪으며 배워야 했다. 그리고 선을 긋는 일이 어렵게 느껴질 때마다 젤리가 가르쳐준 다음의 '5C'를 떠올렸다.

- **차분함**Calm: 감정을 정리했다면 선을 이야기할 때 차분할 수 있어야 한다. 상대에게 이야기를 전할 때 목소리가 높아지면 상대가 방어적인 태세를 보일 가능성이 크다.
- **다정함**Compassionate: 선을 긋는 일이 못된 짓이어야 할 필요는 없다. 상대방과 자기 자신, 둘 모두에게 다정한 방식이라 상대방이 당신의 선 긋기를 공격이라 느끼지 않고 '관계를 건강하게 유지하기 위해 필요한 대화'라고 생각하게 된다.
- **분명함**Clear: 선을 그은 결과로 어떤 행동 변화를 원하는지 구체적

으로 전해야 한다. 스스로 어떤 결과를 원하는지 모른 채 선을 그으면 상대도 어떤 결과가 나올지 모른다. 당신이 원하는 바가 명확해야 한다. 그러면 선을 지키지 않을 때 상대방에게 무엇을 요청해야 할지 분명하게 드러나게 된다.

- 간결함Concise: 필요한 말 이외에는 하지 말고 선을 긋는 이유를 해명하지 말라. 말을 많이 하면 할수록 상대가 과거에 있었던 일들을 끄집어내 트집 잡을 기회를 더 주게 된다. 선 이야기를 꺼내기까지 중언부언할수록 설명 대신 토론이 되고 만다.

- 일관성Consistent: 선이 침해받았을 때 선을 강하게 만들지 않으면 선은 사라지고 만다. 선을 그었는데 상대가 선을 넘었다면 그 선을 계속 지키는 말과 행동을 일관되게 보여주는 건 당신의 책임이다.

다른 사람들에게 선을 긋기로 했다고 말하는 일은 새로운 언어를 배운 것과 매우 흡사하다. 이 책에는 당신이 선을 그을 때 써먹을 수 있는 다양한 표현의 예시들이 담겨 있다. 처음 이런 표현을 들었을 때 나는 뭔가로 머리를 세게 맞은 느낌이었다. 선을 긋는 일이 내게는 너무 생소한 영역이라서 젤리가 내가 말해야 할 표현을 알려주면 나는 자주 이렇게 대답했다. "그런 말을 할 수 있다는 생각 자체를 해본 적이 없네요." 절대 그런 말을 할 수 없다고 생각했지만 나는 포기하지 않고 계속 노력하고 시도하며 천천히 앞으로 나아갔다.

다음은 상대와의 대화가 가능한 생산적으로 이루어질 수 있도록 선

굿기를 일곱 가지 핵심 단계로 나누어본 것이다. 마침 편리하게도 각 단계의 앞글자를 모아 연상기호를 만들면 'SELFISH'(이기적인)가 되어서 기억하기도 쉽다.

SELFISH: 선 긋기의 일곱 가지 단계

예를 들어 당신의 연인이나 배우자가 친구와 놀러 나가면서 밤 10시까지 집으로 돌아오겠다고 하고서는 약속을 지키지 않았다고 해보자. 상대방에게 약속과 관련한 나의 선이 존재하고 이를 지켜달라는 것을 효과적으로 전달하려면 어떻게 말해야 할까?

- 이야기를 만들지 말라Story: 앞서 설명했듯이 코칭에서 '이야기'는 우리가 머릿속에서 '만들어낸 상상'을 가리킨다. 이번 예에서 '사실'은 연인이나 배우자가 약속했던 귀가 시간보다 늦게 들어왔다는 것이다. 그리고 당신이 만들어내는 '이야기'는 상대가 바람을 피고 있다거나 당신에게 신경 쓰지 않는다거나 당신과 시간을 보내고 싶어하지 않았다는 것 등이다. 사실이 부재할 때 우리의 뇌는 이야기의 나머지 부분을 만들어낸다. 이 점을 알아두어야 한다. 사실에 충실하라. 상대방이 왜 늦었는지는 모르지만 늦었다는 건 사실이다. 선을 그어야 할 곳은 바로 거기서부터다.

- 감정부터 정리하라Emotion: 앞 장에서 설명했던 것처럼 현재 상황을 둘러싸고 자신의 과거에 있었던 감정적 문제는 반드시 스스로 정리해

야 한다. 모든 의사소통 과정에는 나의 감정과 상대의 감정이 있다. 어느 감정이 누가 느끼는 감정인지, 그리고 둘 다 책임이 있는 부분은 무엇인지 분명히 해야 한다. 예를 들어 이 상황에서 거절당하고 버림받았던 느낌이 되살아나면 그건 내 감정이고, 이 상황에 선을 긋기 전에 내가 헤쳐나가야 할 문제다. 일단 내 감정을 정리하고 나면 문제는 눈앞에 펼쳐진 상황이라는 걸 알게 된다.

• **미리 결론짓지 말라**Let go of conclusion: 상대방이 무슨 생각을 하는지, 그리고 과거의 경험을 바탕으로 상대방이 어떻게 반응할지 미리 결론짓지 마라. 실제 대화를 하기도 전에 머릿속으로 전체 대화를 끝내버리는 사람이 많다. 이처럼 대화를 미리 상상하고 그 결과 닫힌 마음으로 대화에 임한다. 그러다 보면 대화에서 방어적인 입장을 취하게 되고 대화를 이어 나가기가 어려워진다. 무의식적으로 머릿속에서 구성한 대화와 같은 패턴을 반복하려 하기 때문이다. 그러는 대신 열린 마음으로 대화에 임하고 상대방에게 내 마음을 바꿀 기회를 주자. 마음을 연다는 건 내가 답을 정해놓은 것과 달리 실제로 상대의 이야기에 귀를 기울인다는 뜻이다.

• **원하는 결과를 파악하라**Find desired outcome: 대화의 결과물은 분명해야 하고 상대의 행동 변화로 나타나야 한다. 우리는 상대에게 무엇을 요구하는지 알아야 한다. 각자 요구하는 바는 다를 수 있다. 저녁에 대화가 없는 걸 걱정하는 사람도 있고, 연인이나 배우자가 지키겠다고 한 약속을 어겼다는 데 화를 내는 사람도 있다. 또 어떤 사람은 자신이

집에서 걱정하며 기다리고 있다는 걸 알면서 파트너가 이를 신경 쓰지 않는다는 데 불만을 갖는다. 상대가 자신의 어떤 선을 넘었는지 확인하고, 다음번에는 어떤 부분을 지켜줬으면 좋을지 생각해야 한다. 행동에 패턴이 있다면 그것도 확인한다.

- **대화는 타이밍이다**Initiate conversation: 대화를 시작하기 적절한 시간을 선택하는 것만으로도 대화의 궤도를 크게 바꿀 수 있다. 누군가를 직접 마주하고 선을 긋는 이야기를 할 때 나는 이렇게 말문을 열곤 한다. "잠깐 이야기할 시간 있으세요?" 대화를 나누기 적절한 시간인지 확인하고 상대의 관심을 완전히 내게 집중시키기 위해서다. 이렇게 대화를 시작함으로써 상대는 대화에 관심의 초점을 두면서 소통에 활발히 참여하겠다는 뜻을 표하게 된다. 연인이나 배우자가 자정 가까운 시간에 술에 취해 귀가했을 때는 대화하기에 적절하지 않은 순간이다. 마음이 약간 가라앉을 다음 날 아침까지 기다려라. 상대방이 집에 들어선 순간 그냥 이렇게 말하면 된다.

"내일 시간 될 때 얘기 좀 나눌 수 있을까? 나 지금은 피곤해서 잘 거야. 재밌게 놀다 왔길 바라."

차분하고 예의 바르다. 다음 날 아침까지 기다리는 건 상대에게 벌을 주거나 긴장감을 주는 시간을 늘리려는 게 아니다.

- **선을 그어라**Set the boundary: 하고 싶은 말을 그대로 전해라. 선을 긋는 일은 토론이 아니다. 선은 상대방과 함께 내리는 결정이 아니며 공유하는 관계의 규칙도 아니다. 선은 내가 상대에게 전하는 내 것이다.

선을 긋는 건 내 결정이고, 그걸 받아들일지 말지는 상대의 결정이다. 사랑의 감정을 바탕으로 더 건강한 관계를 만들기 위한 방식으로서 선을 이야기하면 상대는 항상 쉽게 받아들인다. 이번 예와 같은 일이 일어났을 때 나라면 간단히 이렇게 말할 것이다.

"어젯밤에 말했던 것보다 늦은 시각까지 연락이 없어서 무슨 일이 생겼나 걱정했어. 다음번에는 늦으면 늦는다고 문자 보내줄 수 있어?"

이때 '감정'이 아니라 '행동'에 선을 긋는 게 중요하다. 상대방에게 다시는 걱정시키지 말라고 요구하는 선을 그을 수는 없다. 걱정했다는 이야기는 할 수 있지만 선은 어디까지나 행동에 초점을 맞추어야 한다. 또 긍정적으로 이야기해야 한다는 걸 잊지 마라. 원하지 않는 바가 아니라 원하는 바를 요구하라. "내가 보낸 문자 무시하지 마."라고 말하는 대신 "문자 보내줬으면 좋겠어."라고 말하라. 부정어로 말하면 상대의 마음이 부정적인 부분에 초점을 둔다. 선을 긋는 뜻을 전할 때에는 긍정적인 행동 변화에 초점을 두기를 바란다.

• 선을 지켜라Hold the boundary: 같은 일이 또 반복된다면 선을 단단히 지켜야 한다. 같은 문제로 당신이 그은 선에 대해 한 번 더 이야기할 때는 상대가 한 행동의 결과를 포함해서 이야기하는 게 좋다. 위의 예를 통해 살펴보면 이렇게 이야기할 수 있다.

"늦게까지 밖에 있을 때는 문자 보내달라고 이야기했잖아. 이 얘기하는 거 두 번째인데 날 기다리게 만드는 건 나를 존중하지 않는 거야. 다음번에 들어오겠다고 한 시간에 집에 오지 않으면…."

문제가 되는 행동이 무엇인지에 따라 결과는 다를 수 있다. 안 자고 기다리고 있는 게 문제고, 걱정하는 게 늦은 귀가 시간이라면 결과를 간단히 이렇게 전한다. "당신 없이 나 먼저 잘게." 걱정하는 부분이 상대방의 안전이라면 늦었을 때는 친구 집에서 자고 오면 좋겠다는 결과를 이야기할 수도 있다. 그럼에도 다시 한번 같은 일이 일어났을 때는 이야기했던 결과에 따라야 하며 10시가 되면 실제로 집의 문을 잠근다. 그러고 나서 상대방이 자신의 행동에 따른 결과나 당신이 진지하다는 걸 알았을 때 느끼는 감정을 마주하게 한다.

이 'SELFISH' 방법은 당신이 배우고 있는 '새로운 기술'이라는 사실을 기억하라. 처음 몇 번은 상대방이 당신의 이야기를 진지하게 받아들이지 않을지 모른다.

당신이 진짜 말한 대로 하리라고 생각하지 않을 수도 있다. 과거의 당신이 그렇지 않았기 때문이다. 당신이 그은 선이 지워졌는데 그냥 두었다면 상대가 다른 선을 넘기 시작해도 놀라지 말라. 선 넘어온 걸 그냥 방치함으로써 당신의 선이 중요하지 않다는 메시지를 상대에게 보낸 것과 다름없으니 말이다. 당신이 정한 선을 두고 상대를 과잉교정하려 하거나 방어적으로 굴거나 융통성을 발휘하지 못하는 때가 올 것이다. 그때 이 점을 염두에 두자. '언제나 말은 많이 하는 것보다 줄이는 게 낫다.'

가능한 자기 자신을 다정하고 참을성 있게 대하라. 평생 동안 살아온 방식과 완전히 다른 일을 처음으로 하는 중이다. 지금까지 살던 삶의 방식을 버리는 데는 당연히 얼마간의 시간이 걸린다. 선을 잘 긋게 되기까지 또 얼마간의 시간이 걸린다. 처음 몇 번은 서투르겠지만 점점 쉬워지리라 장담한다. 시간이 흐르면 선을 그을 때 앞서 소개한 일곱 가지 단계를 다 거치지 않아도 된다. 어떤 감정이 내 것이고, 선을 긋기 적절한 시간은 언제인지 자연스럽게 알게 되기 때문이다.

나답게 선 긋는 TIP

새로운 방식을 배우는 건 쉽게 엄두가 나지 않는 일이고 그것을 행동으로 옮기기란 더더욱 힘들다. 그래서 선 긋기에 대한 두려움을 줄일 수 있는 몇 가지 방법을 알려주도록 하겠다. 할 수 없다는 생각이 드는 모든 상황에서 '내가 선을 그을 수 있었더라면…'이라는 표현부터 사용해보기 바란다.

• 직장에서 내가 선을 그을 수 있었더라면 나는 … 할 거야.

_____

• 친구에게 내가 선을 그을 수 있었더라면 나는 … 할 거야.

_____

• 가족에게 내가 선을 그을 수 있었더라면 나는 … 할 거야.

_____

• 연인에게 내가 선을 그을 수 있었더라면 나는 … 할 거야.

_____

이런 표현을 사용하기 시작하면 우리 뇌는 마치 실제 일어난 일처럼 생각하게 된다. 우리의 무의식은 사실과 상상의 차이를 모르기 때문이다. 당신에게 레몬을 깨무는 상상을 해보라고 하면 당신의 몸이 벌써 반응하고, 이 문장이 끝날 때쯤에는 입에 침이 고였을 가능성이 크다. 선을 그을 수 있는 현실을 상상할 때도 뇌에서는 같은 일이 일어난다. 우리 뇌는 꾸며내는 걸 아주 잘한다. 우리는 그저 뇌가 유용한 내용을 꾸미도록 하고 더 나은 현실을 상상함으로써 힘을 얻으면 된다.

거절할 줄 아는 내가 오히려 좋아

죄책감에는 적절한 죄책감과 부적절한 죄책감이 있다. 적절한 죄책감은 우리에게 꼭 필요하다. 우리가 자신의 가치, 그리고 자신이 원하는 모습과 맞지 않는 행동을 했다고 무의식이 보내는 신호가 바로 죄책감이기 때문이다. 업무상 스트레스를 받았는데 그 화풀이를 배우자에게 했을 때 생기는 죄책감을 예로 들 수 있다.

하지만 선을 그은 뒤 죄책감이 든다면 이는 적절하지 않다. 죄책감이란 잘못을 저질렀다는 생각 때문에 드는 감정인데 선을 그은 건 전혀 잘못한 일이 아니므로 죄책감을 느껴야 할 이유가 없다. 그런데도 죄책감이 드는 이유는 지금까지 평생 할 말을 하거나 싫다고 거절하는 건 이기적인 행동이라고 생각해왔고, 이제 막 그 통념에서 벗어나려는 중이기 때문이다.

처음으로 내가 친구와 절교했던 때를 기억한다. 우리는 7년 동안 가장 친한 친구 사이였다. 그때 나는 선 긋기의 여정을 막 시작하던 참이어서 어떻게 하면 친구에게 이 방식을 잘 설명할 수 있는지 알지 못하는 상태였다. 그래서 선을 그은 뒤에 나는 죄책감으로 무너졌다. 친구가 내게 해주었던 멋진 일들을 하나씩 전부 떠올랐다. 친구는 내가 병원에 입원했을 때 옆을 지켜주었고, 내가 절망에 빠져 있을 때 나를 보러 오기 위해 비행기를 타고 날아왔다. 내가 대학으로 돌아왔을 때는 깜짝 파티를 열어주었다. 내 인생의 한 지점에서 그녀는 분명 훌륭한 친구였다. 하지만 그러고 나서 뭔가 변했다. 친구는 석사 학위를 따기 위해 북쪽 지역으로 이사를 갔고 거기서 새로운 친구 무리를 만났다. 그러고는 갑자기 그녀의 남자친구가 그녀가 사는 세상의 전부가 되었다. 같은 도시에 사는데도 친구를 만날 약속을 잡으려면 몇 달이 걸렸고 그녀가 내게 전화를 거는 일은 거의 없었다. 어떤 문제가 생겼을 때만 그녀는 전화를 해왔다. 그 문제에 대한 이야기가 끝나면 친구는 이런저런 변명을 해대며 전화를 끊었고, 내가 요즘 어떻게 지내는지 물어보지도 않았다. 그러다 뭔가 또 필요한게 생기면 다시 전화를 했다. 한 번은 상담 시간에 젤리에게 이렇게 말했다.

"전 마치 친구에게 빚진 사람이 된 기분이에요. 불편한 감정을 느끼는 일로 죄책감이 들어요. 친구가 그렇게 오랜 시간 동안 우정으로 내 옆에 있어줬는데 제가 당연히 기다려야 하는 것 아닐까요? 친구가 예전 모습으로 돌아올 수도 있잖아요."

"친구에게 빚진 시간이 얼마나 되나요?" 젤리가 사무적으로 물었다.

"네?" 나는 혼란스러워 하며 대답했다.

"맞아요, 친구가 그 모든 일을 해줬죠. 그렇게 그 친구에게 빚진 시간이 얼마나 되나요? 한 달의 우정, 1년의 우정, 10년의 우정일까요?"

갑자기 이 상황이 우스워졌다. 그 모든 시간 동안 내 곁에 있었던 친구는 더 이상 내가 알던 사람이 아니었다. 그때 이런 생각이 떠올랐다. 그 모든 시간 동안 그녀가 내게 잘해주었지만 나도 그녀에게 잘해주었다. 이제 더 이상 그녀는 예전 같지 않으니 나도 그녀에게 빚진 건 없었다. 우리가 절친이었던 시절 이미 다 갚았기 때문이다. 죄책감이 하루 아침에 사라진다는 이야기가 아니다. 하지만 지금까지 살면서 내가 인간관계에 얼마나 많은 걸 쏟아부었는지 깨닫고 나니 모든 사람이 내 시간과 에너지를 받을 자격이 있지는 않다는 사실을 인식하게 되었다.

이처럼 부적절한 죄책감이 들 때는 이 감정은 내가 느껴야 할 감정이 아니며 나는 아무것도 잘못이 없음을 깨달아야 한다. 그러면 감정을 떨치는 데 도움이 된다. "죄책감을 떨쳐버리자."라고 소리 내어 말해도 되고, 아니면 죄책감을 풍선에 담아 풍선을 멀리 날려 보내는 모습을 상상해도 된다. 그렇게 몸 안에서 죄책감을 떨쳐내자.

또 다른 방법으로 손을 심장 위 가슴에 대고 사랑스럽고 안심이 되는 손길로 쓰다듬으며 자신에게 말한다. "나는 네가 자랑스러워. 나를 지지해줘서 고마워." 지금 하는 일은 자신을 지지하기 위해서이며 당신은 아무 잘못이 없다는 점을 떠올려라. 느껴지는 죄책감 중 일부는 상대방이 느껴야 한 감정이다. 다른 사람의 감정을 당신이 돌볼 필요는 없다. 다른 사람의 감정은 그 사람이 책임져야 할 일이다.

우리는 나보다 늘 다른 사람을 우선시해야 한다고 배워왔다. 그리고 지금 이 그릇된 가르침에서 벗어나려 노력하는 중이다. 이걸 잊는 데는 시간이 걸린다. 그러나 약속하건대 선을 한 번씩 그을 때마다 점점 긋기 쉬워질 것이다.

나답게 선 긋는 TIP

죄책감은 잘못을 저질렀다는 생각 때문에 드는 경우가 많다. 자신이 왜 선을 긋기로 결정을 내렸는지 알려주는 증거를 보면 죄책감을 느끼지 않을 수 있다. 종이를 꺼내 선을 그은 이유 세 가지와 '옳은 일을 한 것'이라고 아래와 같이 써보자.

1 _____ 하니까 나는 옳은 일을 한 거야.

2 _____ 하니까 나는 옳은 일을 한 거야.

3 _____ 하니까 나는 옳은 일을 한 거야.

만약 죄책감이 부끄러움으로 이어졌다면 자신이 좋은 사람이 아니라는 생각이 바탕에 깔려 있을 가능성이 크다.

· 믿음 = 생각+증거
· 생각 = 상상 속 허구의 이야기

감정은 생각이 선행될 때 존재하기에 죄책감은 우리가 나쁜 사람이라는 생각을 뒷받침할 증거처럼 발현되는 감정이다. 이런 생각을 버리기 위해서는 자신이 나쁜 사람이라는 생각이 틀렸다는 증거를 만들어야 한다.

생각이 테이블의 상판이라면 그 생각을 뒷받침하기 위해 우리 인생에서 찾아낸 증거는 테이블 다리와 같은 역할을 한다. 테이블 다리가 없다면 생각과 근거가 없는 믿음은 자연히 사라진다. 이때 우리는 '나는 좋은 사람이야'라는 새로운 긍정적인 생각에서 나온 증거를 가지고 새로운 테이블을 만들 수 있다.

1 나는 _____ 하니까 좋은 사람이야.

2 나는 _____ 하니까 좋은 사람이야.

3 나는 _____ 하니까 좋은 사람이야.

모두에게 사랑받지 않아도 괜찮아

다른 사람의 생각에 신경 쓰는 건 결국 사랑받고 싶고 인정받고 싶은 욕구의 표현이다. 이 세상에는 80억 인구가 있고 현실적으로 모든 사람이 나를 좋아할 수는 없다. 머리로는 그렇다는 걸 알지만 나를 좋아하지 않는 사람을 만나면 몹시 마음이 아프긴 하다. 어린 시절 거절당한 순간이 떠오르기 때문이다. 거절당했던 상처가 아주 크면 나를 바꿔 미움받는 고통을 피하는 데만 초점을 맞춘다. 그렇게 타인의 비위를 맞추는 데 급급한 사람이 된다. 하지만 비위를 잘 맞추는 사람도 미움받을 수 있다.

미움받을 거라는 두려움을 좋은 사람으로 보이고 싶다는 바람 아래로 숨기는 경우도 종종 있다. 하지만 '좋은 사람'이라는 말도 여전히 다른 사람의 의견에 집착하는 표현이다. 다른 사람이 정의한 '좋은 사람'에 내가 속하는지 아닌지를 다른 사람이 결정하도록 놔두고 있는 것이다. 누군가의 인정을 받는 데 집착하는 모습이며 나보다 타인의 행복을 가치 있게 여기는 일이다. 나는 나를 소개할 때 좋은 사람은 아니지만 다정한 사람이라고 말하곤 한다. 좋은 사람은 우리를 위해 뭐든 다 해준다. 반면 다정한 사람은 우리가 우리 일을 스스로 하는 법을 터득하도록 도와주고 우리에게 사랑과 지지를 보내준다. 때로는 좋은 사람의 모습과 다정한 사람의 모습이 같지 않을 때도 있다.

다른 사람이 나를 어떻게 생각하는지 신경 쓰는 마음은 여러 가지 모습으로 나타난다. 정말 하고 싶지 않은 일에 '좋아요'라고 말할 때 나타나기도 하고, 상대방이 기분 상했는지 물었을 때 너무 예민한 사람으로 보이고 싶지 않아서 '괜찮다'고 말할 때도 나타난다. 파티 자리에서 조금 더 좋은 인상을 남기고 싶어서 살짝 과장해서 말할 때도 나타나고, 직장 행사 자리에서 괜히 잘못된 말을 할까 걱정되어 아무 말도 하지 않을 때도 나타난다.

다른 사람이 나를 어떻게 생각하는지 신경 쓰는 건 인간의 자연스러운 본성이다. 우리는 사회적 상호작용이 필요하고 살아남기 위해서는 '내집단'in-group에서 사랑받아야 하는 사회에서 산다. 타인을 신경 쓰는 건 본능적인 측면도 있다. 다른 사람이 생각하는 바를 전혀 신경 쓰지 않고 또 신경 써본 적도 없는 사람은 아마도 사이코패스일 것이다. 사이코패스는 타인에게 전혀 공감하지 않고 다른 사람의 생각에도 전혀 신경 쓰지 않는다. 하지만 건강한 수준에서 다른 사람의 생각을 신경 쓰는 사람과 다른 사람의 생각에 생활 전체가 좌우되는 사람 사이에는 차이가 있다. 솔직히 말하면 나도 때로는 다른 사람 눈에 내가 어떻게 보일까 신경을 쓰곤 한다. 나도 인간이기에 그렇다. 하지만 내가 그은 선을 지키지 못할 만큼 신경을 쓸까? 물론 그건 아니다!

다른 사람의 생각을 신경 쓰는 데서 벗어나기 위해서는 우선 첫째, 세상이 나를 중심으로 돌아가지 않는다는 사실을 떠올려야 한다. 혼자 파티에 간 상황을 상상해보자. 말할 사람이 아무도 없어 혼자 있는데 갑자기 남의 시선을 의식되기 시작한다. 사람들이 나를 쳐다보고 '어휴, 찌질해. 친구도 없나 봐'라고 생각하는 것 같아 뭔가 바쁜 척하려고 재빨리 휴대폰을 꺼내는 기분, 다들 알지 않는가? 이런 경험은 누구에게나 있다.

그러나 당신이 생각하는 것만큼 실제로 당신을 쳐다보는 사람은 없다. 당신이 하는 일을 가장 의식하는 사람은 당신 자신이다. 다른 사람은 다들 자기가 어떻게 보여질지 생각하느라 당신에 대해 생각하지 않는다. 어쩌다 우연히 당신이 혼자 서 있는 걸 봤다면 그건 아마 그들도 혼자 있었기 때문일 테고, 당신을 보고 혼자 있는 사람이 자기뿐만이 아니라며 안도했을 것이다. 그렇다. 어딜 가나 당신을 보고 찌질하다고 생각할 재수 없는 또라이가 한 명쯤은 있겠지만 내 말을 믿어라. 그 인간들은 세상 모든 사람을 찌질이라고 생각한다. 그건 그들도 파티 자리에 혼자 남겨지고 싶지 않다는 사실을 드러내는 것이자 그들의 불안을 나타내는 모습이다.

둘째, 설령 사람들이 당신을 의식한다 하더라도 그 비중이 얼마나 보잘것없는지 기억해야 한다. 사람들은 항상 서로를 두고 이러쿵저러쿵 평가하는 말을 하다가도 금방 다른 이야기를 나누곤 한다. 한 가지 생각을 지속하는 시간은 얼마나 될까? 다른 생각을 하는 시간은 얼마나 될까? 다른 사람의 그런 스쳐 지나가는 생각에 여러분의 인생을 흔들리게 둘 것인가? 당신이 다른 사람에 대해 잘못 생각했던 적도 많지 않았나? 그런데 왜 알지도 못하는 사람의 생각을 믿으려 하는가? 사람들이 당신에 대해 아주 잠깐 동안 생각한 내용을 1~5초 동안 소리 내 이야기했다 치자. 그런데 당신은 그 말을 몇 달, 심하게는 몇 년 동안이나 계속 곱씹는다. 이게 어떻게 공평한 일이란 말인가? 생각은 그저 상상 속 허구의 이야기일 뿐이다. 그러니 다른 누군가의 확인되지 않은 생각이 당신의 행복을 희생시킬 만큼의 가치가 있는지 스스로 물어보라.

이번 이야기의 목표는 모든 사람의 생각에 신경 쓰지 않는 게 아니라 다음 네 가지 원칙을 받아들이는 것이다.

1. 모든 사람은 자기 의견을 가질 수 있다

당신 자신이 되어라. 그리고 사람들에게는 당신에 대해 생각할 자유를 주자. 당신이 누구인지에 대해 변명하지 말라. 사람들이 그들만의 평가를 내리도록 놔두어라. 그리고 그들의 의견이 정말 당신의 인생에서 중요한 것인지만 확인하라. 당신이 할 일은 사람들의 생각을 '바꾸는' 게 아니라 상대가 당신을 존중하고 사랑하는지 '확인하는' 것이다.

2. 무엇보다 나의 의견이 소중하다

사람들에게 당신을 좋아할지 말지 결정할 자유를 주었을 때 단 하나, 문제가 생기는 경우가 있다. 상대의 의견을 자신의 의견보다 더 중요하게 생각할 때다. 상대가 나를 좋아하지 않는다고 해서 그걸 이유로 자기 자신을 좋아하는 마음을 거두지는 말라. 다른 무엇보다 자신의 의견을 소중히 여겨야 한다.

3. 나에 대해 내가 가장 잘 안다

평생을 살아오면서 스스로에 대해 잘 알고 있다고 자부하는 사람도 여전히 자신의 새로운 모습을 매일 발견한다. 그런데 왜 당신을 거의 알지 못하는 누군가의 의견에 당신의 자존감을 맡기는가? 나를 가장 잘 아는 사람은 나 자신이다. 그러므로 당신을 평가할 자격을 가진 유일한 사람은 바로 당신이다.

4. 선을 긋지 못한 관계는 과감히 버린다

관계에서 선을 긋는 법을 배우면 나와 나의 욕구에 솔직해지고 이를 삶의 우선순위에 두어야 한다는 사실을 확인하게 된다. 다른 사람의 부정적인 의견을 우선으로 삼으면 선은 절대 그을 수 없다. 결국 선은 우리 인생의 좋은 관계를 돈독하게 해주고 좋지 못한 관계는 끊어준다. 당신이 전보다 자신의 가치를 크게 느끼고 선을 강하게 긋는다는 이유로 누군가 당신을 싫어하게 됐다면 그 사람은 결국 끊어야 하는 관계라는 얘기다.

　이런 원칙을 설명하기 위해 지금부터 두 가지 상황을 비교해보자. 내가 라이프 코치 일을 하다 보니 당연히 친구들은 종종 내게 연락해 대인관계나 선과 관련한 문제가 생길 때면 조언을 구하곤 한다. 한번은 친구 한 명이 어떤 남자를 여러 번 만났다. 남자는 상당히 열정적이고 적극적으로 친구에게 들이댔다. 하지만 몇 번 만난 뒤에는 태도를 완전히 바꾸더니 불평을 늘어놓는 모습을 보였다. 친구는 그 남자에게 보낼 문자를 써서 내게 먼저 보냈다. 친구가 답장을 쓰면서 가장 걱정 했던 부분은 문자가 지나치게 공격적으로 보이지 않을까 하는 것이었다. 바로 이게 문제다. 선을 그으면서 여전히 상대가 나를 어떻게 생각 할지에만 빠져 있으면 선은 자연히 희미해질 수밖에 없다. 그래서 나는 문자에서 그런 부분을 고쳐 친구가 무례한 사람과의 관계를 확실히 정리할 수 있도록 도와주었다.

언제는 내가 정말 굉장하다고 하더니 이제는 '난 이런 걸 원하지 않아'라

고요? 솔직히 너무 뻔하네요. 우리는 서로에 대해 알아야 할 게 너무 많고

나는 말이 통하는 사람이 필요해요. 이렇게 소통이 안 되는 거 정말 비호

감이에요. 다른 분과 잘해보시길 바라요.

하지만 친구는 결국 이 문자를 보내지 않았다. 내용이 너무 잔인해 그 남자를 '망가뜨릴 것 같다고' 생각했기 때문이었다. 친구는 또다시 자기 자신이 아니라 그 남자에 대한 걱정을 했던 것이다. 그로부터 몇 달 뒤 내가 비슷한 처지에 놓였다. 내가 만났던 남자는 헤어지자는 말은 안 하고 하루 동안 잠수를 탔다가 다시 나타났고 다시 이틀 동안 잠수를 탔다. 그 남자가 두 번째로 잠수를 탔을 때 나는 위의 문자와 매우 비슷한 문자를 그에게 보냈다.

안녕! 잠수 탔다가 혼자 마음이 동할 때 다시 나타나는 거 나를 존중하지

않는 행동이고 솔직히 정떨어져. 우리 관계가 아무리 가볍다고 해도 나와

관계라는 걸 맺으려면 나를 존중해야 해. 나랑 대화를 끝내고 싶다면 그

렇다고 말을 해. 나한테 더 관심이 없다면 내게 알려줬으면 좋겠어. 이렇

문자를 보냈을 때 나는 어떤 답장도 기대하지 않았다. 어떤 답이 올지 한번 맞춰보라고 했다면 그때까지 그의 행동으로 비추어봤을 때 내 문자에 절대 답하지 않거나 가스라이팅을 할 거라고 답했을 것이다. 나는 그런 반응을 예상하고 있었지만 그래도 어쨌든 문자를 보냈다. 설령 그가 답장을 보내지 않는다 하더라도 괜찮았다. 그가 겁쟁이라서 이 상황을 해결하지 못하는 것일 뿐 나를 존중하는 마음은 더욱 커지리라 믿었다.

하지만 다행히도 그는 답장을 했고, 나는 완벽한 사과 문자를 받았다. 내 평생 완벽하다고 말할 수 있는 사과를 받은 적은 거의 없었는데 말이다. 그가 보낸 문자는 모범 사과문이라 할 만했다. 그는 사태의 책임을 인정했고 내 기분을 잘 이해해주었으며 자기 행동의 의도를 설명한 후 '앞으로는 이렇게 하겠다'라고 썼다. 그리고 그가 잠수 타는 일은 다시 일어나지 않았다.

물론 각각 서로 다른 두 사람의 일이고 이들의 정서지능 수준이 달라서 차이가 났을 수도 있다. 그렇지만 우리가 통제할 수 있는 또 다른 측면도 있다. 그건 우리가 그은 선을 상대방이 어떻게 생각하는지 더는 신경 쓰지 않는 것이다.

선을 긋는 게 두려울 수 있다. 두려움이 인생을 좌지우지하지 않는 한 그건 문제가 되지 않는다. 두려움에 대해 우리가 잘 모르는 사실은 두려움은 없앨 필요가 없다는 점이다. 미움받는 일에 대한 두려움이 커 보일지 모르지만 두려움의 '맥락'을 이해하기 위해서는 그보다 더 큰 두려움을 떠올릴 필요가 있다. 그렇게 함으로써 선을 긋는 데 동기를 부여하고 미움받는 두려움을 완화할 수 있다.

예를 들어보자. 친구가 돈을 빌려달라고 하는데 거절하고 싶다. 그런데 거절했다가 친구 마음이 상할까 봐, 친구가 나를 인색한 사람으로 생각할까 봐 두렵다. 여기서 무엇이 더 큰 두려움일까? 더 큰 두려움은 친구가 돈을 갚지 않았을 때 친구를 원망하는 마음이 우정에 영향을 미쳐 관계가 완전히 끝나버리는 것이다. 그게 최악의 사태다. 친구에게 힘든 이야기를 해야 한다는 게 두렵겠지만 친구를 잃어 영영 그와 대화를 못 하게 되는 건 더 두려운 일이다.

이제 당신의 두려움에 대해 생각해보자.

- 고민되는 상황: _____
- 현재 느끼는 두려움: _____
- 더 큰 두려움: _____

내가 예민한 게 아니라 네가 너무한 거야

선을 그을 때 가장 이상적인 결과물은 우리가 선을 그었을 때 상대방이 우리의 선을 존중해 행동을 바꾸는 것이다. 또한 그 선을 계속 존중하며 그 결과 다시는 해당 문제로 대화할 일이 없는 것이다. 하지만 안타깝게도 일이 항상 그렇게 흘러가지는 않는다. 우리가 자신을 사랑하고 선을 긋기 시작하면 주변의 '나쁜' 친구들은 화를 낸다. 하지만 타인의 반응은 내가 통제할 수 없다. 그것이 선 긋기의 여정을 지나오면서 내가 크게 배운 사실이다. 내가 힘을 발휘할 수 있는 부분은 오직 상대의 반응에 대처하는 '나의 반응'뿐이다. 나를 부정적으로 대하는 사람을 막을 수는 없지만 상대의 대우에 대한 내 반응은 통제할 수 있다. 나는 그런 대우를 받아들일지 말지 결정할 수 있다.

내 정직함과 단도직입적인 면을 좋아하는 사람이 많지만 나를 보고 공격적이고 무례하며 거만하다고 하는 사람도 있다. 사람들이 당신이 그은 선을 얼마나 잘 받아들이는지를 기준으로 선 긋기의 성공 여부를 정하지 말라. 당신이 그은 선을 나쁘게 받아들이는 사람은 보통 선이 없었을 때 그걸 이용하던 사람이다. 물론 당신이 선에 대한 이야기를 깔끔하게 전달하지 못했기 때문일 수도 있지만, 설령 선을 엉망진창으로 그었다 해도 당신을 존중하는 상대라면 좀 더 분명히 이야기해달라고 할 것이다. 선을 그을 때는 다른 사람의 기대나 예측에 대해 생각하지 않는다. 당신이 그은 선이 받아들여지는지 다른 사람의 반응을 살

피는 대신 상대의 반응을 기준으로 그 사람이 내 인생에 필요한 사람인지, 나를 실제로 존중하는 사람인지 결정하자.

다른 사람의 반응이 아닌 나를 먼저 생각하라
대부분의 사람은 건강한 소통 방식에 익숙하지 않다는 점을 알아야 한다. 사람들은 건강한 소통 방식을 배워본 적이 없고 그런 소통 방식에 어떻게 응해야 하는지 모른다. 선 긋는 걸 무서워하는 사람도 있다. 이런 사람은 선 긋기가 관계의 끝을 의미한다고 믿는다. 그래서 선을 그어야 하는 문제에 관한 이야기를 나눈다고 해서 우정이 끝나는 게 아니라는 점을 깨닫지 못한다(오히려 문제를 해결하지 못하기 때문에 우정이 깨진다). 그 결과 상황을 되돌리려고 방금 그은 선을 없던 일로 하고자 무엇이든 하려 한다. 또 선을 갑작스러운 충격으로 받아들이고 여기에 어떻게 반응해야 할지 몰라 자신을 보호하려 드는 사람도 있다. 상대가 어떤 식으로 반응하든 다음 두 가지 사실을 기억해야 한다.

- 상대방은 그들이 좋을 대로 반응할 권리가 있다
- 상대방의 반응은 내 책임이 아니다

우리가 그은 선을 보고 상대가 부정적인 반응을 보이면 마음속으로 이런저런 상황을 가정하기 쉽다. '선을 다른 방식으로 표현했거나 혹은 아예 선을 긋지 않았다면 상대의 반응을 바꿀 수 있지 않았을까?',

'상대가 모욕감이나 상처받는 걸 피할 수 있지 않았을까?' 하는 생각이다. 만약 그렇다면 당신은 여전히 다른 사람을 지나치게 의식하는 반면 자신이 어떻게 느끼는지에 대해서는 충분히 생각하지 않고 있는 것이다.

자신의 상태를 살펴보자. 선을 그을 때 자부심이나 안도감을 느꼈는가? 상대가 부정적으로 반응하기 전에는 실제로 선을 그었을 때 기분이 좋았고, 자신이 자랑스럽다고 느꼈을 가능성이 크다. 사람들의 반응이 걱정될 때마다 자기 자신을 생각하자. 나를 찾아온 내담자가 다른 사람이 어떻게 생각할지 걱정하기 시작할 때면 나는 언제나 이렇게 질문한다. "본인은 어떠세요?"

나는 당신이 이 질문은 스스로 던져보는 습관을 들이기를 바란다. 스스로에게 이렇게 물어보자. "나는 어떤가?" 내가 원하는 건 무엇일까? 내게 필요한 건 무엇일까? 나는 어떻게 느끼고 있을까? 더 이기적으로 굴고, 자기 자신에 대해 생각하라. 이 과정에서 다른 사람의 감정보다 자신의 감정과 욕구를 우선시하라. 상대방의 감정은 그들의 책임이다. 그들이 자신에게 필요한 감정적 노력을 한다면 스스로 치유하게 될 것이다.

내가 선을 그었던 상황을 하나 들려주겠다. 나는 친구 두 명과 왓츠앱WhatsApp에서 그룹 채팅을 하고 있었다. 그 둘은 서로에게 가장 친한 친구 사이였다. 나는 두 사람 모두와 친하게 지냈고 우리가 어울려 놀 때면 종종 셋이 함께했지만 나와 두 사람이 친한 정도는 그 둘이 서로 친한 정도와는 비교할 수 없을 정도였다. 그래도 우리 셋은 아주 잘 지냈다. 잘 지내지 못하게 되기 전까지는 그랬다. 말다툼을 벌이게 되던 날 밤, 우리는 완벽주의에 대해 현학적인 대화를 나누고 있었다. 나는 완벽주의가 두려움, 즉 거부당할지 모른다는 두려움을 감추기 위한 핑곗거리라고 생각한다고 말했고, 한 친구는 내 의견에 동의하지 않았다. 우리는 지난 몇 달 동안 몇 번이나 의견 차이로 으르렁댔던 적이 있었다. 그때 내가 느꼈던 가장 큰 문제는 이 친구가 누군가와 의견 차이를 보일 때마다 개인적인 감정으로 치닫는다는 점이었다. 그녀가 다른 친구와 이야기하다가 감정적으로 변하는 모습을 여러 번 봤지만 나와 직접 얼굴을 붉힌 일은 없었다. 그날 밤 우리가 대화를 하던 중 처음으로 그녀가 감정적으로 나왔다. 이는 내가 정한 강력한 선과 부딪히는 상황이었다.

논쟁을 벌이다 상대를 모욕할 필요는 없다. 논쟁은 일치하지 않는 의견을 해결하기 위한 것이어야 한다. 승패를 가리거나 상대방에게 가장 큰 상처가 되는 말을 하기 위한 게 아니다. 그러나 그날 그녀와의 대화는 점점 격해졌고 비꼬는 말과 상대를 모욕하는 소리를 잔뜩 하게 되었다. 어느 순간이 되자 나는 그냥 "앗, 난 이 이야기에서 좀 물러나 있어야겠어."라고 답했다. 그러고선 답하길 멈췄다. 몇 시간 뒤 차분하게 다시 대화를 시도했더니 의견 충돌이 있었던 친구로부터 모욕적인 언사를 더 많이 들어야 했다. 그래서 나는 우정을 끝내기로 하고 내 생각을 전했다.

더는 관계를 유지하고 싶지 않다고 결심하게 만드는 계기가 실제 일어난 사건이 아닌 갈등이 다루어지는 '방식'인 때가 종종 있다. 처음 일어난 사건이 아닌 싸우는 동안 주고받는 말이 우정을 깨버린다. 이제 나는 선을 긋고 나서 상대가 선을 존중하지 않으면 이를 관계의 종말을 알리는 분명한 경고 신호로 여긴다.

그런데 위의 상황에서는 제3자, 즉 다른 한 친구가 있었다. 그녀에게 우리의 대화에 개입하지 말라고 말했지만 그 친구는 간절히 우리를 화해시키고 싶어했다. 그녀가 마주한 상황은 아니었지만 그녀도 두 친구 사이가 멀어지는 데 대한 감정이 있을 터였다. 그녀와는 여전히 친구 사이였기에 나는 그녀에게 전화해 이야기를 듣기로 했다. 통화를 하면서 그녀는 내가 용서를 잘 안 하고 산다면서 한 번의 잘못으로 사람을 그렇게 끊어낼 수는 없다고 했다. 또 계속 이런 식으로 살면 내가 절대 남자친구도 만날 수 없을 거라는 이야기까지 했다.

두 가지 이야기는 전부 심리 조종이었다. 친한 친구로 지내며 알았던 나에 대한 정보를 이용해 내 아픈 곳을 찌른 것이다. 그 일이 있기 이전 해에 나는 상당수의 친구를 끊어냈고, 그즈음 내가 몇 년 만에 처음으로 남자친구를 원하기 시작했다는 사실을 바탕으로 한 이야기였다. 그때 나는 이미 선 긋기에 대한 경험을 2년 정도 쌓은 때였으므로 친구의 말이 심리 조종이라는 걸 알았다. 그래서 그 말에 상처받지 않았다. 그럼에도 이 상황에 대해 선은 그어야 했다. 나는 심리 조종을 잠자코 받아들이지 않는 사람이기 때문이다. 전화를 끊고 나서 나는 화해를 중재하려는 친구에게 다음과 같이 문자를 보냈다.

안녕! 이번 문제로 우리 우정이 무너지지 않을 거라 네게 말했지만 나는 더 이상 좋은 기분일 수 없고, 우리 대화가 흘러간 방식도 예상 밖이었어. 통화를 하면서 네가 나를 두고 '한 번만 무슨 일이 있으면 사람을 무조건 끊어내는 친구'라는 인식을 가졌다는 걸 알았어. 하지만 나는 전혀 그렇지 않아. 친구들과 절교한 건 내가 되고자 하는 모습의 사람이 되기 위한 준비였고 방침이었어. 내가 되려는 사람이 되기 위해서라면 그 친구들을 한 번 더 잃는다 해도 좋아. 이번 일은 이 친구가 보인 처음 있었던 일이 아니고, 너도 그건 알 거야. 전화하면서 네가 "너 이런 식으로 행동하면 남자친구도 절대 만나지 못할 거야."라고 했던 이야기도 짚어두고 싶어. 네가 이 말을 했을 때 난 정말 충격이었어. 그 말은 정말 고리타분하고 부적절한 소리니까. 게다가 우리가 남자친구나 내 연애 생활 이야기를 하고 있던 것도 아니었는데 말야. 너희 둘 모두 내일 즐거운 시간 보내길 바랄게!

우리가 그은 선을 분명히 하지 않을 때 바로 타인이 우리의 심리를 조종할 기회를 얻는다. 심리 조종이라 하면 거창한 단어처럼 들리지만 들리는 의미 그대로 다른 사람이 행동을 바꾸도록 심리에 영향을 주는 것을 말한다. 위의 경우에서 친구는 내가 끝내기로 마음먹은 우정을 회복하게끔 나의 심리에 영향을 주려 했다. 자신이 어떤 대우를 받아 마땅한 사람인지 확신이 있다면 '이래서 남자친구가 없는 것'이라는 둥의 소리는 심리 조종임을 바로 알아차리게 된다. 친구가 이야기할 때 나는 대화 속에 들어 있었고 그녀의 말을 들으며 나는 어떻게 반응해야 할지 모를 정도로 당황했다. 그리고 전화를 끊자마자 그 말이 생각나 마음이 아주 무거워졌다.

선을 긋기 시작하면 여러 가지 심리를 조종하는 말을 인식하게 된다. 처음에는 본능적으로 "그 말이 맞아?" 대신 "나한테 그런 말 하지 마."라는 말이 나올 것이다. 나의 메시지를 받고 난 후 친구는 내게 사과했고 지금까지 우린 여전히 친구로 지내고 있다. 친구는 어쩌면 여전히 내가 너무 관대하지 못하다고 생각할지 모르지만 그녀에게도 의견을 가질 권리가 있다. 나는 한 번도 그녀가 나를 어떤 사람으로 생각하는지 확인하거나 그 생각을 고치려 든 적이 없다. 나는 내 스스로의 모습과 내가 내린 결정에 만족하기 때문이다.

심리 조종을 극복하기 위해 근본적으로 거쳐야 할 단계는 사람들이 각자 자신의 의견을 가질 수 있음을 깨닫는 것이다. 친구도 나를 두고 관대하지 못한 사람이라고 생각할 수 있다. 내가 너무 빨리 사람을 끊어내고 그러다 보니 살면서 주변 사람을 너무 많이 정리했다고 생각할 수 있다. 친구는 이런 의견을 당연히 가질 수 있으며 나는 친구의 의견을 고치려 들지 않는다. 나에 대한 친구의 의견은 내가 통제할 수는 없으며 통제해야 할 대상도 아니기 때문이다. 사람들이 당신에 대한 의견을 가지도록 놔두자. 당신이 내린 결정이 잘못되었다고 생각하게 놔두자. 당신이 너무 까다롭고 요구하는 게 많은 사람이라고 생각하게 놔두자. 남들의 생각은 당신과 아무 상관없는 일이다. 남들의 이런 생각을 피하려고 애쓰다가는 자신의 잠재력을 최대한 발휘하는 삶을 절대 살 수 없다.

선을 그은 후에 나타나는 상대의 반발이 경우에 따라서는 가스라이팅일 수도 있다. 선이 희미한 사람 주변에는 이를 이용하려 드는 사람이 모이는 경향이 있다. 그래서 선이 불분명한 사람이 할 말을 하기 시작하면 주변 사람들은 불편해지고, 그래서 온갖 수단을 써서 선을 다시 약하게 만들려 한다. 때로는 앞서 나의 경우처럼 모욕적인 말을 건넨다. 일반적으로 '못됐어', '나를 괴롭히는 거야', '너무해', '관대하지 못해'… 이런 말들이다. 최악의 경우에 가스라이팅이 나타난다. 가스라이팅을 하는 사람은 선을 그으려는 사람에게 스스로 '미쳤다'는 생각이 들게 만든다. 자신의 감정을 선을 그으려는 사람 탓으로 몰거나 방금 일어난 일을 일어나지 않았다고 주장하여 기억을 왜곡한다.

가스라이팅을 당하고 있다면 어떻게 알 수 있을까? 가스라이팅을 당하고 있으면 혼란을 느낀다. 자신이 어떻게 생각하는지, 무엇을 느끼는지, 기억이 정확하긴 한 건지 혼란스럽기만 하다. 이처럼 가스라이팅은 심리적인 수단을 이용해 상대방이 현실에 관한 잘못된 설명을 받아들이게 하거나 자신의 분별력을 의심하게 만드는 조종 행위다. 가스라이팅이라는 표현은 1938년에 발표된 패트릭 해밀튼Patrick

Hamilton의 연극 〈가스등〉Gaslight에서 그 이름을 따왔다. 연극은 이후 같은 제목의 영화가 1944년 오스카상을 수상하면서 유명해졌다. 극 중에서 주인공 남편은 실제로는 가스등 조명을 어둡게 하면서 아내에게는 가스등이 밝아졌다 어두워졌다 하는 걸로 생각하게끔 아내의 심리를 교묘히 조종한다. 그러면서 아내가 스스로 미쳐가고 있다고 믿게 만든다.

가스라이팅을 하는 사람은 상대의 기억을 포장하거나 감정을 손상하려 든다. 했던 이야기를 하지 않은 척하고 '네가 너무 예민하다'거나 '지나치게 애정을 갈구한다'면서 상대방을 비판한다. 해리엇 러너는 책《당신, 왜 사과하지 않나요?》에서 이렇게 말한다.

"지나치게 예민한 게 아닌가 하고 스스로 의심하는 건 특히 여성이 정당한 분노와 상처에도 '그럴 리 없다'고 판단해버리는 일반적인 방식이다."

나는 이 말의 의미를 이렇게 확대해서 말하고 싶다. 스스로 지나치게 예민하거나 애정을 갈구한다고 의심하는 일은 자신의 감정에 그럴 만한 자격이 없다고 생각하는 것일 뿐 아니라 자신이 그은 선을 흐릿하게 만드는 일이다. 당신의 감정은 정당하다. 당신에게 지나치게 예민하다고 비판하는 사람들은 필요한 만큼 예민하지 않은 사람들이다.

우리는 더 많은 것을 요구해도 된다. 더 많은 것을 기대해도 된다. 우리가 계속 스스로를 의심하고 그런 느낌을 가져도 되는지 의문을 가진다면 이는 곧 자신을 의심하는 일이고 우리가 하는 일에 확신이 없는 것이다. 스스로 무엇을 해야 할지 모르면 다른 사람이 알려주기를 바라게 된다. 처음 선을 그었을 때 상대가 가스라이팅으로 대응하면 우리가 잘못한 거라고 생각하게 된다. 하지만 그렇지 않다! 그건 아무것도 얻지 못할 곳에서 허락을 구하는 일일 뿐이다. 당신은 자신의 결정에 확신이 없기 때문에 계속 다른 사람의 칭찬을 받으려고 하고 그렇게 인생을 설계한다. 선을 긋는 건 그렇게 프로그래밍을 해온 인생을 재정비할 절호의 기회다.

가스라이팅을 하는 의도는 상대가 당신의 본능, 감정, 기억보다 자신을 더 믿게 하려는 데 있다. 그들은 당신이 스스로를 의심하기 바라기에 선 안에서도 종종 가스라이팅이 사용된다. 당신이 정한 선이 어디까지인지 상대가 취할 수 있는 한계를 단단히 정해두면 심리를 조종하려 드는 사람이 가스라이팅으로 당신을 이용하거나 통제할 수 없다. 그러면 그들은 맘대로 조종할 수 없게 되어 좌절하고 때로는 화를 낸다. 공감을 잘하는 사람은 가스라이팅을 쉽게 간과한다. 공감 능력이 뛰어난 사람일수록 인간의 좋은 면을 보려는 경향이 있다. 우리 사회는 이를 긍정적인 특성으로 미화한다. 하지만 그건 상대에게서 처음부터 눈치챘어야 할 위험 및 경고 신호를 보지 못한다는 뜻이다. 그들은 진짜 현실을 보려 하지 않고 오직 사람의 좋은 면만을 보려고 한다.

기억해두어야 할 가장 중요한 사실은 상대가 당신을 존중한다면 당신이 그은 선이 불편하다 해도 그 선을 존중한다는 점이다. 당신이 그은 선을 두고 상대가 화를 내거나 가스라이팅하려 든다면 그때야말로 선이 더욱 필요하다. 상대가 당신을 이용하려 한다는 걸 보여주는 증거이기 때문이다. 이때 사람들이 당신에게 못됐다, 이기적이다, 주변을 괴롭힌다라는 얘기를 한다면 제대로 선을 긋고 있는 것이다. 누군가 당신을 이용하도록 내버려두는 게 좋은 사람이라는 뜻인가? 이용당하지 않으려 하는 게 못된 짓인가? 그렇지 않다.

일단 선 긋는 데 익숙해지면 이런 사람들은 알아서 당신 곁을 떠난다. 당신을 이용할 수 없게 되면 재미가 없어지거나 원하는 대로 행동을 조종할 수 없기 때문이다. 기억하라. 당신이 선을 긋는 데 그들이 동의할 필요는 없다.

선을 긋는 데 안전하다는 생각이 들지 않는다면

선을 그을 때 안전하다는 생각이 들지 않는다면 예외를 두는 방법도 있다. 선을 그을 때 두려움이나 죄책감이 드는 건 다른 사람이 내가 '좋은 사람'에 속하는지 아닌지를 결정하도록 놔두고 있는 것이다. 이런 경우에는 가능하면 그 상황에서 벗어나야 한다. 물론 벗어날 수 없는 상황도 있다. 예를 들어 미성년자인데 선을 넘는 사람이 부모인 경우가 그렇다. 성인이지만 부모에게 재정적으로 의지하고 있는 경우도 마찬가지다.

내게 선을 그어 학대하는 사람과의 접촉을 끊었다는 이야기를 해준 사람들도 있었다. 그러나 신체적으로 위험한 상황에 처했거나 거리를 두려고 하는 사람이 신체적 혹은 감정적으로 학대하며 보복할 가능성이 있다면 감정적으로 분리하는 편이 더 안전하다. 예를 들어 부모와 자식 관계에서 말이다. 이런 경우에 자녀에게 온전한 부모의 존재를 남겨두기 위해 선을 긋지 않는 선택을 할 수도 있지만 만약 그런 선택을 한다면 잘 생각해보고 결정해야 한다. 전前 배우자가 선을 넘는 행위를 해도 마음속으로 아이를 위한 일이라고 생각할 수 있도록 전 배우자와의 관계를 거래적 관계로 바라보자. 상황을 바꿀 수 있다는 생각이나 전 배우자가 바뀔 거라는 희망은 버리도록 한다. 이런 비현실적인 기대가 큰 고통을 유발한다. 우리는 나쁜 상황이 발생하는 건 피하지 못한다 해도 상황에 대한 감정은 통제할 수 있다. 감정적으로 분리되면 전 배우자와 소통할 때 무감각해질 수 있다. 그러면 상대는 감정적으로 겁주는 일에 힘을 쓸 수 없다.

나답게 선 긋는 TIP

가스라이팅을 당하게 되면 그 영향으로 자신이 약하다는 생각을 갖게 된다. 그럴 때 사용할 수 있는 마인드 컨트롤 방법을 소개한다. 나의 내면에는 '강한 내'가 자리 잡고 있다는 점을 스스로 떠올리는 방법이다. 내가 아닌 다른 무언가 혹은 누군가를 떠올리며 그 사람이 된 듯이 행동해보자.

- 나는 선을 정말 잘 긋는 사람이다.
- 나는 몇 년 동안이나 선을 잘 그어왔다.

나는 당신이 선을 정말 잘 긋는 사람. 아주 오랫동안 선을 잘 그어온 사람처럼 행동했으면 좋겠다. 눈을 감고 가능한 생생하게 그런 자신의 모습을 상상하라. 그러고 나서 자신이 가장 강하다고 느꼈던 순간을 떠올리고 그 기억 속으로 들어가라. 그때 앉았던 방법대로 앉고 그때 숨 쉬었던 방법대로 숨 쉰다. 자신 안에 가장 강한 영역으로 가서 이제 같은 상황에서 어떻게 반응할지 자신에게 물어본다. 당신은 당신 안의 강한 영역을 떠올릴 수 있다. 그건 당신 안에 늘 존재했다. 다음번에 가스라이팅을 당한다고 느낄 때는 당신 안의 가장 강한 영역이 반응해야 한다는 걸 떠올려보자.

이제는 당하지 않아, 가스라이팅

가스라이팅을 포함해 선에 대한 일반적인 반응은 너무 뻔해서 지루할 정도다. 이번에는 누군가 당신을 가스라이팅하려 할 때 사용할 수 있는 대답을 알려줄 것이다. 어떤 답을 한들 상대가 가스라이팅하는 걸 완벽히 막을 수는 없겠지만 상대의 말에 응할 답이 있다는 생각만으로도 힘이 될 것이다.

다음에 제시하는 답을 사용할 거라면 기억해야 할 점이 있다. 당신이 옳은 말을 한다고 해서 싸움을 피할 수 있을 거라는 생각은 하지 말아야 한다. 그건 방어적인 행동이면서 부정확한 생각이다. 왜냐하면 의사소통을 위해서는 양측이 있어야 하기 때문이다. 당신의 '올바른' 대답으로 가스라이팅을 하겠다는 상대의 마음을 바꿀 수는 없다. 하지만 최소한 당신에 대해 다른 인식을 갖게 할 수는 있다. 가스라이팅을 하려는 사람의 말이 '뻔하다'는 걸 알고 그 패턴을 파악하도록 하자. 가스라이팅 하려는 사람을 구별해내면 그들이 하는 소리에 크게 고통받지 않게 된다.

- 상대의 말: 넌 제정신이 아니야.
- 당신의 대답: 너와 다른 방식으로 대응한다고 해서 내가 제정신이 아닌 건 아니야.

이 대답은 상대가 당신의 반응을 이해하지 못하고 있다는 사실을 알린다. 그리고 당신을 미쳤다고 생각하는 상대의 인식을 당신은 받아들이지 않았다는 걸 재확인시켜준다.

"날 가스라이팅하는 건 그만둬."

상대방이 가스라이팅을 시도할 때 가스라이팅이라고 소리 내 말하면 당신을 지배하려는 힘이 사라진다. 이 말은 당신이 받아야 할 대우를 요구하는 말이다. 상대방이 가스라이팅이 아니라고 해도 당신은 상대방의 말에 가스라이팅이라는 꼬리표를 붙일 수 있다.

"넌 그렇게 생각할 수 있지만 그래도 난 여전히 내가 원하는 바를 요구할 거야."

당신이 그은 선을 두고 상대방이 '제정신이 아니다', '미쳤다'라고 말했다면 그건 당신이 스스로를 의심하게 하고 당신의 선을 흐릿하게 만들려는 의도다. 위의 문장대로 대답하면 다른 사람이 아무리 미쳤다고 생각한다 해도 당신은 여전히 당신의 욕구를 충족시키고 싶어한다는 점을 강하게 보여줄 수 있다.

- **상대의 말:** 넌 별것도 아닌 일을 크게 만들고 있어.(비슷한 말: 너 과민반응하는 거야.)
- **당신의 대답:** 너한텐 별일 아닐지 모르지만 나한테는 별일이야. 날 신경 쓴다면 내가 중요하다고 여기는 일에도 신경 써야지.

별것도 아닌 일을 크게 만든다는 말은 당신에게 중요한 일을 하찮은 일로 깎아내리려는 시도다. 이때는 위와 같이 대답함으로써 사안의 중요성을 되찾는다. 양쪽에게 전부 중요하다고 여기는 일이어야만 중요한 일이 되는 건 아니라는 말이기 때문이다.

"내 감정을 이해하지 못한다면 어떤 감정인지 물어봐주면 좋겠어. 내 감정을 꺾으려 하지는 마."

상대방은 가스라이팅을 하는 말 대신 "이 일에 왜 그렇게 크게 반응하는 거야?"라고 물어야 한다. 이는 방어적 태도의 질문이 아니며 우리에게 감정에 대한 이유를 설명할 기회를 준다.

"그럼 나는 어떤 기분이 드는지 알고 있니?"

이 대답은 '숨을 돌리고 한발 물러서는' 대답이다. 갈등을 피하고 대응하지 않는 방식이다. 대응하지 않음으로써 상대는 대화를 피해갈 방법이 생긴다. 상대는 대화를 피할 수도 있고 아니면 우리를 무시하면서 계속 방어적인 태도를 유지할 수도 있다.

- **상대의 말**: 넌 너무 예민하게 굴어.(비슷한 말: 넌 이성적이지 못해./넌 너무 민감해.)
- **당신의 대답**: 네가 충분히 예민하지 못하다고 생각해본 적은 없니?

"…해본 적 없니?"라는 표현은 문장을 부드럽게 만드는 좋은 표현이며 어떤 문장에도 붙여 사용할 수 있다. 상대가 충분히 예민하지 못하다는 의견을 제시하면 예민함의 기준을 정하는 건 자기라는 식의 상대방 진술의 객관성이 무너진다.

"맞아. 그리고 이 문제에 대해 내가 예민하다는 걸 네가 존중해줬으면 좋겠어."

"맞아. 그리고 …에 대해 네가 존중해줬으면 좋겠어."로 대답하는 것도 소통의 좋은 방법이다. 예민함을 창피한 일로 표현한 상대의 말에 동의함으로써 예민함은 창피한 일도, 칭찬받을 일도 아니고 그저 하나의 사실임을 다시 표현했다.

"내가 예민하다고?"

상대의 말을 되묻는 대답은 상대를 한발 물러서게 하고 스스로 행동을 재평가하게 만들어 주장을 철회할 기회를 준다. 이때 핵심은 가능한 힘주어 말하는 것이다. 확신 없는 말투로 이야기하지 말자.

- 상대의 말: 넌 정말 감정적이야.
- 당신의 대답: 맞아. 난 감정적인 사람이야. 사람은 모두 감정적이지.

이렇게 대답하면 상대는 더 이상 당신이 유독 감정적이라는 의견을 두고 논쟁을 벌일 수 없다. 당신의 감정을 두고 논쟁이 길어질수록 당신이 실제 해야 할 말은 할 수 없게 된다.

"감정과 이성은 서로 반대되는 게 아니야."

당신이 감정적이라는 주장에는 '논리적으로 생각하지 못한다'거나 '감정에 빠져' 적절히 대응하거나 행동하지 않는다는 걸 가정하고 있다. 하지만 감정과 이성은 공존할 수 있다. 위의 대답은 감정과 이성이 서로 공존할 수 있다는 당신의 생각을 상대방에게 확인시키는 것이다.

- 상대의 말: 그건 그냥 농담이지!(비슷한 말: 너 유머 감각이 없구
  나./ 매사 그렇게 심각하게 받아들여야겠니?)
- 당신의 대답: 농담으로 넘긴다고 해서 농담이 되지는 않아.

누군가 그 말이 농담이었다고 해도 농담이 아니라는 건 양쪽 모두 알고 있다. 실제로는 신랄한 말을 하고서는 그 말이 미칠 영향을 마주하고 싶지 않은 것이다. "그건 그냥 농담이지!"라는 말은 당신의 상처를 묵살하고 반응하지 못하도록 하려는 의도에서 비롯된다. 그런데도 반응을 보이면 유머 감각 없는 사람으로 취급해버리는 것이다. 상대의 말이 공격의 의도를 담고 있음을 그대로 드러내야 한다. 그래야 상대의 말을 받아들이지 않겠다는 뜻을 보일 수 있기 때문이다.

"다른 사람을 상처주는 농담은 재미없어."

이 대답은 대화가 궤도를 이탈해 무엇이 농담이고, 무엇이 농담이 아닌지를 가리려는 논쟁으로 번질 것 같을 때 대신 쓸 수 있는 말이다.

사회의식이 높아진 이후 '무엇이 재미있는가'에 대한 생각은 극적으로 변했다. 과거에는 유머로 허용됐던 많은 말들이 이제는 전혀 유머로 받아들여지지 않는다. 소외된 집단을 희생시키면서 웃기려는 농담은 재미없다. 이건 개인적인 차원에서도 마찬가지다. 나를 희생시켜서 웃기려는 농담이라면 그건 재미없는 농담이다.

"나한테 정말로 하고 싶은 얘기가 뭐니?"

이 질문은 상대가 상처주는 말을 하고서는 상황을 모면하려고 책임 회피를 한다는 사실을 지적한다. 상대에게 자신의 말에 책임을 요구하는 말이다. 나는 때로 다음과 같은 말도 덧붙인다. "나한테 할 말이 있으면 말해. 그리고 네 말에 책임져."

- **상대의 말**: 표현의 자유가 있잖아. 나는 내가 원하는 이야기를 할 수 있어.
- **당신의 대답**: 그래, 그리고 나한테는 자유의지가 있지. 그러니 네 말을 귀담아듣지 않아도 돼.

표현의 자유라는 말은 예전보다 사회의식이 높아지면서 자주 쓰이는 표현이다. 상대가 자신의 자유를 강조하면 당신도 당신의 자유를 강조할 수 있다. 불편한 대화를 이어갈 필요는 없다. 이제 그만 이야기하겠다고 하면서 이유를 설명하면 된다. 이 방법이 적절하지 않은 상황에서는 음료를 받으러 간다거나 화장실에 간다고 말하며 자리를 피하자.

"네겐 표현의 자유가 있고 내겐 반응의 자유가 있어."

이 대화는 무슨 말을 '할 수 있는지'에 대한 대화가 아니라 무슨 말을 '해야 하는지'에 대한 대화다. 타인에게 상처주는 걸 알면서도 의도적으로 말하기로 했다면 문제는 거기에 있다. 표현의 자유에는 늘 결과가 따른다. 당신의 반응 혹은 관계에 미치는 영향을 생각해야 하는 것이다. 말은 사람들에게 영향을 미치고 한번 입 밖으로 나오면 다시 주워 담을 수 없다. 정서지능이 높은 사람은 입 밖으로 내는 말에 책임을 진다.

"네가 그런 말을 할 수 없다는 뜻이 아니야. 하지만 나한테는 하지
말아달라는 거지."

이 말은 누군가에게 특정 주제 혹은 특정 인물에 대한 구체적인 이야기는 하지 말아달라고 요청하는 상황에서 쓸 수 있다. 친구에게 남 얘기하는 걸 그만해달라고 하면서 문제가 되는 사람에게 직접 가서 이야기하라고 부탁할 수 있다. 또는 전 남자친구와 아직 친구로 지내는

친구가 전 남자친구 이야기를 계속 한다면 이별에서 받은 상처를 회복할 수 있도록 친구에게 그 얘기는 이제 그만해달라고 말해야 한다.

- **상대의 말:** 나 그런 말(행동) 한 적 없어.
- **당신의 대답:** 그런 일이 진짜 있었는지는 중요하지 않아.

이런 전술을 펼치는 상대의 의도는 당신이 자신의 기억을 의심하게 만들려는 것이다. 여기서 그런 일이 진짜 있었는지 중요하지 않다는 식으로 답하면 자신을 의심하지 않겠다는 의지를 확인시켜줄 수 있다. 기억의 왜곡은 가스라이팅의 한 형태다. 가스라이팅을 당하는 피해자 중 많은 이가 이런 식으로 자신이 기억하는 내용을 더는 믿을 수 없게 되어 결국 미쳐가는 듯한 느낌을 받게 된다.

"우리가 이 이야기를 계속하려면 네가 솔직해져야 해."

이 대답은 대화의 초점을 해결책에 맞춘다. 한쪽이 특정 사건이 일어났다는 사실을 부인하면 대화의 목적을 달성할 수 없다. 이 대답은 근본적으로 대화를 계속할지 여부는 상대의 선택이라는 의미이며, 상대가 솔직해져야 당신이 대화에 참여할 수 있다는 뜻을 전한다.

"네가 했던 행동(말)에 책임질 생각이 있을 때 다시 얘기하자."

방어적인 자세를 버리고 에고와 자기보호의 세계를 벗어나 이야기하려면 시간이 필요한 사람들이 있다. 이 대답은 상대가 계속 거짓말을 할 때 내가 쓰는 방법이다. 어떤 일이 있었는지 없었는지 꼬리를 물고 논쟁하는 대화는 생산적이지 않으며 실제로는 해결할 문제만 더하게 된다.

- 상대의 말: 너 못됐어.
- 당신의 대답: 넌 그렇게 생각할 수 있어.

당신이 못됐다는 상대의 인식은 그냥 한 사람의 인식에 불과하다. 실제로는 그렇지 않지만 상대가 그렇게 생각하도록 그냥 놔두자. 상대가 나를 어떻게 생각하는지 통제할 필요는 없다. 그냥 상대의 관점이구나 하고 받아들이면 말이 당신의 감정에 미치는 힘이 사라진다.

"내가 못되어야 네가 날 존중할 수 있다면 못된 사람 할게."

보통 누군가 당신을 통제하지 못하게 되었을 때 '못됐다'는 단어를 꺼낸다. 그들은 당신이 쉽게 이용당하고 너무 좋은 사람인 데 익숙해서 당신이 선을 그어 공평한 관계를 만들려고 하면 '못된 사람'이라 여길 수 있다.

"할 말을 하는 것과 못된 건 달라."

이 말은 공을 다시 상대방에게 넘겨 상대에게 그가 추정한 내용을 되새겨보게 하는 말이다. 이 대답을 들으면 상대방은 할 말을 하는 것과 못된 말(행동), 이 둘 사이의 차이를 설명해야 하는 입장에 놓인다. 또한 누가 어떤 말을 했을 때 위와 같은 질문을 하면 상황을 종료시킬 수 있다. 이런 대화를 이어가 보자. 만일 위의 질문에 상대가 "아니야, 너 정말 잘난 척하네."라고 답하면 이렇게 물어보면 된다. "내가 했던 말 중에 어떤 말이 잘난 척하는 말이었어?" 이렇게 되물으면 상대는 자기가 했던 말을 잘 생각하게 되고 대부분 경우에는 논쟁이 끝난다. 당신이 못됐다는 주장을 스스로 입증할 수 없기 때문이다.

- 상대의 말: 넌 정말 사람을 괴롭혀.
- 당신의 대답: 네가 그렇게 느낀다니 유감이야.

상대가 했던 다른 말처럼 이 말도 당신의 반응을 불러일으키기 위한 것이다. 상대는 당신이 공격받았다고 느낀 뒤 당신을 변호하는 쪽으로 대화가 흘러가기를 바란다. 상대의 생각을 통제할 수 없다는 점을 받아들이면 대화의 역학이 바뀐다. 상대는 당신이 반응을 보이는 데 익숙하다. 그런데 이렇게 말해도 당신이 예상한 대로의 반응을 보이지 않으면 상대는 깜짝 놀라게 되고 대화의 흐름이 바뀐다.

"나를 모욕한다고 해도 내 마음을 바꿀 수는 없어."

　선을 긋고 나면 '괴롭힌다'는 말을 종종 듣게 된다. 상대가 그런 말을 하는 이유는 당신이 너무 가혹하게 선을 그은 건 아닌지 스스로 의심하게 만들기 위해서다. 선을 긋는 과정에서는 상대가 무슨 말을 하든 그 말이 얼마나 상처가 되든 반드시 선을 단단히 긋고 유지해야 한다. 당신의 선은 토론 거리가 아니다. 선을 긋는 건 이미 당신이 결정한 사항이다.

　　"다른 사람을 괴롭힌다는 건 상처를 준다는 뜻이야. 나는 네가 계
　　속 내게 상처주도록 가만 있지 않겠다는 것뿐이야."

　상대의 말문을 막는 데 상대가 하는 행동을 정확하게 짚어주는 것보다 더 나은 방법이 또 있을까? 상대가 사람을 괴롭힌다고 말하는 의도는 당신을 곤경에 처하게 하고 상대가 똑같은 짓을 한다고 말하지 못하게 하려는 것이다. 우리가 스스로에게 최선인 행동을 하는 것과 타인에게 영향을 미치려는 의도를 가지고 하는 행동은 엄연히 다르다. 당신의 행동과 상대의 행동 사이에는 차이가 있음을 분명히 하자.

지금까지 배운 내용을 바탕으로, 예전에 선을 그으려 했다가 상대방의 가스라이팅에 가까운 반응을 얻었던 때가 있었는지 돌아보자. 당신이 선을 그을 때 썼던 표현(방식)은 실제로 옳았는가? 지금이라면 새로 배운 방법을 바탕으로 상대에게 어떤 말을 할 수 있을까? 당시와 다르게 대응할 방법을 적어보면 과거의 부정적인 감정을 흘려보낼 수 있다. 글로 적는 동안 이제 어떤 말을 해야 할지 알게 된 자신을 다시금 확인할 수 있기 때문이다.

제3장

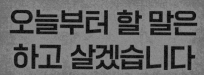

오늘부터 할 말은
하고 살겠습니다

전화벨이 울린다고 해서 무조건 전화를 받아야 하는 건 아니다.

누군가 당신을 원한다고 해서 그 사람이 언제든 당신을 가질 수 있는 건 아니다.

누군가 당신에게 무언가를 원한다고 해서 당신의 욕구를 내려놓아야 하는 건 아니다.

이제 주변 세상이, 다른 누군가가 원하거나 바라는 것에 휘둘리는 삶을 그만두고 당신이 정말 원하는 게 무엇인지 스스로에게 묻기 시작해야 할 때다.

괜찮지 않은데 왜 괜찮다고 말했을까

관계에서 선을 잘 긋는 사람은 자신의 뜻을 정확히 말할 줄 안다. 그런 의미에서 '아니'라는 말은 아주 상징적인 단어다. 거절하고 싶을 때 '아니'라는 말을 하지 못한다면 그건 선이 결여되어 있음을 나타내는 표시다. 인생을 위한 선택이나 결정을 내릴 때 우리가 사용해야 하는 단어가 바로 '아니'라는 거절의 단어다. 이 거절의 단어를 효과적으로 사용하지 못하면 우리의 인생은 타인의 결정에 따르게 되고 자기 인생에서 희생자가 된다.

자기만의 선이 없는 사람은 거절하고 싶을 때도 '그래'라고 허락하고 그 결과 하고 싶은 일을 받아들일 기회를 놓친다. 반대로 거절하는 법을 배우면 좋아하는 일을 받아들일 때 더 큰 힘을 쓸 수 있다. 우리가 쓰는 표현 안에 '아니'라는 거절의 말을 되찾으면 자신에게 최선인 결정을 내리게 된다.

내 기억 속에서 처음 '아니'라는 말을 처음으로 쓴 건 열다섯 살 때였다. 나보다 열두 살이 많은 친언니가 밖에서 점심을 사주었는데 갓 나온 음식이 차가웠다. 나더러 굳이 예의 바른 척했다는 사람도 있겠지만 나는 종업원에게 말하지 않기로 했다. 그래서 종업원이 다가와 음식이 맛있는지 물었을 때도 말없이 잠자코 있었다. 그러자 언니가 말했다. "아니요, 동생이 만족스럽지 않은가 봐요." 그러고선 내가 불만을 이어 말하기를 기다렸다. 하지만 애초에 내가 '아니요'라고 말하지 않은 데는 여러 이유가 있었다. 소심한 성격의 10대 소녀였던 나는 종업원의 기분을 상하게 하고 싶지 않았다. 짜증 나는 손님이 되고 싶지 않았다. 종업원을 불편하게 만들고 싶지 않았고 까다로운 손님이 되고 싶지 않았다. 지금 생각해보면 전혀 모르는 사람에게 음식 이야기를 하는 건 별일이 아닌데도 마치 내가 아끼는 사람에게 중요한 문제로 선을 긋는 것과 똑같은 방식을 취했다는 것을 알 수 있다. 별일 아닌 상황에서 취하는 행동을 보면 중요한 상황에서 나타날 행동을 예상할 수 있다. 그러니 우습게 들릴지 몰라도 종업원이 음식은 괜찮은지 물었을 때 '아니요'라고 답할 수 있다면 더 중요한 일 앞에서도 '아니요'라고 말할 자신감과 힘이 생긴다.

종업원이 가고 난 후 자매들이 늘 그렇듯 나는 언니에게 얼마나 당황스러웠는지 아느냐며 도대체 왜 그런 말을 했냐고 불평했지만 필요한 건 명확히 요구해야 한다는 중요한 교훈을 그날 얻었다. 모든 관계가 정확히 여기서부터 시작한다. 머리가 마음에 들지 않는데 미용사에게 마음에 든다고 한 적이 몇 번이나 있었는가? "괜찮으세요?"라는 질문에 사실은 괜찮지 않다고 말하고 싶은데 '네'라고 말한 적은 몇 번이나 있었는가? 아니라고 생각한 것에 '아니'라고 말하는 건 선을 긋기 위한 첫걸음이다.

자신을 잘 알지 못하는 사람이라면 스스로 원하는 바를 알아야 한다는 사실 자체가 무척 큰일로 느껴진다. 특히 선 긋기의 시작 단계에서부터 불가능한 일이라는 생각이 든다. 하지만 대부분의 사람이라면 무엇을 원하는지 알지 못할 때에도 무엇을 '원하지 않는가'는 말할 수 있다. 나는 학교를 졸업하고 진학이나 취업을 앞둔 10대들에게 이렇게 조언한다. 무슨 일이 하고 싶은지 모를 수도 있지만 정말 하기 싫은 일이 무엇인지 물어보면 어느 정도 목록이 나오니 거기서부터 시작하면 된다고 말이다. '하기 싫은 일' 목록은 우리에게 소중한 정보를 알려주며 진로에 선을 그을 때 목록에 적힌 일에는 '아니요'라고 말해야 한다.

혹시 '아니'라는 말을 잊지는 않았나요?

'아니요'라고 말해야 한다고 이야기할 때 가장 흔히 나오는 질문은 "어떻게 아니라고 말하죠?"다. 사람들이 이런 질문을 하는 이유는 진짜 그 말을 꺼내는 방법을 몰라서가 아니라 불편함을 느끼지 않으면서 말하는 법을 알고 싶기 때문이다. 그렇지만 따로 특별한 방법은 없다. 개인적인 성장을 가져다주는 일은 전부 불편하다. 그리고 그런 불편함을 감수할 수 없다면 지금처럼 살아온 대로 사는 수밖에 없다.

애초에 선을 긋지도 못하면서 아무도 당신의 선을 존중하지 않는다고 계속 불평할 것인가? 당신은 변화를 원하는 마음에 이 책을 골랐을 테지만 단순히 책을 읽는 것만으로 변화는 일어나지 않는다. 책에서 읽은 내용을 행동으로 옮겨야 한다. 불편함을 느끼지 않고 '아니요'라고 말할 수 있는 방법은 없다. 그 말을 실제로 입에 올려라. 아니라고 말할 때의 불편함을 마주하고 그 상황이 생각만큼 그렇게 불편하지는 않다는 걸 깨달아라. 그렇게 아닐 때 '아니'라고 말하고, 괜찮을 때 '그래'라고 말하는 게 아무렇지 않은 일이 될 때까지 계속 반복하라.

언제 '아니'라고 말해야 하는지 알려면 자신이 무엇을 원하는지부터 확실히 알아야 한다. 아주 오랫동안 자신의 욕구와 바람에 귀 기울이지 않았기에 마음속에서 이를 말하는 목소리를 찾기란 쉽지 않다. 결정을 내리기 전에 자신의 몸부터 살피자. '그래'라고 말하는 게 기분 좋지 않을 때는 '아니'라고 했어야 한다는 걸 알게 된다. 원하지 않는 일을 하겠다고 동의할 때는 원망이나 분노, 심지어 두려움까지 느끼게 된다. 정작 마음과 반대되는 이야기를 왜 하는지 스스로 물어보면 그 이유는 항상 '다른 사람' 때문이다.

"그에게 도움이 필요했으니까."

"내가 하지 않으면 그 사람들이 날 싫어할 테니까."

"내가 아니라고 말하면 그녀가 화낼 테니까."

내면의 목소리가 다른 사람의 욕구와 섞여 있는 상황에서 복잡한 결정을 내릴 때는 앞서 배웠던 가치 목록(66~67쪽)을 써보고 내게 중요한 건 무엇인지 다시 확인하도록 하라. 인생의 각 영역에서 무엇을 이루고 싶은지 알고 나면 결정을 내리기가 쉬워진다. 만약 당신이 일에서 추구하는 가장 중요한 가치가 돈, 감사, 존중인데 어느 날 당신에게 상사가 부서 이동을 할 의사가 있는지 물었다고 하자. 그러면 업무를 바꾸었을 때 급여가 인상되는지, 전보다 감사나 존중을 더 많이 받으며 일할 수 있는지 스스로에게 물어보고 평가한 내용에 따라 선택하면 된다.

'아니'라고 말하는 데 가장 큰 걸림돌이 되는 부분은 다른 사람들이 자신을 싫어하면 어쩌나 하는 걱정이다. '아니'라고 말하는 일이 주는 진짜 교훈은 다른 사람의 생각보다 당신의 생각을 우선순위에 두어야 한다는 것이다. 다른 사람이 실제 어떻게 생각하는지는 알 수 없는 일이다. 그들이 어떻게 반응할지도 알 수 없다. 그러니 해결책은 다른 사람 생각은 일절 하지 않는 것이다. 자신의 몸과 마음에 집중하고 다른 사람에 대한 생각이 떠오를 때마다 "나는 어떻게 해야 하지?", "내가 원하는 건 무엇일까?"라는 질문을 스스로 던지는 습관을 기르자.

자기 자신에게 초점을 맞추면 원하는 바가 훨씬 더 분명해진다. 나는 이 사실을 절친에게 처음으로 '아니'라고 말한 순간 알게 되었다. 내가 절친에게 그 말을 했던 이유는 '거절하기의 해'에 실천하기로 했던 행동 중 하나였기 때문이다. 나는 과거 그 친구를 위해 정말 많은 시간을 썼다. 그녀가 슬픔에 빠졌을 때는 기차를 타고 몇 시간을 달려가 그녀를 위로해준 적도 있었다. 듣기에는 멋지고 감탄스러울 수 있지만 솔직히 말하면 이런 행동은 전부 내 안에서 내가 충분히 좋은 사람이 아니라는 생각에서 나온 것이었다. 나는 사람들이 나와 친구가 되는 이유가 내가 믿을 만한 사람이며 늘 그들의 곁에 있어주기 때문이라고 굳게 믿었다.

여기서 간과했던 건 '모든' 친구의 곁에 '자주' 있어주려면 나의 생활을 희생해야 한다는 점이었다. 모순적이게도 믿을 만한 친구 역할을 하면서 정작 내 마음속 불안은 더욱 커졌다. 또한 나보다 다른 사람을 우선순위에 뒀기 때문에 스스로가 중요하지 않은 사람이라는 믿음이 생겼다. 그래서 내가 하고 싶지 않은 무언가를 절친이 요청했을 때 '싫다'고 말했다. 하지만 그러고 나자 죄책감 때문에 몹시 괴로웠다. 그런 마음을 라이프 코치였던 젤리에게 이야기했더니 그녀는 간단하게 이런 대답을 해주었다.

"당신이 없으면 친구가 살아가지 못할 거라는 생각이 더 자기중심적인 겁니다. 당신이 없으면 친구가 잘 지내지 못할 거라고 생각한다면 친구를 과소평가하는 거예요."

젤리의 말이 맞았다. 때로 우리는 다른 사람의 인생에서 우리 존재나 역할의 중요성을 과장해서 생각한다. 그 결과 뜻하지 않게 주위 사람들의 역량을 약화시킨다.

친구들과의 약속을 거절할 때 얼마나 자주 죄책감을 느끼는가? 그럴 때 느끼는 죄책감 아래에는 당신이 가지 않으면 친구들이 실망해서 만남을 제대로 즐기지 못할 것이라는 생각이 깔려 있다. 남자친구와 데이트를 거절할 때는 어떨까? 데이트 외에 다른 계획이 없는 남자친구가 자신의 거절에 실망하지 않을까 걱정한다. 우리는 상대의 부탁을 거절하면 그들이 어떻게 느낄지에 대해 머릿속에서 많은 이야기를 '지어낸다'. 하지만 현실은 그렇지 않다. 처음에는 상대의 말에 반사적으로 동의하기 전에 약간의 시간을 가져보도록 하라. 거절의 말을 바로 하기가 어렵다면 다음의 말들을 이용해 약간 시간을 가져라.

- 나중에 다시 얘기해줄게.
- 생각할 시간 좀 줄 수 있어?
- 아직 잘 모르겠어. 금요일까지 알려줄게.

이때 가능하면 세 번째 말처럼 구체적인 일정을 알려준다. 답은 꼭 해야 하며 상대방을 포기시키려는 핑계로 이 말을 해서는 안 된다. 약속을 하고 지키지 않는 건 불성실한 관계를 맺고 있다는 뜻이다. 이 같은 말로 자신이 원하는 게 무엇인지 실제로 생각하며 친구와 거리를 좀 둔다. 그러면 시간을 들여 생각할 수 있고 즉각 답하지 않아도 괜찮다. 곰곰이 생각해보고 결국 가지 않기로 결정했다면 다음과 같은 몇 가지 방법으로 친구에게 이야기할 수 있다.

- 안녕! 네가 했던 모임 약속 생각해봤는데 난 안 갈래.
- 지난주에 했던 모임 약속 말인데 미안하지만 난 못 가겠어.

이렇게 이야기하고 나는 보통 "그래도 재밌게 보내!"와 같은 말로 대화를 마무리한다. 다만 왜 못 가는지 이유를 댈 필요는 없다. 보통 우리는 자신의 선택을 해명하고 싶어 한다. 그래서 내가 새해 결심으로 '거절하기'를 정했을 때 거절의 이유를 해명하면 안 된다는 조항을 넣었던 것이다. 거절의 말은 우리에게 힘을 주지만 거절을 해명하는 데 시간을 들이면 그 힘이 약해진다. 해명은 우리가 거절하는 것에 불편함을 느끼며, 아직도 여전히 다른 사람을 너무 중요시하고, 결정을 내릴 때 다른 사람의 허락을 필요로 한다는 걸 보여주는 행동일 뿐이다. 거절할 때 나는 이유를 대지 않는다. 괜히 이유를 댔다가 사람들이 이유의 허점을 찾아낼 수 있기 때문이다. 일이 많아서 하우스 파티에 못 간다고 말하면 상대방이 해결해주겠다는 식으로 답할 수 있다("음, 지금 일을 하면 어떨까? 그럼 파티가 시작하기도 전에 끝낼 수 있을 거야."). 이유를 대지 않았는데 상대가 알려달라고 하면 "내가 그렇게 말했으니까." 혹은 "가고 싶지 않으니까."라고 대답한다. 그러면 상대가 반박할 말이 없어진다. 물론 상황에 따라 이유를 말해야 할 때도 있겠지만 대부분의 경우는 그렇지 않다. 거절의 이유는 해명할 필요가 없으며 무엇보다 당신의 거절에 대해 다른 사람의 동의를 구할 필요 또한 없다. 다른 사람이 당신의 선을 이해할 필요가 없듯이 말이다.

나답게 선 긋는 TIP

코칭을 할 때 내가 자주 사용하는 표현이 있다. 바로 "…해야 한다고 생각하는 걸 멈추세요."다. '…해야 한다'는 말은 자기 학대적인 언어다. 우리는 하고 싶지 않지만 거절하기에는 기분이 좋지 않은 일 앞에서 '…해야 한다'는 말을 쓴다. 해야 한다는 말에는 수치심이 섞여 있다. 우리에게 선택지를 주는 대신 부정적인 감정에 휩싸이게 한다. "…해야 해."라고 말하고 싶은 마음이 들 때마다 "…하고 싶어."라고 바꾸어 표현해보자. 몇 가지 예를 살펴보자.

"오늘 밤 그 파티에 가야 해." → "오늘 밤 그 파티에 가고 싶어."

"남편과 함께 시간을 보내야 해." → "남편과 함께 시간을 보내고 싶어."

하지만 실제로는 남편과 함께 시간을 보내고 싶지 않다면? 남편과 시간을 보내고 싶다고 표현했을 때 진실되게 느껴지지 않았다고 해보자. 자, 그렇다면 이 연습의 목적을 달성한 것이다. 실제로 당신이 원하는 일인지, 아니면 당신의 외부에서 원해야 한다고 강요하는 일인지 확인하는 게 이 연습의 목적이기 때문이다. 당신이 원하는 일이 아니라면 죄책감은 그만 느끼고 당신이 진짜 원하는 것에 진실해져라.

지금 선 넘었다고 어떻게 말해야 할까

당신의 선을 침범당했을 때 이를 알아차리는 건 중요하다. 그걸 분명히 알아차리는 순간이 있다. 내면의 목소리가 하고 싶은 일이 따로 있고 이건 내가 원하는 일이 아니라고 말해주기 때문이다. 하지만 때로는 선을 침범당한 건지 아닌지 분명하지 않을 때도 있다. 이런 상황에서는 원망이나 분노의 감정이 가장 큰 판단 기준이 된다. 무력감이나 좌절감, 혼란스러움 등의 감정도 기준이 될 수 있다.

하지만 선을 침범당한 순간에 항상 이런 감정이 나타나지는 않는다. 특히 선을 침범당하는 일이 일상적으로 당연시되고 있다면 더욱 그렇다. 사람들과 이야기를 나눈 후에 대화 내용을 곱씹어보다가 문득 기분이 나빠진 적이 있었나? 그랬다면 선을 침범당한 것이다. 선을 침범당했다는 것을 확인하고 나면 문제에 대해 어떻게든 수를 쓸 수 있다.

문제는 선이 없는 사람은 자신의 감정에 의문을 가지거나 자신이 화내고 짜증 내도 될 일인지 의심스러워하는 데 익숙하다는 점이다. 그래서 이들은 감정을 감추거나 '소란을 일으키지 말자' 같은 과거의 습관을 따르게 된다. 이런 식으로 내면의 평화를 지키겠다는 생각은 잘못된 생각이다. 실제로는 스스로 내면을 어지럽히는 일이기 때문이다. 마음속으로 원망하지 않거나 상대를 향해 아무런 감정 없이 잠자코 있을 수 있었던가? 우리는 원망이나 분노와 같은 감정을 느껴도 되는지 확신이 없을 때면 대개 주위 사람에게 물어본다. 하지만 그건 무의미한 짓이다. 같은 문제 앞에서도 사람마다 느끼는 바가 서로 다른데, 상대가 느끼는 감정은 옳고, 내가 느끼는 감정은 잘못되었다고 누가 말할 수 있을까? 어떤 말을 듣고 기분이 나빠졌다면 그런 기분을 느껴도 괜찮다는 걸 알아야 한다.

내가 느끼는 감정에 의문을 갖지 않으려면 기분은 실제 내가 느끼는 바이고 중요하다는 점을 인정하는 데서부터 출발해야 한다. 상식적인 이야기처럼 들리지만 그렇지 않다. 나는 내담자들에게 지금도 매일 같이 "…하는 게 정상일까요?", "만일 …하다면 이상한 걸까요?", "…해도 괜찮을까요?"라는 질문을 받고 있기 때문이다. 당신에게 허용되는 감정을 외부인이 결정하도록 하는 순간 주도권을 내주고 만다. 모든 감정은 정상이다. 모든 감정은 건강한 감정이고 당신은 무엇이든 자유롭게 느껴도 된다. 이 원칙에 예외는 없다. 일단 자유롭게 느껴도 된다는 걸 스스로 허용하고 나면 당신을 기분 나쁘게 하는 다른 사람의 말이나 행동을 눈치채는 일이 쉬워진다. 기분이 나빠지는 순간에 항상 눈치채지는 못할 테지만(특히 처음에는 더 그렇다) 다행히 선을 긋는 데는 어떤 규칙도 한계도 없다.

일단 어떻게 느끼는지 알고 자유롭게 느낄 수 있게 되면 감정을 어떻게 표현하고 선을 어떻게 그을지 정할 수 있다. 여기서 의심의 두 번째 단계가 찾아온다. '내가 정한 선이 말도 안 되는 걸까? 내가 비합리적인가?'라는 의심이다. 당신이 원하는 바를 선으로 정했다면 그 선은 잘 그은 것이다. 사람이 다르면 각자의 선도 다르다. 선을 긋는 건 자신을 보호하기 위해서이므로 선이 적절한지 아닌지 말할 수 있는 사람은 오직 자기 자신뿐이다. 당신의 선이 틀렸다고 말할 권리를 가진 사람은 아무도 없다. 남들이 당신의 선에 동의하지 않는다 하더라도 말이다.

자신이 정한 선을 정확히 설명하는 법을 배우려면 연습이 필요하다. 처음 선을 침범당한 뒤에 자신의 기분을 표현하는 데서부터 시작해야 한다. 삶을 변화시키는 일을 하려 할 때 우리는 종종 양극단을 오가기도 한다. 아무 말도 하지 않는 방어적인 자세와 몹시 전투적인 자세 사이에서 잘못된 선택을 하는 것이다. 사실 여기에는 중간 지점이 있는데 나는 '앗!'이라는 단어로 이 지점을 찾는다. 이러한 단어를 처음 들은 건 라이프 코치 젤리의 선을 내가 넘었을 때였다. 젤리는 내가 어떤 문제를 해결할 수 있도록 도우려 했고 만일 긴급 상담이 필요하다면 그날 오후에 시간을 낼 수 있다고 내게 말했다. 그러나 방어적인 태도를 보이던 나는 그녀의 제안을 밀어냈다. 많이 좋아지기는 했지만 여전히 방어 기제가 작동해 누가 나를 도우려 하면 밀쳐냈다. 그러자 젤리는 단 한 줄의 말로 대답했다.

"저런! 오후 4시에 시간 비워둘게요."

그 '저런!'이라는 말에는 내가 무슨 짓을 했는지 깨닫게 해주는 무언가가 있었다. 그 짧은 한 마디 덕분에 내가 방어적인 태도를 취하고 있었음을 알게 됐다. 또한 말에는 분명한 영향력이 있다는 사실도 깨달았다. '저런!'이라는 말이 얼마나 효과적이었는지 직접 체감한 후로 그 말이 지닌 힘을 믿는다.

선 긋기 초급 단계의 도구로 '앗!'이라는 표현이 가장 무난하다. 선을 긋는 게 벅차고 어찌할 바를 모르겠다면 적어도 선을 침범당했을 때는 상대에게 명확히 표현하자고 스스로 약속하라. 그다음에 대처할 준비는 아직 되어 있지 않을지라도 말이다. 개인적으로 나는 '앗!'이나 '저런!'이 가장 강력한 표현이라고 생각하지만 이 말이 잘 와닿지 않는다면 다음과 같은 표현을 대신 사용할 수 있다.

- 그건 그다지 좋은 말이 아니야.
- 그 말 참 마음 아프네.
- 다시 한번 말해줄 수 있어?

- 불쾌하게 들리는 말인데 진짜 내가 불쾌하게 듣기를 바라고 말한 거니?
- 와우.(빈정대는 말투가 아닌 정말 상처받았다는 어조로 쓴다.)

위에서 소개한 모든 표현이 효과적이려면 상대의 말이나 반응에 대응하지 않는 '침묵'을 통해 힘을 유지해야 한다. 대화 중에 침묵이 나타나면 사람들은 불편해한다. 그 침묵에 당신도 어느 정도 불편함을 느끼겠지만 침묵하는 사람은 당신이고, 불편함은 당신이 아니라 상대방이 느껴야 하는 것이다. 대부분의 사람은 무례한 감정이나 행동을 다시 내보일 정도로 뻔뻔하지 않다. 만일 그런 사람이 있다면 침묵함으로써 사과할 기회를 주어라. 침묵을 통해 당신도 선을 분명히 긋는 데 필요한 시간을 가질 수 있다.

'앗!'이나 '그 말 참 마음 아프네' 같은 간단한 말로 자존감을 세우는 길에 한 걸음 다가선 기분이 든다. 어떤 말이든 입에 올림으로써 나의 감정이 중요하다는 점을 선언했기 때문이다. 나의 감정을 옹호함으로써 나는 보호할 가치가 있는 사람임을 스스로 새기는 것이다. 우리는 가치 있는 존재를 보호한다. 우리 자신은 가치 있는 사람이며 그러므로 스스로를 보호해야 한다.

말 잘하는 법을 배우던 나에게 선 긋기는 크나큰 한 걸음을 내딛은 것과도 같았다. "앗!"이나 "그건 그다지 좋은 말이 아니야." 같은 말을 미리 준비하게 되면서 일상의 다른 영역에서도 선을 설명할 자신감을 얻었고 내 자신에게 들려주는 말도 조심해서 하게 되었다.

다음은 당신의 마음가짐을 바꾸는 데 사용할 수 있는 여러 가지 말들이다. 당신은 어떤 말을 선택할 것인가?

• 아직은: '나는 할 수 없어'라는 말을 마음속으로 얼마나 자주 하는가? "할 말을 못 하겠어."라는 말을 "할 말을 '아직은' 못 하겠어."라고 표현을 바꾸자. '아직은'이라는 한 단어에는 언젠가 말하게 될 거라는 가정이 들어 있고 그것만으로도 목표를 달성하는 데 도움이 된다.

    – 믿음을 제한하는 말: (예)선을 긋지 못하겠어.
    – 새로운 믿음을 주는 말: (예)아직은 선을 긋지 못하겠어.
    – 믿음을 제한하는 말: _____
    – 새로운 믿음을 주는 말: _____

• 항상/절대: 이 말은 자기 자신에게도, 다른 사람에게도 쓰지 말아야 할 말이다. 논쟁을 벌이다 보면 "넌 내 말을 듣고 있지 않아."라는 말 대신 "넌 '절대' 내 말을 안 들어!"라고 말하고 싶어진다. 하지만 이런 식의 일반화가 우리를 꼼짝 못 하게 만든다. 항상이나 절대라는 말을 자기 자신에게 쓸 때도 그렇다. 스스로 '나는 항상 호구야'라고 생각한다면 행동

을 바꿀 희망이 어디 있겠는가? 자신이 하는 행동과 자기 자신이 다르다는 것을 기억해야 한다. "나는 호구 노릇을 하고 있어."라는 말과 "나는 호구야."라는 말 사이에는 차이가 있다. 우리는 누구나 호구가 될 수 있다. 하지만 그렇다고 스스로를 호구라고 주장하면서 호구라는 정체성을 가지고 호구의 세상에서 살진 말자.

- 믿음을 제한하는 말: (예)넌 절대 식기세척기에서 그릇을 꺼내지 않아!
- 힘을 주는 말: (예)넌 이번 주에 식기세척기에서 그릇을 꺼내지 않았어.
- 믿음을 제한하는 말: _____
- 힘을 주는 말: _____

• 이봐: '넌 정말 쓸모없어, 그 사람과 선도 하나 못 긋잖아!' 마음의 안전지대를 멋어나 외부로 나가려 할 때 머릿속으로 이런 목소리가 들릴 수 있다. 스스로 나쁜 생각을 통제하기란 무척 어려운 일이다. 미리 막는 것 역시 불가능하다. 그러나 완화 장치 정도는 설치할 수 있다. 머릿속에 떠오른 문장 마지막에 '이봐'라는 단어를 더하면 된다. 그러면 마음의 에너지를 바꿀 수 있다.

만약 '이봐'라는 단어가 별로라면 '자기야'나 '내 사랑' 혹은 사랑하는 사람을 부를 때 사용하는 애칭을 붙여보자. "정말 쓸모없는 사람이야, 내 사랑." 그러면 갑자기 문장에서 전과 같은 강한 느낌이 사라지고 감정적 충격이 완화된다. 이 표현을 자주 써보면 나쁜 생각이 얼마나 쉽게 힘을 잃어버리는지 깜짝 놀라게 될 것이다.

– 나만의 애칭 리스트를 적어보자

_____

_____

• 나는 …라고 생각해: 이 표현은 나의 생각이 항상 정확하지만은 않다는 점을 인정하면서도 아주 강력한 힘을 발휘한다. 이 말은 마음속으로 할 수도 있고, 다른 사람과 이야기할 때도 할 수 있다. 배우자나 연인과 대화할 때도 상대가 당신을 사랑하지 않는다고 비난하는 대신 이렇게 말해보자. "네가 그렇게 행동할 때 난 네가 나를 사랑하지 않는다고 생각해." 이렇게 이야기하면 상대는 방어적이지 않은 태도로 답할 수 있다. 당신의 생각은 당신의 것이고 당신이 보는 방식이 유일한 정답은 아니라는 사실을 드러내주기 때문이다.

– 나의 생각: (예)동료가 내 작업물을 그대로 베껴 자기 것인 양 제출했다. 내 생각에는 게으른 동료가 아이디어를 내지 못하고 있던 중 내 작업물을 보고 그대로 훔친 것 같다. 상사는 나보다 그를 더 좋아하므로 그의 업무를 인정하고 칭찬할 것이다. 나는 아무도 내 작업물을 알아봐주지 않으며 사무실의 모든 사람이 나를 싫어하는 것 같다고 생각한다.

– 실제 사실: (예)동료와 내가 비슷한 작업물을 제출했다. 동료가 우연히 나와 똑같은 아이디어를 떠올린 것인지, 내 작업물을 보고 베낀 것인지 알 수 없다. 나는 직장에서 인정받지 못한다는 기분이 든다. 나는 어떻게 된 일인지 명확하게 알기 위해 동

료에게 물어볼 것이다.

– 나의 생각: _____

_____

_____

_____

_____

– 실제 사실: _____

_____

_____

_____

_____

• 나는 …라는 이야기를 지어내게 돼: '나는 …라고 생각해'라는 표현에
서처럼 대화를 나누다 감정적으로 변했다면 실제 사실과 이야기의 빈 공
간에 우리가 채워넣는 부분은 서로 다르다는 걸 반드시 알아야 한다. 마
음속으로든, 진짜 소리를 내든 "내가 말하고 있을 때 네가 끼어들면 '쟤
는 나를 멍청하다고 생각하는구나'라는 이야기를 지어내게 돼."라고 말
하자. 이러면 자신이 언급되지 않은 일에 의미를 부여하고 있다는 걸 인
정하는 셈이다. 이렇게 소리 내어 말해야 '나의 느낌'과 '실제 일어난 일'
을 마음속에서 구분 지을 수 있다.

– 내가 지어낸 부분: (예)내가 아이들에게 아이패드를 보여주는 것을 엄마가 언급할 때면 엄마가 내 육아 방식을 비판하고, 나를 나쁜 부모 취급하는 것만 같다.

– 실제 사실: (예)엄마는 손주들에게 아이패드를 보여주지 않는다. 하지만 나는 아이들이 아이패드를 쓰게 한다. 내 아이들이 아이패드를 봐도 되는지 안 되는지 결정하는 사람은 엄마가 아니다. 그러나 나는 엄마가 비판한다고 느낀다. 엄마에게 내 육아 방식에 대한 이야기는 그만해달라고 부탁해야겠다.

– 내가 지어낸 부분: _____

_____

_____

_____

– 실제 사실: _____

_____

_____

_____

'선의'라고 말하는 당신의 진짜 속마음

우리는 어떤 일에 거절하는 것보다 '선의의 거짓말'을 하는 게 더 친절한 행동이라고 생각하도록 배워왔다. 아픈 척하거나 '집안에 급한 일'이 생겼다는 말을 몇 번이나 해봤는가? 이런 이유를 대는 건 너무 흔한 일이라서 이런 변명을 들으면 당신도 믿지 않는다. 그러니 나쁠 게 뭐가 있을까?

사실 나쁠 게 있다. 여기서 나쁜 점은 자기 신뢰를 깨고 있다는 것이다. 우리가 남에게 하는 말을 스스로 믿을 수 없다면 자기 자신에게 하는 말도 신뢰할 수 없다. 당신은 자신이 한 약속을 통해 자기 자신과 타인, 양쪽에 신뢰의 기반을 쌓아야 한다.

자기를 존중하는 사람이란 자신이 한 말을 지키는 사람이다. 어딘가 가겠다고 약속했다면 가야한다. 갈 수 없다면 그렇다고 전하자. 참석할 수 있을지 없을지 당장은 확실하지 않고 약속 날짜로부터 일주일 전에 알 수 있다면 그렇다고 말하라. 초대를 거절하기 위해 거짓말을 해야 한다면 아무리 거절을 했다 해도 그건 당신이 관계에서 힘을 얻을 수 있는 결정이 아니다. 아프다는 핑계를 대거나 없는 계획을 만들어내는 것 모두 자신이 원하는 바를 우선순위에 두지 않는 행위이며 나의 욕구를 상대에게 전하기 꺼리는 행위다. 이런 이유로 초대를 거절할 줄 아는 것은 무척 중요하다.

많은 이들이 초대받을 때마다 자동적으로 수락을 하곤 한다. 초대

날짜의 저녁에 시간이 비었는지 확인하고 일정이 없으면 초대를 수락한다. 그런데 여기에는 내가 모임에 참석하고 싶은지 스스로 물어보는 단계가 빠져 있다. 나는 부모님의 친구 두 분이 계속 내 직업을 업신여기는 듯한 말을 했을 때 이 단계를 알게 되었다. 부모님과 나는 종종 그 친구분들을 만나 쉬는 날을 함께 보냈다. 그분들은 만날 때마다 내 직업적 역량이나 성취를 의심하시거나 내 직업이 오랫동안 할 수 있는 유망한 일인지에 대해 빈정대는 말을 하곤 했다. 몇 년 동안은 그냥 참았다. 그러나 선을 긋는 법을 배운 뒤로 나는 휴일에 부모님이 그분들을 만나고 싶어한다고 해서 내가 함께 가야 할 필요는 없다는 걸 깨달았다. 나는 부모님께 그 두 명의 친구분을 만나고 싶지 않으며 왜 그런지 이유를 말씀드렸고, 부모님도 이해해주셨다. 그래서 그날 저녁에 부모님은 친구분들을 만나러 가고 나는 호텔에서 혼자만의 시간을 즐기곤 했다.

여기서 또한 중요한 부분은 자신이 상황의 어떤 요소를 통제할 수 있는지 아는 것이다. 부모님이 어떤 친구를 만나는가에 대해 내가 간섭하는 건 공평하지도 정당하지도 않은 일이다. 친구분들의 발언이 부모님에게 문제가 되지 않는다면 당연히 부모님은 이 문제에 선을 그어야 할 필요를 느끼지 못한다. 부모님의 선과 나의 선은 다를 수 있다. 하지만 부모님의 친구분들이 내 직업에 관해 이야기한 내용은 분명 내가 그은 선을 넘은 것이었다. 이런 경우에 나는 반드시 내 에너지를 지켜야 한다고 생각한다. 친구분들의 이야기가 왜 문제가 되는지 부모님께서 이해하지 못했던 때도 있었다. 하지만 내가 그은 선을 존중해주기만 한다면 부모님이 내가 그 선을 왜 그은 건지 이해할 필요는 없었다. 다행히도 부모님은 내가 그은 선을 존중해주었다.

내가 정말 원할 때만 모임에 참석할 때 부수적으로 나타나는 장점도 있다. 바로 사람들이 내가 참석하는 걸 당연시하지 않는다는 점이다. 가족과 함께 모임에 참석하는 날이면 아버지는 내가 와준 걸 고마워하기 시작했다. 나의 참석이 당연하다고 여겨졌을 때와 달리 참석한 데 감사 인사를 받는 기분은 정말 좋았다. 또한 내가 모임에 참석했다는 사실은 모임의 주최자에게도 기분 좋은 일이 됐다. 의무감에서 온 게 아니라 정말 원해서 온 것이라는 걸 주최자도 알기 때문이다.

우정도, 사랑도 양보다 중요한 건 질

처음 모임에 초대받고 참석을 거절하기 시작했을 때 나는 나만 어울리지 못한 게 아닌가 걱정이 들었다. 이런 감정을 보통 포모증후군fear of missing out, FOMO(세상의 흐름에 자신만 제외되고 있다는 공포를 나타내는 일종의 고립공포감을 뜻하는 말—옮긴이)이라 부른다. 우리는 생각이 먼저 일어나야 감정을 느낄 수 있다. 포모증후군을 겪기 전에 나는 항상 두 가지 똑같은 생각을 했다. 첫 번째는 모임에 참석한 사람들이 저녁에 나보다 더 좋은 시간을 보내면 어쩌나 하는 생각이었다. 이런 걱정을 해결하는 방법으로 저녁 시간을 집에서 보내기로 한 이유, 참석을 거절한 이유를 떠올린다. 모임 참석을 거절한 건 사실 다른 일을 수락한 셈이다. 거절한 일을 생각하다 보면 수락한 일을 즐기지 못한다는 점을 기억하자. 두 가지 선택 앞에서 과연 더 좋은 선택을 했는지 계속 곱씹는 건 애초에 결정을 내리게 된 모든 이유를 무시하는 행위다. 또한 내가 선택한 상황의 긍정적인 면을 무시하는 일이다. 초대를 거절해 놓고 모임에서 나만 끼지 못한 게 아닌가 걱정하며 보낸다면 당신은 바로 눈앞에서 실제 일어나는 일에 끼지 못하고 있는 것이다. 재밌는 점이 뭔지 아는가? 보통 모임 다음 날 친구가 전화를 걸어와 내가 놓쳤다고 할 만한 일도 그다지 없었다고 이야기해준다는 것이다. 친구의 이야기를 듣고 나면 두 가지 선택에 대한 비교는 그저 착각에 불과했음을 알게 된다.

물리적으로 한 번에 두 장소에 있을 수는 없다. 그러므로 내가 모임에 참석해 실제로 즐거운 시간을 보냈을지 알 방법도 없다. 모임 자체의 성격 때문이든 아니면 혼자 있을 시간이 필요해서든 나에게 중요한 이유가 있어서 참석을 거절했다. 이미 내린 결정에 대해 후회가 드는 건 모임이 실제보다 더 재밌었을 거라는 생각이 들기 때문이다. 그런 생각 대신 혼자 시간을 보내는 게 맞다고 생각하자. 그리고 혼자 보내는 시간도 사람들과 어울리는 시간만큼 똑같이 중요하다고 여기자.

포모증후군을 느끼게 하는 또 하나의 생각은 내가 없어도 친구들이 재미있게 지내면 어쩌나 하는 두려움, 거기서 한 발 더 나아가 나 없이도 재밌는 시간을 보낸 친구들이 다시는 나를 초대하지 않으면 어쩌나 하는 완전히 말도 안 되는 두려움이었다. 이런 생각은 인간관계에 대한 불확실함에서 비롯된다. 내가 얼마나 사랑받고 인정받는지 계속 느낄 수 있는 친구 관계를 맺으면서 이런 두려움은 사라졌다. 당신을 사랑하고 잘 대해주고 당신의 선을 존중하는 사람을 만나면 우정을 더 단단하게 쌓을 수 있다. 더는 우정을 경쟁 관계로 보지 말라. 친구가 다른 사람들과 즐거운 시간을 보낸다고 해서 나와 친구와의 관계가 위협받지는 않는다. 친구와 함께 보낸 시간의 길이나 참석한 모임의 횟수는 관계없어지고 대신 친구와 함께 시간을 보낼 때 얼마나 이어져 있다는 느낌을 받는지에 초점을 맞추게 된다.

실제로 고객들에게 이런 감정의 이면에서 "그 친구는 내가 거기 오길 바랐어!"라든가 "내가 가지 않으면 그 친구는 나를 미워할 거야."라는 생각이 든다는 이야기를 종종 듣는다. 이런 생각도 어디까지나 추측일 뿐 실제로 그런 일은 일어나지 않는다. 내 라이프 코치인 젤리도 내가 똑같은 이야기를 했을 때 이 점을 짚어주었다. 나와 함께 살던 친구는 집에서 파티를 열고 싶어했고 파티를 열 때마다 우리는 함께였다. 하지만 한 번은 내가 일이 너무 바빠서 파티에 참석하고 싶지 않았다. 그래서 젤리가 친구는 파티를 열게 두고 나는 그냥 참석하지 않으면 된다고 했을 때 이렇게 대꾸했다.

"하지만 제 친구는 저 없이 파티를 열었던 적이 없다구요."

그러자 젤리는 내가 없으면 파티가 재미없을 것이고 친구가 혼자 파티를 열지 못할 거란 생각은 상당히 오만한 생각이라고 말해주었다. 그 덕분에 나는 즉시 생각을 바꿀 수 있었다. 우리는 때로 온 세상이 나를 중심으로 돈다는 착각을 한다. 그렇게 모임에 참석하기를 바라는 다른 사람의 마음을 너무 진지하게 받아들인 나머지 초대를 거절했을 때 약간의 죄책감을 느끼기도 한다. 나는 이런 생각이 들면 진짜 사실 관계는 어떤지 확인해봐야겠다는 마음이 든다.

초대를 거절할 때 느껴지는 숨겨진 두려움을 마주하고 나면 이제 남은 건 거절하는 일뿐이다. 참석을 거절할 때 이유를 댈 필요도 없다. 때론 초대하는 사람이 왜 못 오는지 이유를 물을 때도 있다. 그럴 때는 상대에게 말할 필요가 있는 정보인지 판단해 대답한다. 애초에 이유가 없는 한 참석을 거절하는 건 무례한 짓이라는 생각부터 버려야 한다. 일이 있어야 바쁜 거라는 생각도 버려야 한다. 모임 날 저녁에 혼자 시간을 보내고 싶은 것도 바쁜 이유가 될 수 있다. 다이어리에 적힌 일정에 따라 참석 여부를 결정하게 될 때의 문제는 시간을 어떻게 쓸지 결정하는 주체가 당신이 아닌 타인이 된다는 점이다. 당신의 시간을 어떻게 쓸지 다른 사람이 결정하는 셈이고 다이어리가 당신의 일정을 좌지우지하는 셈이다.

우리가 사는 세상에서 우리의 일정은 항상 꽉 차 있어야 하고 혼자 소파에 앉아 TV를 보며 보낸 시간은 시간 낭비라고 여겨진다. 우리 사회는 반드시 생산적인 일을 하며 시간을 보내야 한다고, 다른 사람을 위해 쓰는 시간이 혼자 보내는 시간보다 중요하다고 말한다. 그렇게 바쁜 삶을 미화한다. 그러나 혼자 있는 시간을 우선순위에 두는 일은 자신을 사랑하는 데 필수적인 요소다. 자신을 사랑하는 사람은 혼자 있는 시간을 즐길 줄 안다. 혼자 있는 시간을 다른 사람과 보내는 시간과 똑같이 중요하게 대하는 것도 자기 돌봄의 하나다. 내가 나를 사랑할 때 시간과 에너지를 진정으로 소유할 수 있다.

좋은 사람 곁에만 있고 싶은 건 당연한 거야

초대를 거절하는 방법도 배워야 하지만 모든 사람에게 '초대받을 자격'이 있지 않다는 점도 알아야 한다. 특히 결혼식에 초대할 사람을 결정할 때 종종 이런 일이 생기는데 가족들이 내 결혼식에 초대할 사람에 대해 참견하곤 한다.

내가 스물한 살 생일 파티를 준비할 때 비슷한 일이 있었다. 내 친구들 사이에서 스물한 살 생일은 중요한 날이었다. 다들 성대한 생일 파티를 열었고 대부분 정장을 입는 화려한 파티였다. 내 생일은 8월로, 다들 졸업식을 마친 직후였다. 대학에 다닐 때 나는 25명이나 되는 많은 친구들과 어울렸다. 그러나 졸업식이 끝날 즈음에는 이 친구 관계가 이리저리 쪼개졌다는 걸 부정할 수 없었다. 다른 친구들은 스물한 살 생일 파티 때 구분 없이 모든 친구들을 초대했지만 나는 그럴 수 없었다. 한 해 동안 말도 걸지 않은 친구를 왜 초대해야 하는지, 게다가 예전에 내게 무례하게 굴었던 친구를 왜 초대해야 하는지 알 수 없었다. 그래서 초대하지 않았다. 나는 내가 초대하고 싶은 친구만 초대했고 그게 다였다. 친구 무리 사이에서는 각자 다른 반응이 나왔다. 내가 못됐다는 반응도 있었고 몇몇은 불필요한 사건을 만든다며 험담하기도 했다. 그냥 어색하다는 친구도 있었다. 그러나 생일 당일에 초대했던 친구들이 모두 와주었고 나는 무척 즐겁게 파티를 즐길 수 있었다. 모두 정말로 와주길 바랐던 친구들이었기 때문이다. 함께하고 싶지 않았던 친구들이 없으니 경쟁하는 분위기나 무리를 나누는 관계 역학들이 사라졌다. 즐거운 생일을 보내기 위해서 몇 번의 어려운 결정을 내리고 몇 번의 어색한 대화를 나눈 보람이 있었다.

그저 예의상 혹은 전통적인 에티켓을 지키기 위해 원하지 않는 사람을 초대해야 한다는 생각에 나는 반기를 들고 싶다. 오지 않았으면 하는 사람을 초대를 하는 게 정말 더 예의 바른 행동일까? 오랜 세월 동안 우리는 이 '에티켓'에 둘러싸여 살았다. 사람들이 지켜야 한다고 흔히들 말하는 '예의범절' 중에서는 전혀 논리적이지 않은 이상한 내용들이 많다. 내가 가장 자주 듣는 이야기는 상대가 나를 초대하면 나도 상대를 초대해야 한다는 것이다. 하지만 상대가 나를 초대할지 말지 결정할 때 내게는 아무런 선택권이 없었고, 만일 상대가 나를 초대하기 싫었던 거라면 초대하지 말았어야 한다. '가족은 선택할 수 없다'처럼 가족이니까 항상 초대해야 한다는 말도 핑계다. 우리는 모임에 참석할 사람을 분명 선택할 수 있다. 그저 혈연이라는 이유만으로 당신을 존중하지 않는 사람까지 초대할 필요는 없다.

이밖에도 선물과 관련된 예의범절에 대한 이야기를 흔히 듣는다. 약혼 선물을 사준 사람은 결혼식에 초대해야 한다는 게 대표적이다. 선물은 무언가와 교환하려고 주는 게 아니다. 선물의 정의는 아무런 보답을 바라지 않고 상대에게 주고 싶은 무언가를 기꺼이 건네는 것이다. 그러므로 초대받기를 원하며 선물을 주었다면 그건 선물이 아니다. 선물을 보낸 사람에게 감사 편지를 보내고 넘어가면 된다.

모든 에티켓과 예의범절을 무시하는 걸 누군가는 이상하게 여기고 또 누군가는 이기적이라고 말하기도 할 것이다. 그러므로 상대방이 보일 반응에 미리 마음의 준비를 해두자. 하지만 모임에서는 당신이 참석하기를 원했던 사람들만 함께한다는 걸 알고 훨씬 더 재미있게 즐길 준비도 해야 한다.

나답게 선 긋는 TIP

이제 자신을 우선순위에 놓게 되었으므로 다른 사람과 만날 약속을 잡는 것처럼 내가 하고 싶었던 일들을 일정으로 짜자. 운동하러 가는 일정을 잡는 것처럼, 다른 사람과 저녁 약속이 있는 것처럼 다이어리에 일정을 적어둔다. 좋아하는 드라마 최신화를 계속 보고 싶었다면? 이번 주중 하루 저녁 일정으로 다이어리에 적어둔다. 그렇게 시간을 잡아두면 누군가가 그날 저녁에 만나자고 이야기해도 "안 돼. 그날 바쁘거든. 그다음 날로 해도 될까?"라는 대답이 더 쉽게 나온다. 흔히 이런 말이 있다. "VIP처럼 행동하면 VIP 같은 대접을 받는다." 나는 이렇게 말한다. "자기 자신을 VIP처럼 대접하면 VIP가 될 것이다."

가끔은 관계도 정리가 필요해

우리 사회는 관계의 질이 어떤지와 관계없이 오랫동안 우정을 이어가는 친구들이나 결혼 50주년을 맞은 부부를 칭찬하고 존경한다. 또한 용서를 매우 높이 평가하는 경향이 있다. 그래서 친구를 욕하는 게 정상일 정도로 심한 적의가 깔려 있는 관계조차 계속 유지하기도 한다. 그러나 건강한 선 긋기에 대해 배우고 나면 이처럼 일상적으로 뒷담화를 하는 관계는 독이 된다는 사실을 알게 된다.

정신분석학자 프로이트는 이렇게 말했다. "스스로 우울하다거나 자존감이 낮다고 진단하기 전에 우선 바보들이 주위를 둘러싸고 있는 건 아닌지 확인하라." 주변 사람들의 질이 높아지면 당신 생활의 질도 나아진다. 주변 사람들의 질을 높이려면 커뮤니케이션의 질을 높여야 한다. 선을 긋는다는 건 자존감과 자기 존중이 커진다는 뜻이다. 당연히 다른 사람의 뒷담화를 하는 데서 더는 진정성을 느낄 수 없다. 주변 사람과 소통하는 방법을 배우면 상대를 직접 마주하고 불만을 전하는 기술이 생긴다. 문제가 되는 사람과 직접 이야기할 수 있는 것이다. 그리고 다른 사람들이 그렇게 하지 않는 모습을 보면 약간 거슬린다.

주변 사람들은 당신의 다른 모습을 알게 되지만 어떤 사람은 당신의 새로운 모습에 잘 적응하지 못한다. 이들 중 일부는 당신의 과거 모습을 더 좋아한다. 그래서 당신을 다시 과거의 모습으로 되돌리고자 몹시 애를 쓴다. 그러므로 선을 긋는 과정에서는 반드시 누가 당신에게 접근해도 되는지를 정해야만 한다. 관계에 선을 긋게 된 이후로 나는 곁에 어떤 사람을 둘지 한층 더 조심해서 고르게 되었다. 에너지와 마음을 보호하는 최고의 방법은 당신의 공간을 존중하는 사람, 에너지와 마음을 나눌 만한 사람과 함께하는 것이다. 자기 계발을 할수록 점점 다른 사람에게 다가가기가 쉽지 않다는 걸 알게 된다.

지금 내 곁에는 어떤 사람들이 있을까

'가장 많은 시간을 함께 보내는 다섯 사람이 곧 당신이다.' 나는 이 말을 굳게 믿는다. 주변 사람이 말하는 방식, 행동하는 방식, 나를 대하는 방식은 어쩔 수 없이 의식적, 무의식적으로 나에게 영향을 준다. 그리고 때로 개인적 성장에 따라 친구들과 잘 맞지 않는다는 점을 알게 되기도 한다.

내가 선을 긋는 법을 배우고 있던 해에 정말 많은 사람이 나를 떠났다. 나는 지금 그해를 '대이동의 해'라고 부른다. 인생이 계속 엉망인 친구를 사귀어본 적 있는가? 그런 친구의 인생에는 항상 사건이 가득하다. 한 가지 문제를 해결하고 나면 또 다른 문제가 생겨난다. 내가 바로 그런 친구였다. 보고 있으면 '내 인생은 괜찮은 편이구나' 하고 생각하게 만드는 그런 친구 말이다. 스스로 내 삶의 문제를 정리하기 전까지 나는 그런 친구였다. 그러다 마침내 그동안 겪어왔던 모든 의학적 트라우마들과 마주하게 되었고 문제를 해결하기 위해 심리 치료를 받았다. 나쁜 남자를 끊어내고 열성적으로 일할 직업을 찾았다. 2년이라는 짧은 시간 만에 내 인생은 완전히 달라졌고 그 결과 내 모든 친구 관계의 역학도 변했다. 더 이상 바뀔 필요가 없는 친구를 자기 뜻대로 바꾸려고 하는 친구들이 있다. 그 부분이 그들과의 관계에서 대부분의 비중을 차지한다면 그 관계의 역학을 바꾸기는 어렵다. 내 주변 사람들은 나의 망가진 모습을 보며 그들의 자존감을 유지했다. 내가 선이 없다는 사실을 무의식적으로 좋아하는 구원자 콤플렉스를 지닌 사람들이었다. 그들은 내 우선순위에 너무도 익숙하게 자신들을 올려놨다. 내가 그러기를 거절하고 할 말을 하면서 내 시간과 에너지를 뺏지 못하게 하자 그들과의 관계에 금이 가기 시작했다. 사람을 고르는 내 취향도 변했다. 주변 사람들이 나를 넣어둔 상자보다 내가 더 커졌다.

거리를 두거나 작별을 고하거나

주변 사람이 당신에게 다가오는 정도를 바꾸는 두 가지 방법이 있다. 그 사람을 완전히 끊어내거나 아니면 거리를 두는 것이다. 내가 완전히 끊어낸 사람은 전 남자친구들로, 자기 편의에 따라 사라졌다 다시 나타나곤 하는 그런 남자들이었다. 이들은 심심하거나 자고 싶다는 생각이 들 때만 나와 함께하고 싶어했고, 내게 다가올지 말지도 그들이 정했다. 그래서 나는 SNS에서 전 남자친구들을 전부 언팔로우하고 전화번호와 메시지도 다 지웠다. 누구나 예전에 받은 메시지를 다시 읽어본 적 있을 것이다. 하지만 예전 메시지를 다시 읽으면 계속 과거의 자신에서 벗어날 수 없고 인생에 새로운 사람이 나타날 공간이 없다.

일단 사귀던 사람과 헤어졌거나 상대가 잠수를 탔다면 그 사람은 더는 내게 다가올 수 없다. 관계를 끝내고 싶다면 그렇다고 말하고 상대를 내 인생에서 내보내야 한다.

한번은 내가 예전에 만나던 남자친구가 데이팅 앱에 다시 나타나서 어떻게 지내냐며 말을 걸었던 적이 있었다. 그 사람이 보낸 메시지를 보고 있으니 전 남자친구들이 자기들 좋을 대로 내 인생에 다시 발을 들인다는 데 짜증이 났다. 동시에 그런 행동을 하도록 허락한 나 역시 그런 일이 벌어지도록 한 데 책임질 필요가 있다는 생각이 들었다. 애초에 그들이 보내는 메시지에 답하지는 않는 방식으로 말이다. 나는 거절 버튼을 눌렀고, 그러고 나자 그가 다가오는 걸 적극적으로 거부한 듯한 느낌이 들었다. 마치 클럽 문 앞을 지키는 사람이 "어이, 너는 못 들어가."라고 말하는 것 같았다.

이 사건 이후로 이는 지금까지 내가 반드시 지키는 규칙으로 자리 잡았다. 대화를 할 때는 한 사람이 말을 시작하면 다른 사람은 들어야 한다. 이 상황에서 답장을 보내는 건 대화에 참여해도 좋다고 인정하는 일이다. 문자나 온라인 커뮤니케이션을 할 때 제3자를 통해 내 번호를 얻었거나 과거 인연으로 내 번호를 알고 있어서 문자를 보내는 등 적절하지 않은 방법으로 내 전화번호를 알고 연락해오는 사람에게 내가 답할 의무는 없다. 잠수를 타는 건 조금 다른 이야기다. 잠수를 타는 사람은 관계가 이어지는 '도중에' 사라진다. 이들은 어려운 대화를 나누는 게 두려운 나머지 의도적으로 상대를 피해버린다. 처음부터 다가오지 못하게 하는 것과 상대에게 말도 없이 도중에 사라지는 건 다른 일이다.

온라인에서도 거리두기는 필요하다

전 남자친구들의 전화번호와 예전에 받은 메시지를 지우고 나서 다음으로 한 일은 온라인상의 내 정보를 볼 수 있는 사람을 정하는 것이었다. 지난 몇 년간 온라인상의 내 존재는 점점 커졌다. 그러다 보니 대학 친구들과 함께 파티에 가면 언제나 "팔로워를 돈 주고 샀냐?"는 비난의 말을 심심치 않게 들었다. 그럴 때면 내 손으로 이룬 꿈의 직업이 훼손되는 듯한 느낌을 받았다. 그러다 이 사람들이 내 일상에 대해 그렇게 많이 아는 유일한 이유가 페이스북 때문이라는 걸 깨달았다. 페이스북 친구 중에는 수년 동안 말 한마디 나누지 않은 친구도 있고, 내 전화번호조차 모르는 사람도 있지만 그들은 페이스북 프로필을 통해 내 삶의 세세한 부분을 자세히 알고 있었다. 개인적으로 이야기를 나눈 최근 지인보다 더 자세하게 말이다. 업무에 필요하기 때문에 인스타그램 계정을 비공개로 돌리지는 않았지만 개인 계정에 접근하려는 사람을 제한할 방법은 있었다. 그래서 나는 새로운 규칙을 정했다. 내가 전화번호를 알리고 싶지 않은 사람은 개인 인스타그램 계정이나 페이스북 페이지를 볼 수 없게 한다는 것이었다. 여기서 가장 어려웠던 부분은 업무용 인스타그램 계정에 이 규칙을 적용하기로 했을 때였다. 나는 예의상 혹은 같은 커뮤니티에 있다는 이유만으로 업계의 많은 사람을 팔로우하고 있었다. 행사장에서 이따금 얼굴을 보기는 했지만 몇 년이 지나 뉴스피드에 보고 싶지 않은 글이 가득 차는 게 싫어졌다. 그래서 업무용 계정에도 접근 규칙을 확대 적용하기로 했다.

그랬더니 예상치 못한 부작용이 나타났다. 내가 언팔로우했다는 사실을 몇몇 사람들이 알아차리게 된 것이다. 이미 개인 계정도 한 번 정리했었지만 아무런 메시지를 받지 않았기 때문에 나는 팔로우를 끊어도 상대가 눈치채지 못한다고 생각했다. 그런데 아마 인플루언서의 계정이고 팔로워 수가 일에 영향을 미칠 때에는 사정이 다른 것 같았다. 언팔로우하고 몇 시간 만에 상대로부터 메시지가 날아와 나는 당황했다. 그러다 곧 그게 특수 애플리케이션 때문인 걸 알게 되었다. 도대체 왜 팔로워 수를 추적해주는 애플리케이션을 휴대폰에 설치하는 건지 모르겠지만 어쨌든 덕분에 나는 한층 어려운 대화를 풀어가야 했다.

이런 일이 생기면 많은 사람이 선의의 거짓말을 하거나 더 나쁜 경우 실수였다고 말하면서 불편한 대화를 피하기 위해 마지못해 팔로우 버튼을 다시 누른다. 그러나 다시 한번 말하지만 이런 모습은 정직한 삶이나 자신의 욕구에 따르는 삶을 사는 게 아니다. 대신 나는 상대가 알고 싶어하는 내용을 설명해 주었다. 화가 났거나 무슨 일이 있어서가 아니라 그저 보고 싶은 콘텐츠의 종류를 바꾸면서 목록을 정리했을 뿐이라고 말하며 상대의 안녕을 빌어주었다. 또 우리 관계는 여전히 똑같지만 온라인상에서 내가 다른 선을 설정하는 것뿐이라고 말해주었다. 이런 과정을 거치는 동안 나의 선 긋기 방식에 대해 유독 이해하기 힘들어하는 사람이 한 명 있었다.

친구를 통해 그녀가 어떤 생각을 하는지 전해 들은 후 나는 문제가 있으면 내게 직접 말해달라고 친구를 통해 다시 전했다. 그러고 나서 몇 달 동안 그녀에게선 아무 얘기도 없었다. 그러다 어느 행사장에서 그녀와 마주쳤다. 나는 그녀가 언팔로우 이야기를 꺼내리라고 생각했지만 그렇지 않았다. 우리는 함께 즐거운 시간을 보냈고, 다음 날 아침 나는 메시지를 한 통 받았다. 거기에는 이렇게 쓰여 있었다. "말씀드릴 게 있어요. 걱정하지 마세요. 저도 사람이다 보니 어리석은 짓을 했네요." 선을 불편해하는 사람들이 많은데 대개는 선에 익숙하지 않기 때문이다. 이 메시지에서조차 나는 그녀가 내게 연락하기까지 상처를 많이 받았다는 것을 알 수 있었다. 선을 그었다는 이야기를 전할 때에는 항상 가능한 인정을 많이 담아 전해야 한다.

그녀가 보낸 메시지는 다음과 같이 이어졌다.

당신이 나를 언팔로우한 걸 저는 감정적으로 기분 나쁘게 받아들였어요. 그러다 술에 취했을 때 나도 당신 계정을 언팔로우했죠. 그럴 생각은 아니었지만 그렇다고 다시 팔로우하고 싶지도 않았고, 내가 언팔로우한 걸 보고 당신이 '와, 쪼잔해'라고 생각하는 걸 원하지도 않았습니다. 이제 다시 당신 계정을 팔로우하겠습니다. 괜찮으시죠? 미안해요. 저도 어른이고 당신이 제 계정을 언팔로우한 데는 정말 그럴 만한 이유가 있었을 렌

데 제가 정말 어리석었어요. 그 이유를 제게 말해줄 필요는 전혀 없어요. 다만 이렇게 말하고 나니 이제야 숨 쉴 수 있을 것 같은 기분이네요.

나는 어려운 말을 꺼낼 용기를 가진 사람을 정말 존경한다. 특히 일반적이지 않은 상황일 때는 더욱 존경스럽다. 나는 존경의 마음을 담아 답장을 보냈다. 그녀가 마음을 정리할 수 있도록 내가 언팔로우한 이유를 설명하고 우리 관계를 걱정하지 않도록 안심시켰다. 그렇게 다음과 같은 답장을 썼다.

기분이 훨씬 나아지셨다니 정말 기뻐요. 그리고 어떤 기분인지 제게 알려주셔서 감사합니다! 제가 언팔로우를 한 건 개인적인 감정이 있어서가 아니었어요. 600명의 계정을 언팔로우했거든요. '내 몸 긍정주의'body positivity와 패션 관련 포스트를 올리는 계정은 거의 전부 언팔로우했어요. 제 일의 큰 부분이 이미 우리 몸에 초점을 맞추고 있어서 뉴스피드에서 또 보고 싶지는 않았거든요. 근본적으로 지난 5년간 제 몸에 대해 불안을 느낀 적이 없어서 그런 콘텐츠가 더는 도움이 안 되었어요. 당신의 콘텐츠는 훌륭합니다. 그리고 내 몸 긍정하기 초기 단계에 있는 많은 사람에게 도움이 되는 내용을 담고 있어요. 제가 내 몸을 긍정하는 여정을 시작했을 때도 바로 그런 콘텐츠가 필요했어요. 그러니 지금 하시는 일을 계속 해주세요!

또한 당신도 제 콘텐츠를 정말 좋아할 때만 제 계정을 팔로우해주시기를

바랍니다. 단지 누군가가 팔로우했다는 이유만으로 같이 팔로우하지는

마세요. 언제든 제게 메시지 보내셔도 됩니다. 저는 여전히 당신을 좋아

해요. 너무 오랜 시간 동안 이 문제로 고민하신 걸까 걱정입니다. 다음번

에는 그냥 저에게 바로 물어봐주세요. 저는 항상 정직하게 대답하겠습니

다. 그러면 당신도 그렇게 감정적으로 힘들게 지내지 않아도 될 거예요.

'이런 불편한 대화를 해야 하다니.' 이런 식으로 굳이 귀찮은 일을
할 가치가 없다고 생각하는 사람이 많다. 당신에게는 그럴 수도 있다.
특히 당신이 더 이상 보고 싶지 않은 팔로잉 계정이 일상에 별다른 지
장을 주지 않을 때는 더욱 그렇다. 그러나 나는 원칙이 더 중요했다.
손에 꼽을 정도의 횟수밖에 만난 적이 없는 사람이 내 뉴스피드에 나
오도록 두어야 할 이유가 있을까? 솔직히 말하자면 언팔로우를 하면
서 단 하나 걱정했던 건 사람들의 생각이었다. 또한 업계 사람들을 팔
로우하지 않으면 업무상 기회에 어떤 영향이 있을지도 고려했다. 하지
만 이런 생각의 사실 관계를 확인하면서 이 사람들이 실제로 내 일에
도움을 준 적은 한 번도 없었다는 걸 알게 되었다. 그저 상대가 내게
필요한 게 있을 때마다 사용하는 그런 연결고리일 뿐이었다. 그저 업
무상 알고 지내는 정도라 해도 내가 꾸리는 새 인생과는 맞지 않는 사

람들이었다.

현실 세계의 오래된 친구들과의 관계에서도 비슷한 변화가 일어났다. 우리 사회는 기본적으로 살면서 맺은 관계를 깨지 않고 유지해야 한다고 여긴다. 시간이 흐르면서 서로에게 건강한 관계인지 알아보기 위해 관계를 재평가할 필요가 있다는 걸 사회는 알려주지 않는다. 친구를 보면 어떤 기분이 드는지 스스로 물어보라. 그 사람이 사랑스러웠거나 힘이 되어주었던 작은 순간들에 빠져들기 쉽지만 전체 관계의 맥락에서 생각해보려 노력하자. 이 관계의 대부분의 시간에 당신은 어떤 기분을 느끼는가? 진정한 우정을 꿈꾼다면 사람들과 거리를 두는 것도, 관계를 완전히 끊는 것도 선택지가 될 수 있음을 알아두자. 오래 알고 지낸 사이라는 이유만으로 관계를 유지하지 말라. 오래된 친구보다 좋은 친구가 낫다.

친구의 좋은 점이 나쁜 점보다 더 의미 있는지도 자문해야 한다. 물론 친구 관계나 다른 인간관계에서 당신이 상대를 필요로 하는 것보다 상대가 당신의 지원을 더 필요로 하는 때가 있다. 하지만 전체적으로 봤을 때는 균형을 이뤄야 한다. 주변 사람들이 고의로 당신의 기분을 상하게 해서는 안 된다. 의도치 않게 그런 일이 생겼다면 당신의 목소리를 내고 문제를 해결할 수 있어야 한다. 만일 상대가 달라지지 않는다면 그때부터 주변에 둘 만한 사람인지 재평가해봐야 한다.

관계를 완전히 끊을지 아니면 거리를 둘지는 관계의 역학에 따라 결정된다. 그리고 내가 인생의 어느 단계에 놓여 있는지에 달려 있다. 여기서 내가 강조하고 싶은 밀은 거리두기는 누군가와의 관계를 완전히 끊는 게 두려울 때 안주하는 '위안 지대'가 아니라는 점이다. 독이 되는 관계라고 생각한다면 그 사람과의 관계는 완전히 끊어야 한다. 관계의 역학이 건강하지 못한 정도라면 그냥 좀 거리를 둔다. 관계의 건강함은 계속 변화를 거듭하지만 독이 되는 관계에서는 깊이 새겨진 관계의 패턴 때문에 당신이 원할 때가 아니라 상대가 원할 때만 관계의 역학을 바꿀 수 있다.

때로는 거리두기가 최선의 답이다

거리두기는 친구 관계에서 보통 유기적으로 일어난다. 공통의 관심사가 사라졌거나 아니면 단순히 삶에 변화가 생겨서 서로 만나고 얼굴 보는 게 쉽지 않다는 사실 때문에 거리가 생기기도 한다. 정말 중요한 사이라면 관계를 유지하기 위한 노력을 더 들이겠지만 물리적으로 가깝지 않으면 모든 사람에게 그런 노력을 기울일 가치가 있지는 않다고 느끼게 된다. 그게 일반적인 인생의 모습이다. 이뿐 아니라 의도적으로 거리를 두는 경우도 있다.

처음 런던으로 이사했을 때 나는 우연히 어느 친구 모임에 끼게 되었다. 그곳에 모인 친구 가운데 세 명과는 친했지만 나머지 두 명은 전혀 모르는 사람이었다. 그래서 친하게 지내는 세 명과 같이 넷이서 노는 데 아주 익숙했다. 그러나 이 새로운 관계에서 나는 항상 남들과 다른 사람이 된 기분을 느꼈다. 모임에 있는 친구들은 전부 서로 오랫동안 알고 지낸 관계였고 이들을 만날 때마다 나만 혼자인 느낌에 기분이 좋지 않았다. 그 모임 사람들과 있을 때면 '불쌍한 미셸'이라는 분위기가 있어서 내 생각에는 그런 분위기를 통해 자기들이 나보다 낫다고 느끼는 듯했다. 이와 함께 내 소셜미디어 팔로워가 늘어나면서 저녁 모임을 할 때마다 내 팔로워를 두고 은근히 비꼬는 듯한 농담을 하며 웃고 떠들었다. 나는 이 모임에서 빠지고 싶었지만 친한 세 명과는 계속 친구로 남고 싶었기 때문에 이 모임과 거리를 두게 되었다. 몇 달 동안 모임 초대를 전부 거절했고 아무도 만나지 않았다. 그러다 마침내 두 명의 친구와는 상황이 누그러져 일대일로 한 달에 한 번씩 만나 저녁을 함께하게 되었고 그게 나한테는 훨씬 편안했다.

단체 모임의 역학 관계에서 벗어나니 경쟁하는 분위기도 없어졌고 개인적으로 저녁 식사를 함께 하는 편이 친구와 더 이어지는 기분을 느끼게 해주었다. 사실은 세 번째 친구가 가장 가까운 친구였지만 우리는 서로 따로 만날 길을 결코 찾을 수 없었다. 우리는 대학교 때 가장 친한 친구 사이로, 단둘이서 한 달간 일본 여행을 함께 간 적도 있었다. 하지만 그 모임과 거리를 두고 나서 1~2년 동안 파티가 있을 때만 서로 얼굴을 보는 사이가 됐다. 그러다 작년 어느 파티에서 소파에 앉아 근황을 이야기하게 되었다. 친구와 어떻게 지내는지 이야기를 나누었더니 다음 날 아침 일어났을 때 기분이 좋았다. 동시에 내 마음속에는 우리가 술에 취해서 그런 이야기를 나눌 수 있었던 게 아닐까 하는 의심의 씨앗도 남아 있었다. 며칠 뒤에도 여전히 같은 생각이 떠나지 않아서 친구에게 긴단한 메시시를 보냈다.

'토요일에 만나서 좋았어. 곧 저녁 함께하자!'

친구에게서 답장이 왔다.

'나도! 그때 이후로 네 생각 많이 했었어. 당연히 저녁 함께해야지!'

몇 달 사이에 우리는 다시 자주 보는 사이로 돌아갔다. 내가 모임 사람들과 거리를 둔 이후의 이야기도 나누었다. 우리 둘 다 자연스럽게 서로 거리를 두고, 둘 다 준비가 되었을 때 멈췄던 사이를 다시 시작해서 좋았다고 말했다. 우리 둘 사이에 서로를 생각하는 마음이 사라진 적은 한 번도 없었다. 우리는 그냥 인생의 서로 다른 장소에 있었다. 거리를 두면 이런 일이 가능하다. 필요할 때 내가 거리를 두지 않았다면 비꼬거나 비난하는 말 때문에 상처를 입고 결국 돌아갈 관계 같은 건 남아 있지 않았을 것이다. 이 일을 통해 나는 관계에서 거리두기는 건강한 관계를 위한 일일 뿐 아니라 더욱 다정하고, 친절하며, 인정이 넘치는 선택지임을 깨닫게 되었다.

다른 상황에서는 대화를 통해 거리를 두는 방법도 있다. 내 경험을 이야기하면 나는 자꾸만 다투게 되는 친구와 거리를 둔 적이 있다. 이 친구와는 언제나 유치하고 사소한 일 때문에 다툼을 벌였다. 우리는 친한 친구 사이였고 일주일에 여러 번 만났다. 그러다 어느 순간 우리가 너무 자주 만나기 때문에 다툼을 벌이는 게 아닌가 의심이 들었다. 우리는 자매처럼 친숙했고 자매처럼 다퉜다. 다른 친구들과 다 함께 만난 자리에서 우리 둘이 서로 아웅다웅하는 모습을 보고 친구들이 질려 했을 때 우리 관계의 한계점이 찾아왔다. 다른 친구가 우리 사이에 거리를 좀 두는 게 어떻겠냐고 제안했고 나는 친구에게 그 제안을 전했다. 우리 둘 다 만나는 횟수를 줄여야 사이좋게 지낼 수 있으리라는 생각에 동의했다. 그러고 나서 몇 달 동안은 자주 만나지 않았다. 그러다 만나는 횟수가 늘어나자마자 우리는 다시 말싸움을 벌이기 시작했다. 그래서 새로운 규칙을 정했다. 나는 다툼의 시작이 항상 문자 메시지에서 비롯된다는 걸 깨달았다. 그래서 서로 문자를 보내지 말고 전화만 하기로 규칙을 정했다. 선을 그으면 관계를 망치게 된다고 생각하는 사람들이 있다. 그들이 생각을 바꾸기를 바란다. 여러 면에서 선을 긋는 건, 사실 정반대로 관계를 제대로 세우기 위해 최선을 다하는 일이기 때문이다. 나와 친구는 새로운 규칙을 또 몇 달간 지켰다. 그러던 어느 날 문자 메시지를 보낼 수밖에 없는 일이 생겼고 그랬더니 과거의 패턴으로 바로 돌아갔다. 나는 계속 말다툼을 할 수는 없었다. 그래서 우리 관계에 적절하게 숨을 돌리는 시간이 있기를 바라고 몇 달 동안 서로 말하지 말자고 이야기했다. 친구는 내 제안을 거절했다. 대화를 그만둘 거라면 그게 영원히 끝이라고 했다. 친구에게는 자신의 선을 그을 권리가 있었고 이제 결정은 내 몫이었다. 친구는 우리 관계를 계속 고치고 싶어했지만 나는 아니었다. 나는 미래에도 친구로 남고 싶었지만 친구는 그렇지 않았다. 나는 친구에게 너를 좋아하고 항상 좋아하겠지만 지금까지처럼 계속 말다툼을 벌일 수는 없다고 말했다. 또 우리 관계는 서로에게 건강하지 못하다고도 했다. 안타깝게도 관계에 거리를 두다 보면 때로는 누군가와 완전히 단절되기도 한다. 그리고 나는 영원히 헤어지는 걸 원치 않았지만 친구는 관계를 끊겠다는 결정을 내렸고 나는 친구의 결정을 존중해야 했다.

최근에도 나는 거리두기로 그대로 사이가 멀어지는 비슷한 일을 겪었다. 가깝게 지내는 친구 한 명과 심하게 싸웠다. 사실 전에는 한 번도 다툰 적이 없는 친구였고 내가 선을 잘 긋는 최고의 예를 보여주는 사람이라고 말하곤 했던 친구였다. 그러나 코로나 팬데믹에서 비롯된 스트레스로 우리 관계의 역학이 달라졌고 스트레스가 쌓이면서 우리의 소통 방식도 바뀌었다. 우리는 둘 다 솔직하기로 이름난 사람들이었지만 지난 몇 달 동안 락다운 시기를 보내면서 많이 지쳐 있는 상태였다. 서로가 솔직한 말을 다정하게 전하지 못했고 쓸데없이 직설적으로 말했다. 락다운 이후 처음으로 서로 만나게 된 날 이런 소통상의 문제가 극에 달했다. 싸움은 짧았고 갑작스러웠다. 그러다 한 명은 울고 한 명은 문을 쾅 닫고 나가면서 끝이 났다. 다음 날 친구는 문제를 해결하고 싶다고, 그렇지만 아직 감정이 남아 있는 상태라면 답하지 말아달라며 메시지를 보냈다. 그녀 역시 너무 마음이 아픈 상태라서 감정적인 이야기를 들을 수 없었기 때문이었다. 그래서 나는 아래와 같이 답했다.

음성 메시지 남겨줘서 고마워. 난 아직 화난 상태야. 우리 문제를 해결하

고 싶지만 오늘 내 책을 집필해야 해서 그 일에 집중하고 있어. 주말 지나고 월요일에 연락할게. 짐 잘 싸고 비행기 조심해서 타.

나는 월요일에 연락하겠다는 약속을 지켰다. 아직 화가 나 있었고 친구가 의도적으로 화를 내지 않았다는 것도 알았지만 신뢰는 여전히 깨진 상태였다. 상처를 회복하려면 시간이 필요했다. 그래서 나는 시간을 달라고 부탁했다.

솔직히 말해서 난 아직 화가 나 있어. 하지만 오늘 연락하겠다고 약속했으니까 메시지 보내는 거야. 너에 대한 내 믿음이 크게 깨졌고 우리가 앞으로 어떻게 될지 모르겠어. 난 너를 좋아하고 이 상황을 해결하고 싶어. 그렇지만 내 생각엔 우리 둘 다 이 관계로부터 거리를 둘 필요가 있는 것 같아. 우리 다음 달에 서로 안부를 전할 수 있을까?

우리는 짧은 대화를 나누며 서로를 약간 이해하게 되었고 친구가 내 제안에 동의하면서 다음과 같은 메시지를 보내왔다.

이런 대화를 나눠서 기뻐. 대화를 나누고 나니 상황이 좀 분명해졌어. 이제 상처를 치유하고 정리할 시간을 좀 갖자. 그리고 앞으로 이런 일이 또 생기는 걸 어떻게 막을 수 있을지 생각해보자. 널 많이 좋아해. 생일 즐겁게 보내길 바랄게. 다음 달에 이야기하자.

우리는 그렇게 거리를 두었다. 우리의 상처를 치유하기 위해 정확히 우리에게 필요한 건 떨어져 있는 시간이었다. 신뢰를 완전히 다시 쌓기 위해서는 시간이 걸릴 수밖에 없다는 걸 서로 인정했다. 그로부터 몇 달이 지난 지금 우리는 전보다 더 끈끈한 사이가 되었다. 의도적으로 관계에 거리를 두기 시작할 때는 거리두기의 끝이 어떤 모습일지 알 방법이 없다. 하지만 올바른 관계라면 전보다 더 끈끈한 사이가 될 테고 인연이 아닌 관계라면 그대로 끝나게 될 것이다.

소중했던 관계가 지금은 아프다면
보통 나는 내가 느끼는 문제를 이야기하고 상대에게 행동을 바꿀 기회를 주면서 관계 회복을 위한 노력을 여러 번 기울인 뒤에 관계를 끊는다. 노력을 기울여도 상대가 변하지 않으면 내가 정한 선을 강화하기 위해 관계를 끊게 된다. 관계의 단절은 절대 상대를 비난하기 위해서가 아니다. 그보다는 서로가 원하는 바를 충족시킬 수 없다는 것을 이해하는 일이다.

드물게는 한 번의 싸움으로 서로 상처주는 말을 하고 신뢰와 존중이 깨지면서 관계를 끊는 경우도 있다. 누군가와의 관계를 끊기로 마음먹었다면 항상 그 뜻을 전해야 한다. 상대를 존중했다면 우정을 끝낼 때도 존중을 담아야 한다. 다른 사람에게 높은 기준을 요구한다면 자신도 높은 기준에 따라 행동해야 한다. 잠수 타는 식으로 연락을 끊는 건 존중받을 만한 일이 아니며 스스로 자랑스러워할 일도 아니다. 관계를 정리할 때 예의를 보이지 않는다면 그 사람은 결코 나를 존중한 적이 없다고 생각한다. 더는 상대방을 신경 쓰지 않는다 해도 잠수를 타는 행동은 잔인하고 냉정하며 상대방과 공유한 추억에 대한 배려가 전혀 없는 짓이다.

한 번의 사건으로 누군가와의 관계를 정리한 나의 사례를 들려주겠다. 우리는 생일 파티 도중 다이어트를 주제로 이야기를 나누고 있었다. 나는 건강 문제는 외모와 상관이 없으며 살을 찌우는 부작용을 가진 병과 약이 많으니 누군가의 몸만 보고 평가해서는 안 된다는 의견을 전하려 애쓰고 있었다. 그러다 대화가 실제 내 몸무게와 나의 건강 이야기로 옮겨갔다. 그래서 나는 자리를 떴다. 외모를 기준으로 타인을 평가하는 대화가 이루어질 때는 그 자리에 머무를 필요가 없기 때문이다. 친구가 내가 알지도 못하는 낯선 사람들에게 공개적으로 내 외모를 평가하는 이야기를 하는 데 몹시 화가 나 집으로 돌아가기로 했다. 파티를 연 주최자에게 집에 간다고 말했지만 이유는 말하지 않았다. 그녀의 생일날 이런 문제에 엮이게 하고 싶지 않았다.

다음 날 친구가 술에서 깨면 저절로 문제가 해결되지 않을까 바랐던 부분도 있었다. 그런데 밖으로 나가는 길에 그녀가 나를 불러세워 몸무게에 '너무 예민하게 굴지 말라'고 하면서 '네가 정신 차려야 한다'고 했다. 나는 그 말을 무시하고 친구가 그저 술 때문에 그런 말을 한 것이기를 바랐다. 다음 날 아침, 나는 음성 메시지가 들어오는 소리에 잠에서 깼다. 들어보니 그녀는 어젯밤에 했던 맥락에서 이야기를 계속하고 있었을 뿐만 아니라 내 직업과 남자 관계를 헐뜯으며 내 모든 약점까지 들먹였다. 그녀를 '친구'라고 표현했지만 나보다 서른 살가량 많았다. 우리 관계는 모녀 관계와 비슷했고 나는 혼란스러운 일이 있으면 종종 그녀에게서 편안함을 찾거나 조언을 구했다. 그런데 친구는 내게서 들은 모든 정보를 나를 감정적으로 학대하는 데 이용했다.

이상한 점은 우리가 친구로 지낸 지 5년이 넘었고 나는 그동안 몸무게가 하나도 변하지 않았다는 사실이다. 내 몸은 하나도 변하지 않았는데 친구가 지닌 몸에 대한 이미지는 분명 무언가 변했다. 우리가 친구로 지내는 5년 동안 내 몸에 대해 계속 그렇게 생각했던 건지 알고 싶다는 마음을 떨칠 수가 없었다. 이런 마음과 친구가 남긴 음성 메시지의 내용이 합해져 친구에 대한 신뢰가 절대 회복할 수 없게 깨져버렸다. 신뢰를 회복하고 싶지도 않았다. 나는 친구에게 메시지를 보내 우리의 우정은 끝이라고 알렸고 그 이후로는 이야기를 나누지 않았다. 지금에 와서 생각하면 친구가 남몰래 내 몸을 부정적으로 생각한다는 걸 알려주는 경고 신호가 계속 있었다. 그중 하나는 우리가 만날 때마다 내게 살이 빠졌다며 칭찬하곤 했던 일이다. 앞서 이야기했듯 내 몸무게는 한 번도 변한 적이 없는데 말이다. 하지만 그때 나는 위험 신호를 충분히 알아차릴 만큼 선을 긋는 일에 대해 잘 알지 못했다.

친구 관계를 끝낼 때면 언제나 슬프다. 특히 전혀 예상하지 못했던 방식으로 끝날 때는 더욱 그렇다. 그래서 관계를 끊는 과정에서 슬픔과 애통함을 받아들이는 일은 필수다. '애통하다'라는 표현은 보통 죽음과 관련된 상황에서 많이 사용하지만 무엇이든 상실을 경험했다면 애통함을 느낄 수 있다. 친구를 잃었을 때 뿐만 아니라 예전 모습을 잃은 사람을 볼 때도 애통하다. 우리는 잃은 사람을 그리워할 수 있다. 그리워한다고 해서 그 사람이 다시 우리 곁으로 돌아올 자격이 생기는 건 아니지만 말이다. 다만 우리가 한때 그 사람을 좋아했고 그 사람의 예전 모습을 그리워한다는 증거일 뿐이다. 그 사람을 만나면 느껴지던 기분과 추억을 함께 그리워한다. 상처를 치유하고 상실을 슬퍼하며 슬픔을 정리할 시간을 가져라. 그러면서도 나에게 가장 도움이 되는 결정을 내렸다는 걸 잊지 말자. 화가 나서 혹은 성급하게 관계를 끊은 게 아니라면 신중하게 생각한 뒤 결정을 내렸을 것이다. 그러므로 상대가 사라졌다는 이유로 관계의 예전 모습을 미화해서 떠올리지 말라.

옛 친구와의 관계를 회복하는 일이 가능할까

관계를 정리하는 일에 대해 이야기할 때마다 사람들은 내게 과거에 정리한 인언을 되돌린 직이 있는지 묻는다. 나는 '회전문'을 좋아하지 않는다. 일단 관계의 문을 닫으면 그 문을 계속 닫혀 있을 것이다. 관계가 끝난 데는 마땅한 이유가 있다. 그리고 관계를 정리할 때는 적절한 선을 설정하고 차분하게 접근해 잘 끝내기 때문에 후회해본 적이 없다. 지금까지 나는 단 한 사람과 관계를 회복했는데 그 이유는 그 사람과 관계를 정리할 때 제대로 끝내지 못했기 때문이었다. 내가 선을 긋는 법에 대해 알기 한참 전의 일로, 아직 대학을 졸업하지도 못했을 때였다.

그 친구와 관계를 끝냈던 방식은 요즘 내가 사람들에게 가르치는 내용과 정반대였다. 당시 나와 함께 살던 다른 세 친구는 서로 질세라 소리를 질렀고 서로 상대방을 모욕하는 말을 던지며 그렇게 관계가 끝났다. 그날의 싸움을 생각하면 후회되는 순간들이 가득하다. 싸웠던 방식도 문제였지만 내가 친구들에게 했던 말도 후회스럽다. 친구들과 싸웠던 그날 밤 다시는 다른 사람에게 이런 식으로 이야기하지 말자고 스스로 다짐했던 기억이 난다. 그로부터 7년이 지났지만 나는 여전히 그날 밤 나와의 다짐을 지키며 절대 친구에게 언성을 높이지 않는다. 위에서 이야기한 것처럼 일이 잘못될 때가 있고 우리는 때론 힘들게 교훈을 얻곤 한다. 내가 친구에게 소리를 지른 건 그날이 처음이자 마지막이었다.

그날 밤 함께 살던 우리 넷은 다 함께 싸운 뒤로 관계가 끝났다. 그럼에도 나는 그중 한 명의 친구만큼은 종종 떠올리곤 했다. 하지만 2년이 지난 뒤에야 우리는 같은 곳에서(사실 클럽에 들어가려고 기다리는 줄에서) 다시 만나게 되었다. 우리 둘 다 어느 생일 파티에 초대받았는데 입장을 기다리는 줄에서 우연히 내가 그 친구의 옆에 서게 된 것이었다. 친구가 '안녕' 하고 말을 걸었고 나도 '안녕' 하고 답했다. 대화는 거기까지였지만 친구를 보는 순간 나는 내가 얼마나 그 친구를 그리워했는지 알 수 있었다. 그래서 약간의 술기운을 빌려 친구에게 다가가 말했다. "보고 싶었어." 친구는 나를 안아주었고 자기도 내가 보고 싶었다면서 이야기를 좀 할 수 있을지 물었다. 우리는 클럽 안쪽의 개인실을 찾았고 2년 전 다툼에서 있었던 모든 일을 하나도 빠짐없이 이야기했다.

우리는 서로 허심탄회하게 많은 이야기를 나누었고 2년이라는 시간은 그날의 상황을 분명하게 정리하는 데 확실히 도움이 되었다. 친구는 당시 시험을 준비하느라 스트레스를 정말 많이 받았고 그래서 평소 자신답지 않게 행동했다고 알려주었다. 그리고 나도 싸움을 벌이기 몇 달 전 외상 후 스트레스 장애PTSD 진단을 받았지만 병에 잘 대처하지 못하고 있었던 내 상황을 이야기했다. 우리는 둘 다 동거하던 네 사람의 역학 관계가 얼마나 믿을 수 없을 정도로 이상했는지, 그런 관계가 우리 우정에 어떤 영향을 줬는지, 집 안의 상황이 달라지면서 어떻게 세 친구가 나와 적대적인 관계가 되었는지, 왜 내가 공격당하는 느낌을 받게 되었는지 등을 이야기했다. 우리는 당시 싸움의 모든 요소에 대해 이야기를 나누었고 결론적으로 각자의 잘못을 인정하고 서로 사과했다. 그 대화를 나누는 데 세 시간이나 걸렸고 그제서야 클럽 안에 아무도 남아 있지 않다는 걸 깨달았다.

이후에도 우리는 그날 클럽에서 나누었던 대화에 대해 이야기를 나누었다. 그리고 그때 모든 문제를 해결하지 않았더라면 지금의 우정은 없었을 거라고 생각한다. 친구도 나도 함께 살던 친구끼리 말다툼하면서 꺼낸 말에 상처받았고, 상처를 치유하기 위해서는 싸웠던 상황을 샅샅이 훑는 과정을 거칠 필요가 있었다. 2년이나 지난 일인데 좋아했던 친구로부터 들었던 상처되는 말을 전부 기억하고 있다니 우습다. 그러나 아무 일도 없는 듯 굴 수 있는 방법은 없었다. 우리는 여러 면에서 과거의 관계를 회복했다기보다는 새로운 친구 관계를 맺었다. 우리는 서로 새로운 사람이 됐다는 걸 받아들였고 처음부터 다시 서로를 알아가며 차츰차츰 관계를 쌓았다. 천천히 서로의 신뢰를 얻으면서 말이다. 5년이 지난 지금 우리는 예전만큼 가까운 친구 사이다. 하지만 하룻밤 새 관계가 좋아진 건 절대 아니다. 우리 사이가 틀어졌던 때로 바로 돌아가는 건 건강하지도, 안전하지도 않은 방법이었을 것이다. 우정을 회복했다고 해서 자연히 일상의 모든 부분을 친구와 다시 함께한다는 뜻은 아니다. 우정을 회복하기까지 우리는 천천히 신뢰를 쌓을 수 있도록 조심스럽고 의식적으로 한 걸음씩 나아갔다.

관계를 회복하는 데 중요한 또 다른 요소는 지나간 시간의 양이다. 대학 친구였던 우리는 둘 다 졸업을 하고, 서로 다른 지역으로 이사하고, 배우자를 얻고, 일을 하는 '진짜 세상'으로 들어가는 변화들을 경험했다. 우리는 둘 다 그렇게 다른 사람이 되어 있었다. 친구 사이가 끝날 때 많은 경우 한쪽은 다른 한쪽이 바뀌기를 바라는데, 정작 상대는 바뀔 준비가 되지 않곤 한다. 친구와 나는 각자 서로 다른 길에서 개인적인 성장을 이룬 뒤에 다시 만날 수 있었다.

분명 친구와 내가 걸어야 할 길이었겠지만 애초에 이런 상황을 피할 수 있었다는 사실을 알아두는 것도 중요하다. 서로의 한계에 달해 싸움을 벌이기 전에 우리는 선을 그을 기회를 놓친 적이 많았다. 우리는 친구 관계를 정리했지만 그건 선을 그은 게 아니었다. 선이 없어서 일어난 일은 감정의 폭발로 이어졌다. 감정이 폭발한 상태에서 관계를 정리하면 후회가 따른다. 이와 다르게 관계를 적절하게 정리했다면(친구와 내가 겪었던 식은 아니어야 한다) 상대를 다시 곁에 두고 싶을 이유는 거의 없다고 생각한다. 이 책에서 소개하는 관계를 되돌리지 않는 방법의 예를 살펴보고 내가 그랬듯 내 실수에서 당신도 배움을 얻길 바란다.

'좋은 사람'을 놓친다는 걱정

접근을 허용하는 법, 관계 끊는 법, 거리두는 법에 대해 이야기할 때마다 가장 많이 나오는 질문은 이것이다. "상대가 좋은 사람이면 어떻게 해야 하나요?" 사람들은 내게 상대가 얼마나 좋은 사람인지, 얼마나 선의를 보이는지 구구절절 이야기한다. 그러나 단순히 '좋은 사람'이라서 누군가를 곁에 두어선 안 된다. 이웃 사람이 싫어서 이웃집과 우리 집 시이에 울타리를 치는 건 아니듯이 말이다. 울타리를 치는 이유는 우리 집만의 공간이 필요하기 때문이다. 사실 우리 집 울타리를 치는 데 이웃 사람은 아무런 관계가 없다. 선 긋기도 이와 비슷한 방식으로 작동한다. 상대와 관계를 끊는 건 내 문제이지 상대의 문제가 아니다. '내가 무엇을 원하는지'의 문제이지 '상대에게 무엇이 부족한지'의 문제가 아니다. 우리 사회에서는 연인 사이든 친구 사이든 어떤 관계가 끝나면 상처받은 마음을 치유하기 위해 상대방을 나쁜 사람으로 만드는 경향이 있다. 하지만 그렇게 극단적일 필요는 없다. 내가 선을 그은 사람들은 사악한 사람들이 아니며 내가 관계를 끊은 사람들도 항상 독이 되는 사람인 건 아니었다. 사실 나는 관계를 끊은 사람들 중에 몇몇을 여전히 좋아한다. 여전히 그들을 걱정하며 그들이 잘 지내기를 바란다. 어쩌다 대화 중에 그들 이야기가 나오면 잘 지내는지 물어볼 것이다. 하지만 그게 그 사람들 다시 내 곁에 두고 싶다는 뜻은 아니다. 나쁜 사람이어야만 우리에게 나쁜 사람이 되는 건 아니다.

'어려운 상황'은 핑계가 될 수 없다

누군가 어려운 상황에 처해 있다면 그 사람을 좀 더 너그럽게 대해야 하는지 묻는 질문을 종종 받는다. 앞의 예에서 이야기했던 것처럼 함께 살던 친구들과 다툼을 벌이게 되었을 때 내가 처한 상황은 좋지 않았다. PTSD로 완전히 끝나버린 관계는 함께 살던 친구들뿐이었지만 PTSD는 나의 다른 인간관계에도 영향을 주었다. PTSD로 고통의 시간을 보내는 동안 나는 남에게 상처주는 말을 많이 쏟아냈는데 때때로 그런 가해는 돌이킬 수가 없다. 사과해도 용서받지 못하기도 한다. 내가 한 말에 대해서는 내가 책임을 져야 한다.

어려운 상황에 처했다는 것이 이유가 될 수는 있다. 그러나 그걸 핑계로 삼거나 사과만 하면서 책임을 회피해서는 안 된다. 우리는 항상 사랑하는 사람에게 상처를 준다. 그리고 때로 상처주는 말은 돌이킬 수 없는 결과를 가져오기도 한다. 우리는 그렇게 던진 말의 결과에 책임을 져야 한다. 설령 말을 들은 상대가 더는 당신을 곁에 두고 싶어하지 않는다 해도 말이다. 선을 잘 긋는다는 건 상대의 결정을 존중한다는 뜻도 되기 때문이다.

상대가 안 좋은 상황에 처해 있다면 나는 그 사람의 책임감을 볼 것이다. 그리고 그 사람의 행동에 변화가 있는지, 아니면 나의 요구를 들어줄 수 없는 이유로 좋지 않은 상황을 반복적으로 내세우는지도 따져볼 것이다. 이 결정은 오직 우리 각자가 내려야 하는 문제다. 저마다 상황은 다르지만 내 경우에는 이유를 막론하고 보통 내가 어떤 대우를 받고 있는지, 그리고 다른 사람이 나를 이렇게 대해야 한다는 최소한의 선을 기준으로 삼는다.

외로움이 때로는 약이 된다

많은 사람과 관계를 끊고 나면 당연히 외로움을 느낀다. 외로움 속에는 상실에 따른 애통함도 들어 있다. 관계를 끊은 사람을 그리워하는 순간도 찾아오며 혼자라는 사실이 불편하기도 하다.

외로움이라는 감정은 우리가 끝까지 함께하고 처리해야 하는 핵심 대상이다. 외로움을 피하려 하면 그것이 인생에 독이 되는 관계를 끊지 않으려는 이유가 된다. 더 외로워지고 싶지 않으니 독이 되는 관계라도 계속 이어 나가야 한다고 생각하는 것이다. 하지만 이건 문제의 해결책이 될 수 없다. 사실 내가 외롭다고 느낄 때는 혼자 있을 때가 아니라 나를 이해하지 못하는 사람들과 함께 있을 때였다. 혼자인 것과 외로운 건 서로 다른 개념이다. 독이 되는 관계를 유지하면 외로움을 피할 수 있다고 생각하겠지만 이는 사실 혼자 있기를 피하려는 것이다.

혼자 있는 법을 아는 것도 우리에게 필요한 삶의 기술이다. 나는 그토록 혼자 있기 싫었던 이유가 내가 나 자신을 좋아하지 않기 때문임을 사람들과 관계를 끊고 나서야 깨달았다. 나를 진정으로 사랑할 유일한 방법은 나 자신을 아는 것이고, 나를 제대로 알기 위한 유일한 방법은 자신과의 시간을 보내는 것밖에 없다. 스스로를 사랑하는 사람은 혼자 있는 시간을 즐긴다. 나의 경우 사람들과 관계를 끊고 생긴 빈자리는 혼자 있는 시간을 즐기는 법을 알아갈 좋은 기회였다. 물론 처음에는 상당히 의도적인 노력을 기울여야 했다. 나는 혼자만의 소소한 데이트를 준비하거나 보통 친구와 함께했던 활동을 혼자 하면서 오후 시간을 보내기도 했다. 나를 위한 시간을 억지로라도 내서 다이어리에 적어두었다. 친구와 함께 시간을 보내듯 혼자서도 즐겁게 지낼 수 있도록 의식적인 노력을 기울였다.

예를 들어 혼자 TV를 볼 때 나는 보통 무릎 위에 컴퓨터를 올려놓고 본다. 그런데 만약 친구가 우리 집에 영화를 보러왔다면 그렇게 보지 않을 것이다. 맛있는 간식을 준비하고 노트북을 TV에 연결하는 수고를 들일 것이다. 그래서 혼자 있을 때도 친구와 있을 때처럼 하기 시작했다. 보기에는 사소하고 별일 아니지만 친구에게 노력을 기울이는 만큼 자기 자신도 충분히 노력을 기울일 가치가 있는 존재라는 점을 느끼게 한다. 시간이 흐른 뒤에 보면 누군가와 관계를 끊어서 내 삶에 공간을 만들었다는 건(그러는 사이 혼자 있는 시간을 즐긴다) 새로운 사람을 맞이할 공간을 비워두었다는 뜻이기도 하다. 결국 새로운 사람을 찾게 되리라고 나는 장담할 수 있다. 그리고 새로운 사람을 찾고 나서도 혼자 지내는 시간을 선택하는 자신의 모습에 놀라게 될 수도 있다.

나답게 선 긋는 TIP

누군가와의 관계를 끊는 일은 언제나 고통스럽다. 나는 관계를 끊은 뒤에 슬픔을 느끼는 과정에서 이런 일이 다시 생기지 않으려면 어떻게 해야 할지 몇 가지 사항을 적는다. 관계를 끊는 과정을 헤쳐나가기 위해 다음과 같은 말머리로 시작하는 리스트를 적어보자.

1 내가 놓쳤던 위험 신호는 _____

2 내가 눈치채지 못했던 관계상의 변화는 _____

3 '다르게 했더라면 좋았을 걸' 하고 생각하는 부분은 _____

4 해당 관계로부터 배운 점은 _____

5 다른 인간관계에 반영할 교훈은 _____

위에 쓴 리스트는 끝난 관계를 이해하고 그 상황을 발판으로 다시 성장하기 위해 사용한다. 이 리스트를 통해 필요한 교훈을 얻을 수 있으며 교훈을 얻고 나면 마음을 치유하는 데 도움이 된다.

하지만 위의 리스트를 비난하고 후회하는 데 사용해선 안 된다. 지금은 끝난 관계지만 그때는 의미가 있었고 더는 존재하지 않는 관계라 해서 과거의 관계가 시간 낭비였다는 뜻은 아니다. 관계를 끊으면서도 상대가 한때는 좋은 가족, 좋은 친구, 좋은 파트너였다는 점을 인정할 수 있다. 이미 일어난 일 앞에서 '이런 교훈은 애초에 얻지 않았더라면 좋았을 텐데…' 하며 시간을 보내는 건 의미 없다. 당시에 몰랐던 걸 미리 알게 할 방법은 없으니 말이다.

리스트를 쓰는 목적은 같은 일이 다시 발생하지 않게 하기 위함이다. 리스트를 작성해두면 새로운 사람을 만날 때 경고 신호와 위험 신호를 알 수 있을 뿐 아니라 과거에는 무시했을지 모를 관계에서의 변화를 눈치 챌 수 있게 된다. 그리고 꼭 기억해두어야 할 것은 이 모든 과정을 거치는 동안 자기 자신을 친절히 대해야 한다는 점이다.

불필요한 말에 침묵으로 대답하기

나는 인터넷을 통해 정보 제한의 중요성을 배웠다. 불특정 다수가 팔로우하는 계정을 가지고 있으면 "당신에 대해 정말 잘 알고 있어요."

라는 식의 댓글을 정말 많이 볼 수 있다. 현실에서 관계 속 우리는 상대가 알도록 허락한 만큼만 상대에 대해 알 수 있다. 6년 전 내가 시작했던 '흉터가 있어도 두렵진 않아'Scarred Not Scared라는 캠페인이 입소문을 타면서 내 계정에 팔로워들이 늘기 시작했다. 이 캠페인은 수술로 생긴 흉터에 대해 터놓고 이야기하자는 '내 몸 긍정주의' 운동이다. 솔직히 말하면 나는 이 캠페인이 큰 주목을 받을 거라고 기대하지 않았다. 당연히 입소문을 타리라는 생각도 하지 않았고, 비키니를 입은 내 사진이 뉴스에 나고, 잡지와 신문을 도배하게 되리라는 것도 몰랐다. 무엇보다 정말 전혀 예상하지 못했던 부분은 수술 흉터가 어쩌다 생겼는지 사람들이 '끊임없이' 물어볼 거라는 점이었다. 수술 흉터는 내가 가진 가장 끔찍한 기억과 함께 생겼다. 그리고 지난 5년간 인터뷰를 할 때마다 내가 뇌종양, 장천공, 장폐색, 뇌낭종과 수두증으로 15번의 수술을 받았다는 이야기를 계속 반복하며 그 기억을 떠올려야 했다.

인플루언서라는 내 직업은 근본적으로 내가 가진 트라우마를 사람들과 공유하면서 시작됐다. 정보를 어디까지 공유해야 하는지 선을 긋는 일은 정말 고난과도 같았다. 내 진료 기록이 세간에 알려지자 사람들은 내 일상의 다른 부분도 깊게 파고 들어가도 된다고 생각했고, 그 결과 나는 자신을 좀 더 보호해야겠다는 생각을 하게 됐다. 나를 보호하기 위해서는 선을 그어야만 했다.

누군가 내게 정보를 요구한다고 해서 무조건 정보를 줘야 하는 건 아니다. 게다가 내가 전에 정보를 준 적이 있었다고 해서 또 제공해야 한다거니 같은 내용을 계속 반복해서 말해야 할 의무는 없다. 내가 겪었던 트라우마는 내 것이며, 이는 다시 말해 언제 어느 정도의 이야기를 사람들과 공유할지 정하는 사람도 '나'라는 뜻이다.

또한 내가 성장함에 따라 마음을 바꿀 수도 있고 선을 옮길 수도 있다. 한 번 공개했던 정보를 다시 비공개로 돌릴 수도 있고 보다 현실적으로 이야기하자면 이미 그 주제를 자세히 다룬 내 첫 번째 책을 보도록 유도할 수도 있다. "그 이야기는 하고 싶지 않아요." 최근 나는 이 문장을 그 어느 때보다 자주 사용하기 시작했다. 그리고 내가 지닌 의학적 트라우마를 더 자세히 이야기해달라는 요청을 받을 때마다 "궁금하다는 모든 이야기는 제가 쓴 첫 번째 책에 담겨 있습니다."라고 간단히 대답하곤 했다.

우리는 자신감이 부족할 때 다른 사람이 대화를 이끌도록 놔둔다. 하지만 대화는 양방향으로 이루어지는 것이다. 한쪽이 대화에 참여하고 싶지 않으면 그렇다고 말할 권리가 있을 뿐 아니라 상대방이 계속 대화를 강요할 경우에는 대화에서 물러날 수 있다.

고객들과 신체적 자신감 문제를 다룰 때면 나는 다이어트를 주제로 하는 대화를 줄이라고 강하게 권고한다. 다이어트는 오늘날 거의 일상적인 대화 주제가 됐다. 그러나 자신을 깎아내리고 체중 감소에 대한 이야기를 많이 하면서 외모에 대한 자신감과 자존감을 키우기는 어렵다. 나는 고객들에게 다이어트 이야기가 오가는 상황에서는 대화에 참여하지 않아도 되며 아무 말 하지 않고 앉아 있는 게 제일 좋은 첫 번째 단계라고 알려준다.

나도 친한 두 명의 친구와 함께할 때면 이 방법을 썼는데 아무 말 하지 않는 게 얼마나 눈에 띄고 영향력을 미치는지 놀랄 정도였다. 두 친구는 모두 나보다 훨씬 나이가 많았고 10대 자녀를 두고 있었다. 어느 날 한 친구가 내게 초콜릿 바를 숨기기 시작한 10대 딸 문제로 조언을 구해왔다. 그래서 신체적 자신감에 대해 내가 해줄 수 있는 최고의 조언을 전해주었다. 그리고 나서 궁금한 마음에 아이를 키우는 다른 친구에게 묻지 않고 왜 내게 조언을 구하는지 물어보았다.

"우리가 자기 몸에 대해 나쁘게 이야기할 때마다 넌 한 번도 끼지 않았어." 그녀가 말했다.

"눈치챘었나요?" 내가 물었다.

"그럼." 그녀가 이야기를 이어나갔다. "그리고 우리가 너한테 다이어트를 권할 때도 넌 대화 주제를 바꾸더라고."

우리 셋이 친구로 지낸 지 3년 정도 된 시점이었고, 다이어트로 그렇게 긴 이야기를 나눈 적이 한 번도 없었지만 그녀는 내가 말하지 않았던 게 눈에 띄였던 것이다.

침묵하는 방법이 효과가 없으면 "좀 더 재미있는 이야기를 하면 어때?"라고 화제를 돌리는 것을 권한다. 그래도 상대방이 대화 주제를 바꾸지 않는다면 그가 상대는 전혀 고려하지 않고 자기 하고 싶은 말만 하는 사람이 아닐지 걱정스럽다. 다른 사람과 대화할 수도 있는데 굳이 상대를 배려하지 않는 사람과 대화를 계속 이어나갈 필요가 있을까? 앞서 이야기했듯이 이럴 때 상대방의 반응에서 관계의 질을 가장 잘 알 수 있다.

침묵, 대화 주제 바꾸기에 더해 대화에서 아예 빠지는 방법도 있다. 치욕스런 대화를 계속할 필요는 없다. 처음엔 대화에서 빠지는 게 힘 겨운 일처럼 느껴진다. 하지만 상대방과 대립하는 식으로 대화를 끝낼 필요는 없다. 그냥 음료수를 가지러 간다거나 화장실에 가겠다고 말하면 된다. 자신감이 생겼을 때 상대에게 내 몸에 대한 이야기는 그만해 달라고 요청하면서 선을 그으면 된다. 상대가 누구인지, 내게 에너지가 얼마나 있는지에 따라 방법이 달라진다. 어떤 때는 그냥 자리를 뜨기도 하고, 또 어떤 때는(특히 반복적으로 계속 내 몸에 대한 이야기를 꺼내면) 강하게 선을 긋고, 내가 선을 그었다는 사실을 전한 뒤 자리를 떠난다. 지금까지 5년 동안 이렇게 선을 그었더니 일상적으로 들었던 외모 평가에 대한 말들을 이젠 전혀 듣지 않게 되었다. 대화 도중 내가 자리를 뜨는 게 지겨워서인지, 아니면 내가 변할 거라는 희망을 버려서인지는 모르겠지만 이유는 중요하지 않다. 중요한 건 내가 선을 그은 일이 효과가 있었다는 사실이다.

나는 주는 정보와 마찬가지로 받는 정보도 제한해야 했다. 인생에 독이 되는 연애를 하는 친구가 있었는데 그녀는 남자친구가 독이 되는 사람이라는 걸 인정하면서도 그를 떠났다가는 이내 다시 돌아가곤 했다. 그러는 동안 나는 친구가 결별하는 과정을 듣고 또 들어주어야 했다. 이야기를 들으면서 친구에게 전에 했던 이야기라고 알려주고 이번에는 뭐가 다른지 묻곤 했다. 친구는 계속 "이번에야말로 정말 끝이야."라고 했지만 어느 시점이 지나자 나는 우리의 대화 때문에 오히려 친구의 연애 패턴이 더 고착된다는 느낌이 들었고 그 관계에 더 이상 참여하고 싶지 않아졌다. 친구와 대화를 나눌 때면 내가 무슨 말을 할 때마다 친구는 남자친구를 감쌌다. 마치 내가 남자친구에게 돌아가라고 친구의 등을 떠미는 듯 느껴졌다. 그래서 친구가 그 남자와 세 번째로 헤어졌을 때 나는 친구에게 이 이야기는 다시 할 수 없다고 전했다. 우리는 계속 친구로 지냈지만 친구는 그 남자와 1년 더 헤어졌다 다시 만났다를 계속했다. 그러는 동안 내게는 전혀 이야기하지 않았다. 한 번은 내가 그가 어디 있는지 물었는데 이런 식으로 우연히 그 남자 이야기가 나오면 친구는 "넌 알고 싶지 않을거야."라고 대답했고 우리는 곧바로 다른 이야기를 시작했다. 누군가는 친구가 관계를 끊도록 잘 설득했어야 한다고 이야기할지도 모른다. 하지만 건강한 선을 가졌다는 건 나와 같은 선택을 하지 않더라도 상대방의 결정을 존중하고 상대방이 스스로 실수를 경험하도록 하는 것이다. 친구가 마음의 준비도 되지 않았는데 내가 그녀의 인간관계를 끊어낼 수 있었을 거라고 생각하는 건 착각이다.

모든 친구들이 같은 거리일 수는 없다는 진실

누구에게 어느 정도의 정보를 줄지 결정하는 가장 좋은 방법은 자신의 일상을 살펴보고 누가 나에 대해 어느 정도 알아야 하는지 단계를 정하는 것이다. 예전에 나는 30명의 절친을 가진 사람이었다. 하지만 그렇게 많은 절친을 유지하는 건 현실적이지 않은 일이고 절친 모두와 깊은 이야기를 공유하는 건 안전하지 않다. 지금 내가 가진 단계는 '절친', '좋은 친구', '친구'다. 절친이 좋은 친구가 될 수 있고, 지인이 친구가 될 수도 있다. 이런 기준이 있다는 건 친구 관계를 평가할 수 있다는 의미이며 과거의 친분에 얽매이지 않는다는 뜻이다. 나의 친구 한 명은 나와 다른 기준이 있었는데, 그는 주변 사람을 '친한 친구', '친구', '지인'으로 구분했다. 어떤 이름을 붙이든 친분의 정도를 다르게 구분한다는 게 중요하다.

친분의 정도를 단계로 구분한다는 개념을 소개하고 나면 늘 반발이 따른다. 친분에 따라 정보를 제한하면 거짓말하는 기분이 들고 결국 자신을 숨기는 것 같다는 반발이 가장 심했다. 그런 사람들에게 나는 '프라이버시'와 '정직함'의 차이를 알아야 한다고 말해준다. 관계에 따라 거짓말이 필요하다는 의미가 아니다. 어떤 정보를 개인적으로 간직하기로 했다는 뜻이며 그건 그 정보를 영원히 말하지 않겠다는 의미도 아니다. 다만 어느 정도의 시간 동안 알리지 않는 것이다.

예를 들면 내 절친들과 친구들이 내가 선 긋기를 주제로 책을 쓰고 있다는 사실을 알았다. 출판사와 첫 미팅을 가졌을 때 나는 먼저 '절친'들에게 이야기했다. 그리고 출간 제의를 받았지만 계약서에 서명하기 전에는 '좋은 친구'들에게 말했다. 계약서에 서명하고 나서는 '친구'들에게 이야기할 수 있었다. 절친과 좋은 친구들에게는 "나 책 출간 제의받았어!" 하고 말을 꺼낸다. 반면 친구들에게는 대화할 일이 있을 때까지 기다렸다가 상대가 내게 무슨 일을 하며 지내는지 물어볼 때 대답한다. '친구'들이 내가 책 내는 걸 질투하지는 않을까 생각해서가 아니다. 내게 생긴 좋은 일을 기뻐해줄 수 없는 사람이라면 친구로 삼지도 않았을 것이다. 하지만 정보를 공유할 때는 외부 의견에 마음을 열어야 한다. 나는 가끔 내가 내린 결정에 대해 다른 사람의 의견을 들을 마음의 준비가 되지 않을 때가 있다. 내가 그런 사람이라는 걸 첫 번째 책을 쓰며 알았다. 첫 책을 내기까지는 무려 4년이 걸렸다. 내가 스무 번의 거절을 당한 날 "지금은 포기할 때가 아니야, 더 세게 밀어붙일 때야."라고 말한 친구들이 있었다. 또 어떤 친구들은 "출간을 몇 년 보류했다가 나중에 다시 시도해보는 게 어때?"라고 했다. 한쪽은 좋은 친구고, 다른 한쪽은 나쁜 친구였을까? 그렇지 않다. 다만 실패 앞에서 한 친구는 조심스러웠고 다른 한 친구는 더 고집스러웠다. 내가 기억해야 했던 점은 두 사람 모두 내 글을 읽지 않았으므로 그들의 말은 내 글에 대한 판단이 아니라는 사실이었다. 한 친구는 내가 포기하는 모습을 보고 싶지 않았을 뿐이고, 다른 한 친구는 내가 계속 상처받는 걸 보고 싶지 않았을 뿐이다. 한 사람의 의견은 내게 도움이 되었고 다른 한 사람의 의견은 도움이 되지 않았다. 그러므로 정보에 선을 그을 때는 자신의 관점에 영향을 줄 수 있는 의견에도 선을 그어야 한다.

우리는 프라이버시와 솔직함을 혼동할 때 자기 사생활을 지나치게 많이 드러내는 경향이 있다. 안전하게 관계가 정착되는 것보다 빠르게 유대감을 형성하려 할 때 종종 정보를 남용하곤 한다. 그렇지만 이는 새로운 관계를 쌓느라 아직 관계가 약한 시기를 피해 가려는 보호 메커니즘이다. 사람들은 개인 정보나 트라우마 같은 이야기를 많이 하면 관계가 더 빨리 단단해지리라 생각한다. 하지만 정보를 조금씩 공유하면서 상대가 내 이야기를 해도 될 만큼 믿을 만한지 확인하고 믿을 만한 사람이라면 정보를 더 많이 공유하는 식으로 접근하는 것이 건전한 방법이다. 위에서 이야기했던 나의 첫 책 출간을 예로 들자면 누군가에게 책이 출간된다는 기쁜 소식을 전했더니 그 사람은 첫째로 돈을 얼마나 받는지부터 물었다. 기분이 나빴다. 마치 금전적인 보상이 크게 따르지 않으면 내가 성취한 일이 의미가 없는 것처럼 느껴졌다. 그는 같은 업계 사람이었는데 내가 이룬 성취에 초점을 맞추기보다 그냥 자기도 책을 쓰면 얼마나 벌 수 있는지가 궁금한 거구나 하는 생각이 들었다. 이때의 경험 덕분에 좋은 소식이 생기면 이 사람에게 다시 전해야 할지 아닐지 결정할 중요한 정보를 얻었다. 상대가 내가 중요시하는 가치나 관심사와 많이 다른 사람이라는 사실을 상처 입기 전에 비교적 쉬운 방법으로 알 수 있었다면 훨씬 더 좋았을 것이다.

나는 종종 '이너서클'inner circle이라는 개념을 이야기하는데 이너서클에도 여러 수준이 있고 각 수준별로 특정한 기준이 있다. 각자의 기준이 다르겠지만 내 경우에는 대체로 상대와 함께 보내는 시간의 양과 정기적으로 만나기 위해 들이는 노력을 기준으로 삼는다. 이를 바탕으로 '절친'은 일주일 혹은 2주일에 한 번씩 만난다. 종종 우리 집에 와

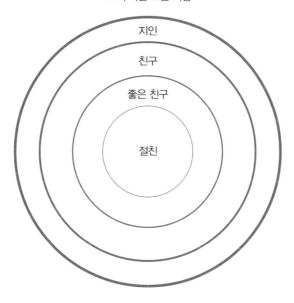

그 외 다른 모든 사람

지인

친구

좋은 친구

절친

서 자고 가며 그럴 때면 내 침대에서 같이 잔다. 절친에게는 모든 걸 이야기한다. 좋은 일이 생기면 가장 먼저 이야기하고 싶은 사람들이다. 위급한 일이 생기면 전화할 수 있고 하루 중 언제 전화해도 받아줄 거라 믿고 의지할 수 있는 사이다. 이 카테고리에 들어가는 사람은 손에 꼽을 정도로 적다. 사람들은 종종 이런 사이로 지낼 사람이 두세 명밖에 안 된다는 사실에 불안해한다. 하지만 절친은 두세 명 정도로 충분하다. 이 정도 수준의 우정을 나눌 사람과 친밀함을 유지하는 건 매우 어려운 일이다.

'좋은 친구'는 한 달에 한 번 정도 만난다. 가끔 우리 집에 와서 묵지만 너는 그럴 때 손님방을 내준다. 좋은 일이 생기면 확실해지고 나서야 말하고 화가 났을 때는 그렇다고 말하는 사이지만 내가 위급한 상황에 처했다면 이들에게 전화하지는 않을 것이다. 이 그룹에 속하는 친구는 약 10명 정도다.

'친구' 카테고리에 속하는 사람들과는 몇 달에 한 번씩 점심을 먹으며 특별한 이유가 없는 한 우리 집에서 묵지 않는다. 시내로 다 함께 놀러 가고 하우스 파티나 업무상 파티 같은 행사에 초대하지만 단둘이 식사를 하는 경우는 거의 없다. 내게 좋은 일이 생겨도 특별히 이들에게 알리지는 않는다. 대화의 화제에 오르면 좋은 일이 있다고 말하기는 하지만 온 세상에 알려진 내용만 말한다. 지인은 업무상 행사에서 만나는 동료이거나 온라인상에서 알게 되어 이따금씩 연락을 주고받는 사람들에 해당한다.

마찬가지로 절친은 내 모든 일상을 알고 내가 첫 데이트를 할 때 안전히 잘 있는지 GPS 위치를 확인할 수 있는 사람이지만 좋은 친구는 내가 두세 번 데이트한 후에야 상대 남성에 대해 알게 된다. 각 카테고리별로 얼마나 많은 친구를 둘지, 그리고 일상에 대해 어디까지 이야기할지 정해야 한다. 나는 개인 공간과 나의 집을 정말 신성시하는 사람이기 때문에 이를 기준으로 친구와 친한 정도를 구분했지만 그렇지 않은 사람은 꼭 이를 기준으로 삼지 않아도 된다. 중요한 건 친한 정도를 구분한다는 점에 있으며 무엇을 기준으로 단계를 나눌지는 각자의 선택이다.

나만의 이너서클 그룹을 만들어보자. 다양한 관계를 분류해 주변 사람에 대한 친밀도를 정한다. 인생을 정형화된 방식으로 보는 일처럼 느껴져 불편할 수 있지만 내 주변 사람들이 어디에 위치하는지 살펴두면 유용하다. 상호적인 관계를 맺고 있는지, 의지할 사람은 누구인지 확인해볼 수 있기 때문이다. 어느 카테고리로 분류했다고 해서 상대가 영원히 그 안에 머무르는 건 아니다. 관계가 진전되거나 변할 때마다 상대를 한 카테고리에서 다른 카테고리로 옮겨야 하는 것도 아니다. 하지만 일상을 평가해볼 수 있는 유용한 방법이며 누군가와의 관계가 좋은 관계인지 의심스러워지기 시작할 때 이너서클을 통해 다시 평가해보면 도움이 된다.

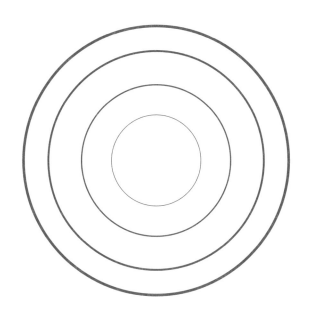

우리 사이에는 추측이 너무 많다

우리 사회에는 이상한 통념 하나가 존재한다. 누군가 나를 잘 아는 사람이 있으면 그 사람은 내 모든 욕구를 예상할 수 있어야 하고("내가 말하지 않아도 알아야지!"라는 식이다), 예상하지 못하면 나에 대한 관심이 그만큼 부족하다는 뜻으로 받아들인다. 하지만 이건 잘못된 생각이다. 인간은 세상 사람들이 다 자기와 똑같이 생각한다고 여긴다. 그래서 속상할 때 포옹하는 걸 좋아하는 사람이라면 사랑하는 사람이 속상해할 때 자신이 편안함을 느끼는 방식으로 상대를 위로하려 한다. '내가 이런 상황이라면 무엇이 도움이 될까?' 하는 생각에 따라 행동하는 것이다. 문제는 모든 사람이 서로 다르다는 점이다. 당신은 누군가 안아줄 때 편안함을 느끼지만 당신이 사랑하는 사람은 함께 앉아서 이야기를 나누고 싶어할 수도 있다.

PTSD를 겪고 있을 때 나는 누구도 이 문제에 대해 물어보길 원하지 않았다. 부모님에게 치료비를 내줄 수 있는지 물어보았을 때도 나는 이렇게 말했다. "무언가 일이 잘못됐어요. 그 일에 대해 말씀드리고 싶지는 않지만 다른 사람에게 털어놓으려면 상담비가 필요해요." 나는 그런 식으로 대처했다. 정신 건강이 좋지 못했을 때 내가 원했던 바였다. 사실 나는 지금도 여전히 그렇다. 나를 담당하는 라이프 코치를 제외하면 누구에게도 내가 겪은 트라우마에 대해 이야기하고 싶지 않다. 친구들이 나를 도울 방법은 내 정신 건강 문제와 관련 없는 이야기를 하는 것이다. 예를 들어 내가 입원했을 때 가장 도움이 됐던 친구들의 행동은 동네 커피숍에서 만나 이야기하는 것처럼 평범하게 남자 문제에 대한 하소연을 늘어놓은 것이었다. 그럴 때면 내가 병원 침대에 누워 있다는 사실을 잠시나마 잊을 수 있었다.

그래서 내가 정신 건강 문제로 어려움을 겪고 있던 친구를 보고 어떻게 했을까? 엉망이었던 첫 번째 데이트 이야기를 잔뜩 늘어놓으면서 친구의 정신 건강 이야기만 빼고 온갖 걸 다 물어보았다. 몇 달이 지난 어느 날, 내가 어떤 남자에 대해 이야기하고 있는데 친구가 갑자기 불쑥 말했다. "우리 계속 아무일도 없는 척할 거야? 내 친구들 중에 너와 제일 편하게 정신 건강 문제를 이야기할 수 있을 줄 알았는데 넌 한 번 묻지도 않잖아!"

친구의 반응에 놀랐다. 내가 정말 잘못 생각하고 있었다. 우리 사이에는 추측이 많았다. 나는 친구가 내게 정신 건강 문제를 이야기해도 된다는 걸 안다고 생각했다. 친구가 이야기하지 않았기에 나는 친구가 이야기하고 싶어하지 않는 거라고 짐작했다. 반면 친구는 내가 정신 건강 이야기를 불편해하거나 신경 쓰지 않아서 말하지 않는다고 생각했다. "나 너와 이야기를 나누러 왔어. 내가 어떻게 도와주면 좋을까?"라고 한마디만 했다면 이런 온갖 추측은 피할 수 있었을 것이다.

나는 이제 결론을 내리기 전에 항상 어떻게 도우면 될지 상대에게 묻는다. 그리고 상대가 특별히 부탁한 게 아니라면 내 의견대로 하지 않으려고 애쓴다. 그래서 상대에게 내가 들어주면 될지, 해결책을 같이 찾아줘야 할지 아니면 조언을 원하는지 물어본다. 그냥 하소연하고 싶은 사람이 있고 실제로 내 의견을 구하는 사람이 있으므로 상대가 원하는 바를 명확히 하면 대화에 도움이 된다. 나는 꽤 직설적인 사람이라서 솔직한 조언을 건네기 전에 "내가 솔직하게 이야기하길 원해?"라고 먼저 말문을 여는 편이다. 그러면 대부분 그렇게 해달라고 답하는데 내게 이야기를 꺼냈을 때 무엇을 얻게 될지 그들도 이미 알고 있기 때문이다. 하지만 때로는 '아니'라고 답하는 사람도 있다. 그럴 때면 상대의 의견을 존중한다. 최근에 있었던 일을 예로 들면 한 친구가 전 남자친구와 다시 만나기로 했다는 이야기를 듣고 친구에게 내가 솔직하게 이야기하기를 바라는지 물었다. 친구는 이렇게 대답했다. "아니, 지금은 이 기분을 즐길래. 이 모든 게 안 좋게 끝나면 그때 솔직한 네 의견을 구하러 올게." 친구가 두 번째로 이별하는 고통을 겪지 않게 하려고 내 의견을 강하게 말했다면 선을 잘못 그은 것이다. 선을 잘 그었다면 친구도 스스로 결정할 수 있는 성인이라고 인정해야 한다. 내 생각에 친구의 결정이 잘못됐다고 해서 그 결정이 정말로 잘못된 건 아니다. 설사 잘못된 결정이라 해도 사람은 실수를 겪어야 할 필요도 있다. 아직 배울 준비가 되지 않은 사람에게 배움을 얻으라고 강요할 수는 없는 노릇이다.

스스로 원하는 걸 요구하라는 말은 당연한 소리처럼 들린다. 그럼에도 대부분의 사람이 그렇게 하지 않는 이유는 원하는 바를 요구하려면 마음속 약한 구석을 다잡아야 하기 때문이다. 근거는 이렇다. 원하는 바를 요구했는데 상대가 주지 않으면 상처받을 것이고 그걸 요구하려고 이야기하는 불편함을 감수했으니 고통은 더 커질 거라는 것이다. 실제로는 우리가 하는 게임(내가 원하는 걸 상대가 알아야 하고, 내가 무엇을 원하는지 알아맞히지 못하면 질책하는) 때문에 우리는 더 많이 다투게 되고 상황이 혼란스러워진다. 알려주지 않은 걸 알아낼 수 있는 사람은 없다. 이런 모습을 보여주는 전형적인 예가 매일 식사 후 설거지를 하는 엄마나 아빠가 마음속에 화를 쌓아두다가 어느 날 소리를 지르는 것이다. "다들 감사할 줄을 몰라! 밥 먹고 설거지 하는 걸 도와주는 사람이 아무도 없어!" 그러면 가족들은 혼란스럽다. 그들이 도움을 원하는지 아무도 몰랐기 때문이다.

이렇게 마음속에 원망이 쌓이는 걸 피하려면 그냥 요구하면 된다. 하지만 원하는 걸 이야기하기는 무섭다. 그리고 원하는 바를 요구했는데도 상대의 행동이 바뀌지 않으면 어쩌지 하는 걱정이 앞선다. 하지만 이런 생각은 한발 앞서 나가 대화가 끝나기도 전에 어떻게 끝날지 결정짓는 것이다. 나도 전에 그랬기 때문에 잘 알고 있다.

더 좋은 관계를 만드는 특별한 시도들

과거 나는 함께 살던 친구에게 같이 보내는 시간을 늘릴 수 있는지 물어보려고 마음을 다잡아야 했던 때가 있었다. 나는 그 친구와 7년 동안 함께 살았다. 친자매보다 더 가까운 사이였지만 지난 2년 사이 친구는 하루 12시간씩 일하는 직장에 다녔고 새 남자친구가 생겼다. 나는 친구와 전혀 다른 시간내에 일했기 때문에 같이 살면서도 얼굴을 거의 보지 못했다. 우리가 함께하는 시간은 잠자리에 들기 전 어떻게 지내는지 확인하는 정도가 전부였다. 대개는 내가 이를 닦고 친구가 변기에 앉아 있는 모습으로 말이다. 너무 적나라한 모습이지만 우리의 친밀도를 잘 알 수 있는 장면이다. 우리의 상황이 너무 뻔한 이야기처럼 들릴 것이다. 한 친구에게 남자친구가 생기고 남자친구가 없는 나머지 한 친구는 버림받았다고 느낀다. 뻔한 이야기이기에 모두 이 이야기의 끝을 안다. 나는 그 누구보다 이 친구와의 우정이 소중했기에 뻔한 결말을 맞지 않겠다고 결심했다. 그래서 라이프 코치인 젤리에게 상황을 이야기했다. 젤리는 친구와 함께 따로 시간을 내는 것을 이야기해보라고 권했다. 논리적인 제안이고 타당한 소리였다. 그래서 한 달에 한 번씩 친구와 데이트할 계획을 세웠다.

잠깐, 말도 안 된다고 생각되지 않는가? 그런 건 이성과 데이트할 때나 하는 일이다. 평범한 친구 관계에서 이루어지는 일은 아니다. 젤리도 일반적인 일은 아니라는 데 동의했다. 하지만 건강한 소통이 지속되는 것도 일반적인 일은 아니며 일반적인 것보다 더 나은 상황을 원한다면 그런 식으로 행동을 시작해야 한다. 집으로 돌아오는 길에 나는 마음속에 피어나는 두려움을 멈출 수 없었다. 친구가 내 제안을 듣고 황당하다며 웃어넘기면 어쩌지? 하지만 실제로는 내가 가장 가까운 친구에게 무언가 요구할 수 없다면 (비록 그게 일반적인 일은 아니라 해도) 우리가 정말 그 정도로 친하다고 할 수 있을까? 틀림없이 가장 친한 친구 사이라면 내가 약한 마음을 다잡는 데 이 정도로 긴장할 필요는 없을 텐데 나는 긴장이 되었다. 그날 저녁 나는 원했던 걸 요구했고 친구는 받아들여주었다. 친구는 내 제안이 우습다고 생각하지 않았고 자신 역시 우리가 함께 시간을 보내지 못해서 신경이 쓰였다고 말했다. 이렇게 대화를 나눈 덕분에 우리 둘 다 다이어리를 꺼내 함께 시간을 낼 수 있는 저녁 날짜를 찾았고 그날은 집 밖으로 나가 같이 재미있게 놀자고 약속했다.

이 방법은 내가 생각해낸 아이디어가 아니다. 당연히 친구가 먼저 제안하지도 않았을 것이다. 하지만 이 방법이 효과가 있었던 이유는 내가 원하는 바를 위해 목소리를 냈기 때문이다. 원하는 바가 얼마나 일반적인가는 중요하지 않다. 자신의 관계는 스스로 정의하는 것이고 양쪽이 서로 행복해지기 위해서 특별한 설정이 필요하다면 그렇게 하면 된다. 내 경우에 만일 친구를 그리워하는 마음을 표현하지 않고 친구가 먼저 알아주기만을 기다렸다면 비꼬는 말을 던지거나 화를 내게 되어 우리의 우정에 쓸데없이 금이 갔을 것이다.

우리의 욕구는 늘 변화한다. 그러므로 나의 이리저리 바뀌는 마음을 상대가 헤아리기란 실질적으로 불가능하다는 사실을 기억하자. 상대가 내 마음을 알아주기를 바란다는 얘기는 알아달라고 요구하는 게 아니라 그냥 '알아맞혀주기를' 바라는 일이다. 그러나 인간에게 그런 초능력은 없으며 당신조차 그런 능력은 없다! 똑같은 상황이라도 시기에 따라 혹은 어떤 사람과의 상황인지에 따라 상대에게 기대하는 반응이 달라진다.

상대에게 원하는 바를 요구했다가 얻지 못한다면 어떨까? 고객 한 명이 이런 상황을 겪었다. 그 고객은 최근 미국의 저명한 상담전문가 게리 채프먼Gary Chapman의 《5가지 사랑의 언어》를 읽었다. 책에서는 사람들이 서로 어떻게 다른 방식으로 사랑을 주고받는지 이야기하며 인정의 말, 봉사, 선물, 함께하는 시간, 스킨십을 사랑의 언어로 꼽는다. 내 고객의 첫 번째 사랑의 언어는 인정의 말이었고 그녀는 이 이야기를 배우자에게 했다. 그러나 배우자는 억지로 칭찬하면 진정성을 느낄 수 없다고 말했다. 나는 다시 고객에게 억지로 칭찬을 하지 않아도 된다고 설명했다. 고객이 요구한 건 배우자가 이미 생각하고 있지만 소리 내어 말하지 않는 자신에 대한 긍정적인 생각을 표현해달라는 것이었다. 물론 처음에는 배우자가 진정성을 느끼지 못할 수도 있다. 인정의 말은 그가 주로 사용하는 사랑의 언어가 아니기 때문이다. 하지만 어떤 형태의 사랑이든 모든 관계에는 노력을 들여야 한다. 만약 데이트 중인 상대에게 당신이 원하는 것을 이야기했는데 상대가 이를 무시한다면 이는 주의해야 할 위험 신호다. 물론 상대가 당신에게 필요한 것을 충족시켜줄 수 없는 상황이 생길 수 있다. 그럴 때는 터놓고 기꺼이 상황에 대해 당신과 대화를 나누며 서로에게 맞는 해결책을 낼 수 있어야 한다. 당신이 필요한 바를 요구하지 않는 이유는 내 고객이 그랬던 것처럼 거절당할 수 있기 때문이다. 거절당하면 상처를 받는다. 하지만 당신의 욕구를 무시하고 주변 사람들을 위한다는 핑계만 대고 있으면 마음속에 억울함이 쌓이고 장기적으로 더 큰 상처를 받게 된다. 먼저 상처를 마주하고 당신이 원하는 것을 상대가 줄 수 없다는 사실을 깨닫는 편이 더 낫다. 그런 사람들을 정리하고 나면 당신이 원하는 걸 줄 수 있는 누군가를 찾을 시간이 더 많이 생긴다.

나답게 선 긋는 TIP

당신이 원하는 것을 상대에게 요구할 때 관계가 틀어지거나 상처받지 않을까 두려워하는 마음속 약한 구석을 더욱 다잡아야 한다. 나는 주변 사람들에게 명확하고 단도직입적으로 대하며 상대의 마음을 내 식대로 추측하는 일은 완전히 그만두었다. 그 결과 상대에게 무엇이든 요구할 수 있을 정도로 마음을 다잡을 수 있게 되었다. 나는 상대가 최대한 연민의 마음을 담아 솔직한 답을 할 것을 안다. 당신이 원하는 걸 요구하는 연습을 하기 위해서는 주변에 솔직하게 답을 해줄 사람이 필요하다. 그 사람은 당신의 약점까지 숨김없이 이야기할 정도로 정말 신뢰하는 사람이어야 한다. 그렇지 않으면 요구하는 연습은 실패로 끝나게 되고 마음의 상처를 입게 된다. 주변에서 그 정도로 신뢰할 수 있는 사람을 찾았다면 다음 질문을 던져보자.

- 인생을 극적으로 변화시키기 위해 내가 할 수 있는 일은 무엇일까?
- 인생을 극적으로 변화시키려면 나는 어떤 선을 그어야 할까?
- 인생을 극적으로 변화시키려면 나는 누구와 선을 그어야 할까?

THE
JOY OF
BEING
SELFISH

제4장

사소한 일상에서
나를 지키는 연습

오늘날은 그 어느 때보다 일 중독자가 되기 쉬운 시대다. 기술의 발달로 언제 어디서나 일할 수 있는 환경이 만들어진 것도 사실이다. 그러다 보니 많은 회사들이 암묵적으로 직원들이 퇴근 후에도 계속 연락을 받고 일을 처리하기를 기대한다. 자기애가 부족한 사람의 경우 자존감이 있어야 할 내면의 자리가 비어 있고 그 빈자리를 채울 수 있는 가장 편한 대상을 '일'로 삼는다. 바쁜 삶을 추구하는 사회에서 우리는 종종 생산성으로 자기 가치를 매기려고 한다. 그러나 직장에서 적절한 선을 긋지 않으면 필연적으로 업무가 일상의 다른 영역에 영향을 준다.

직장편: 일 잘하는 사람은 거절도 잘합니다

사람들과 함께 시간을 보낼 때 끊임없이 휴대폰으로 이메일을 보내거나 업무 연락을 하느라 대화가 어려운 사람을 만나본 적 있을 것이다. 이런 사람과는 대인관계를 유지하기가 어려워진다. 나는 그런 상황에서 참지 않는다. 저녁 식사 내내 일에 신경을 써야 한다면 차라리 저녁을 같이 먹지 않는 편이 나았을 것이다. 대부분 일 중독자들은 사실 정말로 급한 일을 한다기보다 자신이 중요한 사람이라는 느낌을 계속 받고 싶어 일을 멈추지 못한다. 그들은 바빠 보이고 싶어 여기저기 산만해지는 상황을 좋아하는 것뿐이다.

선을 긋는 건 모든 상황에서 어려운 일이지만 특히나 직장에서는 좌천되거나 해고될지 모른다는 두려움으로 할 말을 하지 못하는 경우가 매우 많다. 사람들은 이를 선을 긋지 않을 핑계로 삼는다. 그렇게 자기 생각을 말하고 일자리를 잃는 것과 하고 싶은 말을 억누르고 침묵 속에 고통받으며 쌓이는 분노와 함께 살아가는 것 사이에서 잘못된 이분법을 세운다. 하지만 두 선택지 사이에는 절충안이 있다.

이러한 이분법적 사고를 뒤집는 방법에는 두 가지가 있다. 첫째, 상대방이 당신을 좋아하는 것과 존중하는 것은 서로 다르다는 사실을 이해해야 한다. 당연히 사무실에 마지막까지 남아 일하면 상사는 좋아할 것이다. 그렇다고 월급을 올려줄까? 알 수 없다. 당신을 이용하면 회사에 이익이 되기 때문에 단호히 의견을 말하기 전까지 상사는 당신을 계속 이용할 것이다. 당신의 가치를 증명하기 위해 시간 외 근무가 필요한 상황도 분명 있지만 반드시 자신에게 솔직해야 한다. 명확한 보상을 얻기 위해 일하는 것인지, 아니면 불안감 때문에 일하는 것인지 스스로에게 물어보라. 둘째, 당신의 시간과 에너지에는 금전적 가치가 있음을 깨달아야 한다. 우리 사회는 돈으로 가치를 헤아리며 직장에서는 금전적 보상으로 업무에 들이는 시간과 에너지를 평가한다. 만약 직장에서 다른 사람이 당신의 시간과 에너지를 좌지우지하거나 하찮게 여긴다면 당신이 받는 대우에서 그런 평가가 잘 드러난다.

금전적 보상을 통해 자신의 가치를 아는 것과 함께 돈의 영역에서 강력한 선을 긋는 일 또한 중요하다. 직종을 불문하고 '인맥'을 핑계로 무보수로 일해주거나 적은 돈만 받고 일해주는 경우가 있다. 이때 자신의 선이 어디인지 알아야 적절한 보상이 없을 때 어느 정도의 시간과 에너지를 들일지 제한할 수 있게 된다.

나는 내게 득이 되는 기회가 주어지는 상황이 아니라면 무보수로 일하지 않는다. 무보수로 일할지 여부를 결정하는 기준은 일마다 다르다. 특히 내가 일하는 업계에서는 직업적 소명을 이유로 보수 없는 일을 해달라고 요구하는 회사가 많다. 나도 종종 이러한 이메일을 받는다. 메일에는 내가 사람들의 정신 건강 문제에 신경을 쓴다면 받아들여야 하는 일이라며 하지만 예산이 없으니 그냥 해달라는 내용이 담겨 있다. 나는 이런 일을 수락하는 데 반대한다. 물론 나는 사람들의 정신 건강에 대해 매우 관심이 많다. 그렇다고 이런 요청을 수용하면 절대 돈을 벌 수 없을 것이다. 내가 하는 일 하나하나가 전부 정신 건강과 관련된 일이기 때문이다. 몇몇 비양심적인 회사에서는 대의명분을 향한 사람들의 책임의식이나 일에 대한 열정을 이용해 일한 만큼의 돈을 지불하지 않으려 한다. 나는 이 부분에 대해서는 아주 강한 선을 가지고 있다. 내 시간과 에너지, 내가 갖춘 자격이 돈을 지불할 정도가 아니라고 보는 회사라면 내 지식과 콘텐츠도 가치 있게 여기지 않는 것이다. 금전적 보상은 일종의 존중의 문제다. 앞의 이메일을 보낸 회사에서 솔직하게 말한 게 맞다면 예산이 없다는 변명은 그저 계획이 부족했다는 소리밖에는 안 된다. 행사 장소 대관료, 음식 케이터링 비용, 회사 직원들의 급여를 낼 수 있는 회사라면 행사에 초대한 강연가에게 강연비도 줄 수 있어야 한다.

명확한 선이 오히려 예의다

선을 잘 긋기 위해서는 명확한 소통이 꼭 필요하다. 다른 사람이 나에게 소통을 잘해주기를 바란다면 나도 다른 사람과 소통을 잘해야 한다. 소통을 잘하려면 즉각적으로 답을 해야 할 뿐 아니라 타인의 시간에 대한 존중과 경청의 기술을 갖추어야 한다. 작은 일이든 큰일이든 마찬가지다.

예를 들어 당신이 출판 에이전트를 찾고 있는 시인인데 에이전트의 웹사이트에 가보니 작품 제출 페이지에 '시 제외'라고 써 있다고 해보자. 그런데도 시를 제출하는 건 '내가 에이전트보다 더 잘 안다'고 생각하는 마음에서 비롯된 잘못된 행동이다. 누군가는 한 번 보내보는 게 뭐 대수냐고 생각할 것이다. 하지만 나는 그런 행동이 선을 제대로 긋지 못하는 일이라 본다. 잘 그어진 선에 대해 쉬운 예를 들면 전화를 걸기 전에 문자를 보내 통화가 가능한지 묻거나 이메일에는 답을 하는 것이다. 상대의 요청을 그냥 거절해야 하는 때라도 말이다. 받은 이메일의 질문에 답할 수 없다면 이메일을 받았다는 확인만 해줘도 상대는 보통 고마워한다. 답장을 하는 데 시간이 걸린다면 상대에게 답장을 기대할 수 있는 날짜를 알려주는 편이 좋다. 예를 들면 이런 식이다. "이메일 보내주셔서 감사합니다. 이번 주에 내용을 살펴보고 다음 주말까지 답장 드리겠습니다."

개인적으로 사용하는 이메일이나 휴대폰 번호로 연락한 사람이 있다면 선을 긋고 다음과 같이 이야기해도 된다. "연락주셔서 감사합니다. 그런데 이 번호는 제 개인용 전화번호입니다. 제가 당신의 이메일 주소를 봤는데 월요일에 사무실에 출근하면 연락드리겠습니다. 주말 잘 보내세요!"

야근을 하지 않는 것도 능력

사무실을 떠난 순간부터 업무를 잊어도 되는 시절이 있었지만 이제는 시대가 달라졌다. 기술의 발달 덕분에 우리는 회사 밖에서도 완전히 업무에 신경을 끌 수 없게 됐다. 이건 대단히 건강하지 못한 업무 방식이다. 계속 업무 대기 상태에 있는 것은 생산적이지도 않으며 장기적으로는 번아웃이 되고 만다. 2019년 말에 내가 이런 상황이었다. 주말이나 저녁, 때로는 자정이 다 된 늦은 시각에도 끊임없이 소셜미디어를 통해 긴급 업무 요청을 받았다. 그래서 2020년을 시작할 때 일 영역에 좀 더 강한 선을 긋는 걸 우선순위로 삼았다. 소셜미디어를 통해 급하다며 들어오는 요청 가운데 대다수는 급한 일이 아니라는 사실을 알고 난 후 스스로에게 이렇게 말하기 시작했다.

"이건 급하거나 중요한 일이 아니야."

다른 사람에게 말할 일은 거의 없는 문장이지만 내가 정말 빨리 답해야 하는 문제인지, 아니면 다음 날 아침까지 상대가 기다릴 수 있는 문제인지 판단할 때마다 나는 이 문장을 떠올렸다.

"상대의 일정이 부족하다고 해서 내가 일을 긴급하게 처리해야 하는 건 아니야."

마찬가지로 이 문장을 그대로 말하는 일은 거의 없지만 이메일을 보낼 때 상대측에서 얼마나 시간을 끌었는지 표현을 바꾸어 다음과 같이 언급한다.

"지난달 이후로 말씀이 없어서 제가 이 콘텐츠를 내일까지 준비하지 못할 것 같습니다. 하지만 다음 주에는 받을 수 있을 겁니다."

특히 내가 일하는 업계는 이중 잣대가 강하게 자리 잡고 있어서 클라이언트가 콘텐츠를 발주하며 필요한 날짜까지 무조건 달라고 요구하곤 한다. 당장 내일 달라고 할 때도 있다. 내가 콘텐츠를 보낼 때는 정반대로, 2주에서 한 달이 넘도록 상대로부터 답이 없는 경우가 흔하다. 그리다 미침내 답장이 와서 보면 또다시 급하게 내일까지 완성해서 보내달라고 한다. 그래서 위와 같이 회신하면서 회신을 대하는 상대방의 이중 잣대를 지적하고 그들이 기대하는 회신 시간의 차이를 강조한다.

업무를 하면서 앞서 소개한 문장들을 사용하고 휴대폰을 비행기 모드로 돌려놓는 법을 배우게 되면서 내 일상에는 큰 변화가 나타났다. 내가 얼마나 끊임없이 일하고 있었는지 깨닫게 됐을 뿐 아니라 실제 업무의 긴급성을 스스로 평가, 결정하지 않고 상대방의 의견에 따라 진행한 적이 얼마나 많았는지 알 수 있었다. 당신이 속한 업계에 따라 이를 실천할 수 있는 정도는 다르겠지만 자신에게는 솔직해야 한다. 직접 거절하지 못하더라도 일하지 않는 시간에 대한 요청에는 선을 그을 수는 있다.

예를 들어 근무 시간이 아닐 때 전화가 왔는데 전화를 받지 않으면 마음이 불편하다고 해보자. 그럴 때는 전화를 받되 통화 시간을 정하는 선을 그어라. 보통 근무 시간이 아닐 때는 전화를 건 사람도 그 사실을 알고 있기 때문에 대개 이런 식으로 이야기한다. "여보세요! 지금 전화 통화 가능하세요?" 이때 "네, 가능합니다. 15분 정도 통화할 수 있어요."라고 말하면 쉽다. 상대가 먼저 통화 가능 여부를 묻지 않으면 나는 이렇게 말한다. "여보세요! 잠깐 미리 말씀드릴께요. 제가 15분 뒤에 다른 회의가 있어서요." 자신에게 맞는 방식으로 시간 외 근무를 대하는 선을 그어보기를 바란다. 앞서 제1장에서 배운 내용을 다

시 이야기하자면 '당신의 선은 당신의 것이고 당신이 원할 때 언제든 바꿀 수 있다.'

내 경우에는 이제 선을 그었기 때문에 근무 시간 외에 받는 업무상 이메일이나 문자에는 답하지 않는다. 유일한 예외로 내 에이전트가 연락이 왔을 때만 답을 한다. 상대방의 선이 엉망이어도 내가 확실히 선을 그으면 상대가 시간 외 근무를 요청해도 영향을 받지 않는다. 게다가 바로 다음 날 아침이나 주말이 지난 월요일에 회신할 때 늦어서 미안하다는 말은 일부러 하지 않는다. 내게 연락했을 때 즉각적인 답을 받을 수 있을 거라는 기대를 주고 싶지 않아서다.

어떤 일을 할 때 이건 내가 그은 선이고 어떤 업계에서 일하는지에 따라 당신의 선은 달라야 한다. 내 경우에는 한 번으로 끝나는 일이나 급하게 봐달라는 요청이 단 한 번일 때는 관대한 마음으로 응하는 편이다. 하지만 나는 어떤 상황에서든 시간 외 근무 요청이 받아들여진다는 선례를 남기고 싶지 않다.

어떤 일을 할 때 선이 있다는 걸 알리는 가장 좋은 방법은 답하지 않는 것이다. 누군가 전화를 걸었다고 해서 꼭 받아야 하는 건 아니다. 이는 모든 형태의 커뮤니케이션에서 동일하다. 이메일을 받았다고 즉각 회신할 필요도 없다. 상사가 시간 외 근무에 대한 선이 엉망이라고 해서 당신의 선도 엉망이어야 하는 건 아니다. 야근을 하거나 주말에도 일해야 하는 상황이 계속된다면 그에 상응하는 보상을 요구하라. 이때 다음과 같은 방식으로 논의를 시작하면 된다.

"직원 수가 줄었으니 제 일이 늘어날 수밖에 없다는 건 알고 있습니다. 그런데 제가 매일 야근하지 않도록 늘어난 업무를 팀원들과 좀 더 골고루 나눌 수 있을지 궁금합니다. 그럴 수 없다면 연말에 급여를 조정할 때 늘어난 제 업무량을 고려해주시면 좋겠습니다."

곤란한 상황에서 프로답게 거절하는 법

우리는 하루 근무 시간 동안 할 수 있는 일의 한계를 정할 수 있다. 나의 한계가 직장 동료의 한계와 같을 필요는 없다. 나에게 지나친 일은 어떤 것인지, 절대 받아들일 수 없는 일은 무엇인지 스스로 정한다.

예를 들어 나는 콘텐츠를 만들 때 속옷과 관련된 내용은 절대 다루지 않는다. 비키니를 입고 찍은 사진을 쓰는 경우도 있기 때문에 내가 정한 선을 이해하지 못하는 사람들도 있다. 하지만 앞서 강조했듯이 내가 정한 선을 다른 사람이 이해할 필요는 없다. 신기한 점은 나와 함께 일하는 사람들은 한 번도 내가 정한 선에 대해 이유를 물어보지 않았다. 내 소셜미디어 에이전트에게는 첫 미팅 때 딱 한 번 이야기했는데 그도 절대 이유를 묻지 않았다. 그동안 속옷과 관련된 일은 한 번도 들어온 적이 없었는데 내 에이전트가 알아서 그런 일을 거절하기 때문이었다.

하지만 어떤 작업을 할 때 그러지 말았어야 했는데 내가 딱 한 번 선을 무너뜨린 적이 있었다. 당시 여러 일을 하고 있어서 어느 때는 라이프 코치로, 또 어느 때는 유명 인플루언서로 일했다. 또 작가로 일하거나 강연가로 일할 때도 있었다. 내가 하는 일은 서로 겹치는 부분이 있어서 때로는 라이프 코치, 인플루언서, 작가, 강연가의 역할을 모두 해야 하는 일이 들어오기도 한다. 한 번은 분명 라이프 코칭 수업을 진행하는 코치로 일하기로 했는데 의뢰처에 도착하고 보니 TV 방송을 위해 수업 내용을 녹화해야 했다.

녹화 전 촬영팀에서 내 배에 있는 흉터를 보여줄 수 있는지 물었다. 그런데 나는 사전에 그런 요청을 듣지 못해서 원피스를 입고 갔다. 미리 알았더라면 청바지를 입고 상의를 살짝 들어 아무 문제 없이 흉터를 보여줬을 것이다. 그러나 미리 알지 못했기 때문에 속옷을 입은 내 모습이 아직까지 영상으로 남아 있다. 내 촬영이 끝나고 나서 촬영팀이 나와 함께 출연 중이던 다른 사람에게 같은 부탁을 했다. 나와 달리 그녀는 "아니요, 그건 못하겠어요."라고 단호하게 말했다. 그때 처음으로 "나는 왜 저렇게 말하지 못했지?"라는 생각이 들었다. 그 사람보다 내가 더 부탁을 들어줘야 한다는 압박을 느꼈던 몇 가지 이유가 있었지만 그녀가 선을 긋는 모습을 보니 나도 선을 긋고 거절했어야 했다는 걸 깨달았다. 너무 늦었다고 선을 그을 수 없는 건 아니다. 나는 촬영이 끝난 뒤 에이전트에게 이메일을 보내 속옷 차림의 내 모습을 찍은 영상이 사용되지 않도록 해달라고 부탁했다. 에이전트가 놀라 전화를 했다. "왜 그냥 안 된다고 말하지 않았어요?" 좋은 질문이었다. "그러게요. 내 말이요. 다음에는 절대 이런 일 없을 겁니다."

스스로 선을 무너뜨렸을 때 쓸 수 있는 가장 좋은 방법은 그 일에서 교훈을 얻고 다음에는 같은 실수를 저지르지 않는 것이다. 내가 촬영팀의 부탁을 거절하지 못한 이유는 많은 사람이 직장에서 거절을 하지 못하는 이유와 같았다. 즉 다른 사람들로부터 압박감을 느꼈고 부탁받은 일이 다른 사람들도 받아들이는 일반적인 일이라고 여겼기 때문이다. 하지만 초과 근무든, 자기 일이 아닌 일을 하든 우리가 일반적인 규범을 꼭 따라야 하는 것은 아니다.

사람들이 거절을 어려워하는 또 다른 문제는 새로운 일이 주어졌을 때 거절하는 법에 익숙하지 않다는 점이다. 지나치게 많은 일을 맡아서 마감을 어기고 사람들을 기다리게 하는 것보다 업무량이 너무 많다는 걸 인정하고 일이 제시간에 끝날 수 있도록 도움을 요청하는 게 낫다. 시간의 흐름에 따라 업무가 유동적으로 바뀌는 상황에서도 마찬가지다. 작년에 내가 다섯 명의 작가로 구성된 발표 패널을 조직하는 일을 돕는 일을 맡았을 때 이런 일이 있었다. 한 달 동안 아무런 이야기도 없었는데 바뀐 소식을 들으니 패널이 열 명으로 늘어났고 처음 이야기했던 것보다 훨씬 큰 행사로 바뀌어 있었다. 나는 추가로 일을 맡을 수 없는 상황이었다. 그런 데다 행사 준비는 내가 잘하는 분야가 아니었기에 내 입장을 그대로 이야기했다. 일을 맡긴 상대측에서는 사정을 잘 이해해줬지만 행사에서 나오는 수익을 똑같이 나누기로 되어 있었기 때문에 혹시 내 몫을 줄일 수 있는지 물어보았다. 나는 그러겠다고 하고 어떤 비율로 나누면 좋을지 정해달라고 부탁했다. 나는 잘하지 못하는 일을 하려고 자신을 몰아붙이면 스트레스를 받을 뿐 아니라 해야 할 다른 일의 질도 같이 떨어진다는 걸 알고 있었다. 누구나 어떤 일을 거절해야 할 때 자신이 책임을 다하지 못한다는 생각이 들 수도 있다. 하지만 잘하지 못할 일을 해내느라 고생하다가 마감일을 넘기거나 실망스런 결과물을 만드는 것보다 상대에게 거절의 뜻을 알려 어쨌든 일이 제대로 되도록 하는 편이 더 낫다. 위에서 이야기한 일은 업무 상대가 내 친구들이었기 때문에 일을 거절하는 이유를 말해주었다. 하지만 지난 몇 년 동안 나는 어떤 일을 할 수 없거나 행사에 참여할 수 없을 때 왜 그런지 이유를 말하지 않게 됐다.

다음은 거절의 뜻을 전하는 몇 가지 방법이다.

- 저를 생각해주서서 감사합니다. 안타깝지만 저는 그 일을 하지 못할 것 같습니다.
- 이메일 주셔서 감사합니다. 안타깝지만 제게 맞는 일은 아닌 것 같아요. 저보다 ○○가 더 낫지 않을까요?
- 초대해주서서 감사합니다. 안타깝지만 저는 참석하지 못할 것 같습니다. 행사가 잘 되시기를 바랍니다.
- 현재로서는 새로운 프로젝트를 시작할 시간이 없어요. 하지만 저에게 제안 주셔서 정말 감사합니다.

더 오랜 시간 일하고 싶거나 자신을 증명하기 위해 한층 더 노력을 기울이고 싶은 그런 상황들이 있다. 하지만 그런 순간에는 내가 정말이 일을 왜 하는지 이유를 스스로 물어야 한다. 남들의 인정을 받기 위해서일까, 아니면 이 프로젝트가 커리어에 도움이 될 거란 생각 때문일까? 실망하거나 기대에 어긋나는 일을 피하기 위해 이 점을 분명히 해두자. 어떤 일을 하기로 했을 때 선을 침범당하지 않고 나의 의식적 결정에 따른 것이라면 야근을 해도 억울하지 않을 것이다.

'일잘러'는 공사 구분이 확실하다

사람들과 하루 종일 함께 있다 보면 개인적인 친분이 생기는 게 정상이고 자연스러운 일이다. 그래도 직장 동료와 친구는 여전히 구별해야 한다. 예를 들어 술자리에서 나눈 개인적인 이야기를 일터에서 꺼내면 안 된다. 직장에서 이루어지는 인간관계를 반드시 공식적이거나 업무와 관련된 선에서 국한시킬 필요는 없지만 직접 이야기했든 간접적으로 전했든 서로 간에 어느 정도의 공사 구분은 있어야 한다.

내게도 일하다 만나 시간이 흐르면서 친구가 된 사람들이 있다. 라이프 코치 일을 시작하고 처음 몇 년은 완전히 혼자 일했다. 책을 썼을 때도, 소셜미디어에서 일을 시작했을 때도 처음에는 혼자였다. 지금은 책 집필과 소셜미디어를 각각 담당하는 에이전트가 두 명 있는데, 나는 이들을 친구로 여긴다. 처음 선 긋기에 대해 배우기 시작하면 정말 공적이고 격식을 두는 일처럼 느껴진다. 하지만 흐름에 적응하다 보면 그보다 훨씬 가볍게, 또 대화를 나누다 자연스럽게 선을 그을 수 있다는 걸 깨닫는다. 나는 내 에이전트들도 그렇게 대했다.

책 집필을 담당하는 에이전트인 헤일리는 친구로서 내게 이야기할 때는 휴대폰으로 메시지를 보내고 에이전트로서 이야기할 때는 이메일을 보낸다. 술 마시러 나갈 때는 서로 일 이야기는 하지 않는다는 엄격한 규칙을 지킨다. 이런 규칙이 어디에 기록된 것도 아니고, 내가 일과 관련된 내용을 휴대폰 메시지로 보낸다고 해서 우리 사이에 문제가 생기지는 않겠지만 공사를 분명히 구분하는 편이 좋다. 모든 인간관계에서 상대에 따라 선은 달라진다. 예를 들어 헤일리와 정한 선은 소셜미디어 에이전트인 제이미에게는 통하지 않는다. 소셜미디어 자체가 휴대폰 기반 플랫폼이라 휴대폰으로 일을 처리하고 연락도 휴대폰으로 하는 것이 더 편하다. 제이미와는 우리 관계의 양면을 드러내기 위해 연락할 때 휴대폰 메시지 앞에 '친구로서', '에이전트/클라이언트로서', 때로는 '에이전트/클라이언트이자 친구로서'라는 문구를 서로 붙인다. 이 방법은 다른 영역에도 적용된다. 예를 들어 업무 시간이 아닐 때 내가 제이미에게 친구로서 연락할 때는 사과하지 않지만 일 문제로 연락할 때는 업무 시간의 연장에 대해 사과하고 용건을 전한다.

공사를 구분하는 선이 흐려지면 직장에서 갈등이 생기기 쉽다. 예를 들어 직장 동료에게 사적으로 정신 건강이 썩 좋지 않다는 이야기를 하면 상대는 이를 당신이 일을 제대로 처리하지 못한다는 신호로 받아들이거나 당신의 능력을 의심할 수도 있다. 그렇게 되면 개인적으로 마음 아플 뿐 아니라 업무적으로도 존중받지 못한다. 마찬가지로 동료가 일하는 내용이 만족스럽지 않아서 그 점을 이야기했다고 하자. 주말에 함께 놀러 나갔을 때 동료가 그 이야기를 꺼낸다면 자리에 어울리지 않는 일일 것이다. 우리는 사람들의 공적인 모습과 사적인 모습을 둘 다 받아들여야 한다.

직장에서 공사를 구별하는 선이 흐려지면 끼리끼리 모여 해로운 직장 문화를 만들어낸다. 우리는 직장 내에서 벌어지는 사건이나 뒷담화 모임에서 빠지겠다는 선택을 내릴 수 있다. 불만을 그 자리에서 이야기하는 게 쉽지 않겠지만 그래야 건강한 커뮤니케이션을 지속할 수 있다. 직장에서 건강한 커뮤니케이션이 이루어지려면 남의 뒷담화를 하는 상대에게 문제가 있는 사람과 직접 이야기하라고 요구해야 한다. 당사자만이 문제를 해결할 수 있다. 당사자가 아닌 다른 직장 동료에게 이야기해봤자 사건을 키울 뿐 아무런 도움도 되지 않는다. "그 사람들과 이야기해보세요. 자기가 그런 일을 하고 있는지 모를 수도 있어요." 이렇게 대답하면 갈등을 일으키지 않으면서 쉽게 상황에 말려들지 않을 수 있다. 상대가 계속 이야기하려 드는 경우 나는 간단하게 이렇게 말한다. "짜증 나는 일이 생긴 건 안타깝지만 그 문제는 제가 도와드릴 수가 없어요. 그 사람과 직접 이야기하셔야 해요."

상사에게도 할 말은 하세요

물론 힘의 역학이 있는 조직 관계에서 권위를 지닌 인물을 상대로 선을 긋기란 매우 어렵다. 일을 더 복잡하게 만들 수도 있지만 결과적으로 선을 통해 당신이 더욱 존중받을 수 있다는 점을 기억하자.

라이프 코치 일을 하기 전 나는 병원에서 일했다. 병동으로 들어가기 전 수습 기간에는 환자들에게 어느 과, 어느 진료실로 가야 하는지 안내하는 일을 해야 했다. 이 일을 통해 스스로 병원 내 지리도 익히고 처음으로 환자와 상호작용하면서 도움을 주는 경험을 했다. 수습 기간 중에 교대 근무 시간이 바뀌었고 나는 새로운 감독관을 맞이했다. 이미 한 달 이상 일하고 있었음에도 새로운 감독관은 내가 환자들을 올바른 장소로 안내하는지 보려고 '보물찾기'를 시키고 싶어했다. 보물은 병원의 여러 다른 장소에 있었고 전부 다 찾으면 완료했다는 보고를 해야 했다. 나는 상사가 원하는 대로 했고 상사는 내가 아직 충분히 배우지 못했다며 보물찾기를 한 번 더 하라고 했다. 세 번째로 이런 일이 벌어졌을 때 나는 보물찾기를 하러 나갈 때마다 그 시간에 환자를 도울 수 없다고 차분히 설명했다. 내 일의 진짜 목적은 환자를 돕는 것이고, 보물찾기가 업무 시간을 유용하게 활용하는 방식이라고는 생각되지 않았다. 상사는 병원 내 시설을 전부 알아두지 않으면 환자에게 도움이 될 수 없다고 말했다. 그래서 나는 지도를 손에 들고 있는 건 이유가 있어서고, 필요하면 지도를 사용할 수 있도록 완벽한 준비를 갖추고 있다고 말씀했다. 그랬더니 상사는 지난번 보물찾기를 정말 끝냈는지 물어보며 기도실의 비밀번호를 말해보라고 했다.

"기도실 앞까지는 갔지만 기도실 안으로 들어가지는 않았어요." 내가 말했다.

"거봐요, 거짓말을 하고 있잖아요! 내가 지시했던 일을 실제로 했다면 비밀번호를 알고 있었을 겁니다." 상사가 대답했다.

"아니에요. 제가 기도실 앞까지만 갔던 건 사랑하는 사람이 아파서 기도하는 보호자들이 모인 기도실에 보물찾기를 하러 들어가는 건 적절하지 않다고 생각했기 때문이에요."

그러자 상사는 옆에 서 있던 나보다 나이가 많은 동료 쪽으로 몸을 돌리더니 이렇게 말했다. "요즘 젊은이들은 존경심이 없다니까. 이 건은 본부에 보고할 테니 그렇게 아세요."

나는 그다음 주 근무 시간 중 본부로 오라는 요청을 받았다. 본부에서는 지난주에 있었던 일에 대해 상사가 잘못했다는 말은 하지 않았지만 내가 잘못한 건 전혀 없다고 분명히 해주었다. 본부는 내 수습 기간을 끝내고 나를 병동으로 바로 배치시키는 방식으로 상황을 해결했다. 여러 동료들이 나를 부러워하며 자신들도 똑같은 일을 겪었지만 뒷일이 너무 걱정되어 상사에게 맞서거나 다른 사람에게 이야기하지 못했다고 고백했다.

내가 상사에게 맞설 수 있었던 이유는 내 직업의 가치를 알고 있었고 내가 가장 우선시하는 가치가 시간이었기 때문이다. 보물찾기에 시간을 낭비하느라 해야 할 일을 할 수 없다는 점이 가장 싫었다. 애초에 내가 이 일에 지원한 까닭은 어렸을 때 15번의 수술을 받으면서 병원에서 지냈던 개인적인 경험 때문이었다. 본부에 불려갔을 때 나는 병동으로 이동해 무엇보다 직접 아이들과 일하고 싶지만 무례한 대우를 받으면서 일하고 싶지는 않다고 전했다. 나이 때문에 의견을 묵살당하는 건 받아들일 수 없었다. 내가 이 일에 적합한 사람으로 뽑힌 이유가 바로 어린 나이 때문이라는 사실을 생각하면 말이다. 당시 나는 완쾌 후 퇴원한 지 겨우 2년밖에 되지 않았고 직접 병원 생활을 경험했다. 그렇다는 건 병동의 아이들과 공감할 수 있다는 뜻이었다.

물론 상사에게 맞서려면 위험이 따를 수 있기에 각자의 상황에 맞추어 결정은 오직 스스로 내려야 한다. 상사와 이야기를 나누는 동안 나는 계속 공손한 태도를 보였고, 본부 사무실로 불려가 상황을 설명할 때도 내가 했던 말과 행동을 당당히 전할 수 있었다.

일로 만난 무례한 그 사람 대처하기

직장에서는 때론 누군가 직장 동료로서의 선을 넘어 무례하거나 모욕을 주는 짓을 하는 이상한 일이 생기기도 한다. 회사에서 월급을 받는다고 해서 그들의 무례함까지 참아야 하는 건 아니다.

작년에 어떤 일을 맡으면서 나는 이 점을 깨달았다. 어느 패션 브랜드에서 주최하는 행사에 초대받았는데 패션 업계에 다양성을 높이기 위한 방안을 주제로 원탁 토론이 이루어지는 자리였다. 그런데 행사 장소에 갔을 때 내가 그냥 참석만 하는 게 아니라 발표를 해야 한다는 걸 알게 되었다. 모든 연락은 에이전트를 통해 이루어졌으므로 나는 어디서 커뮤니케이션이 잘못된 건지 확인해달라고 에이전트에게 메시지를 보냈다. 에이전트는 나만큼이나 놀라서 자신이 받았던 이메일을 전달해줬다. 내가 발표를 한다는 이야기는 어디에도 없었다. 지난 2년간 나는 무료로 공개 강연을 하지 않는다는 원칙을 고수해왔다. 내가 정한 원칙을 따랐다면 이메일에 매우 큰 오해의 소지가 있었다고 간단히 이야기하고 행사에 참여하지 말았어야 했지만 이유가 뭐든 간에 나는 거기 남아 있기로 했다. 지금에 와서 돌이켜보면 그곳에 아는 사람들이 많이 있었고 내가 정한 원칙에 따라 자리를 떠난다면 무례하고 프로답지 않아 보일까 걱정하는 마음이 컸던 것 같다. 사실 프로답지 못했던 건 주최 측이었지만 나는 주최 측의 입장을 걱정하느라 그 사실을 알아차리지 못했다.

에이전트에게 행사에 그대로 참석하겠다고 말하자 에이전트는 강연료를 요청하겠다고 했다. 나는 지금 시점에 강연료를 요청하는 게 보기에 좋지 않을까 봐 계속 괜찮다고 말했다. 하지만 행사를 주최한 회사가 창립 첫해에 230만 파운드(약 37억 원)의 매출을 올렸다고 자랑하는 걸 듣는 순간 바로 후회를 했다. '그러니까 그렇게 매출을 올린 회사가 강연료를 지불할 수 없다고?' 행사 내내 나는 패션 업계에 다양성이 부족하다는 것, 특히 인종 다양성이 부족하다는 이야기를 했다. 행사장에서도 나를 포함해 단 두 명만이 유색 인종이었다. 휴식 시간이 되자 그 회사 CEO의 남편이 내게 다가와 말했다. "와! 파티에 가면 늘 재미있으시겠어요." 짐작건대 내가 행사장에서 목소리 큰 사람 중 하나라는 사실을 비꼬는 듯했다. 나는 패션 업계에서 인종 포용력을 키워야 한다는 캠페인을 활발히 벌여왔던 터라 부정적인 반응을 응대하는 데 익숙했으므로 '제가 와인 한잔한 모습을 보셔야 한다'고 농담하면서 분위기를 진정시키려 했다. 행사는 계속되었고 그에게 '가볍게 생각해야' 하고 '모든 일이 그렇게 심각할 필요는 없다'는 등의 이상한 소리를 몇 마디 더 들어야 했다. 행사가 끝나자 거기서 빠져나올 수 있어서 기뻤다. 행사장을 빠져나오자마자 나는 에이전트에게 전화해 짜증을 냈다. 에이전트는 홍보팀에 항의 이메일을 보내겠다고 했지만 나는 별일 아니라며 가부장적인 사람을 만나면 듣게 되는 흔한 헛소리라고 우겼다.

그런데 그날 행사에는 뒤풀이 파티가 있었고 행사에서 기분 나쁜 소리를 듣기 전에 이미 참석하겠다고 말했던 터라 나는 약속을 지키기 위해 파티에 참석했다. 도착한 지 10분도 안 되었을 때 친구와 내가 함께 웃으며 CEO의 남편 옆을 지나가게 되었다. 그때 그가 소리쳤다. "오, 저기 봐. 미셸 씨도 웃을 수 있는 사람이었어!" 전부 농담이기는 했지만 분명 나를 불편하게 만들려는 저의가 숨어 있었다. 일반적인 상황이었다면 나는 그에게 한마디 했겠지만 나를 고용한 사람은 CEO였지 CEO의 남편이 아니었으므로 CEO에게 직접 이야기하기로 마음먹었다. 뭘 어떻게 해달라는 건 아니었지만 CEO에게 알릴 필요는 있다고 생각했다. 그래서 파티가 끝나고 돌아갈 때 인사를 하면서 CEO에게 그녀의 남편이 나를 지나치게 열정적이라는 식으로 언급했고, 내게 매사를 심각하게 받아들이지 말고 그냥 웃어넘기라는 농담을 던졌다고 말해주었다. 그러면서 그의 발언은 회사가 내세우는 페미니스트 브랜딩과 어울리지 않으며 의견을 듣기 위해 누군가를 초대했다면 초대된 어느 누구도 의견을 내세웠다는 이유로 빈정거리는 말을 들어서는 안 된다고 말했다. CEO는 내게 사과했고 나는 코트를 가지러 갔다. 문으로 나가는데 CEO의 남편이 또 다가왔다.

"저기요! 아내 말로는 저와 문제가 있었다면서요. 기분 나쁘셨다면 사과드립니다만 제 생각에 당신에게는 분노 조절 이슈가 있는 것 같군요."

나는 충격을 받았다. 심지어 너무 놀라 대답조차 할 수 없었다. 하지만 그 순간에 대꾸를 했다면 스스로 자랑스럽다고 여길 만한 말은 나오지 않았을 것이다. 그래서 나는 돌아서서 친구와 함께 자리를 떠났다. 그리고 다음 날 아침 에이전트에게 다음과 같은 메시지를 보냈다.

저기, 어제 행사 건에 대한 생각을 바꿨어. 뒤풀이 파티에 잠깐 참석했는데 마지막에 CEO의 남편(행사에 내내 참여했고 그도 그 회사에서 일해)이 오더니 나보고 분노 조절 문제가 있다고 하더라. 내가 들어본 말 중에 가장 프로답지 못한 말이었어. 내 심리치료사가 아닌 이상 내게 그런 말을 할 권리는 없어. 강연료도 받지 않고, 내 의견을 들려주며 하루 종일 있었는데 '분노 조절 문제를 가진 페미니스트'밖에 될 수 없었다는 사실에 넌더리가 나. 난 거기 있는 동안 한 번도 목소리를 높이거나 누군가를 감정적으로 대하지 않았어. 몇 가지 포인트에서 CEO의 남편과 의견이 일치하지 않았고 그 점을 이야기하기긴 했어. 내가 말할 때 좀 직설적이고 열을 올린다는 건 알지만 전혀 화를 내진 않았어. 절대 받아들일 수 없는 일이야. 주최 측에서는 처음부터 행사에 어떤 회사가 참여하는지, 행사가 어떤 형태인지 거짓말하면서 약삭빠르게 굴었어. 처음 받았던 DM을 확인해봤더니 그때 얘기했던 회사 중에 행사에 참석했던 회사는 단 한 군데도 없더라. 문제를 해결할 가장 좋은 방법이 뭔지 모르겠지만 최소한 내게 분노 조절 문제가 있다는 말은 절대 받아들일 수 없다고 그쪽에 알리고 싶어.

일이 벌어진 후라도 선은 항상 그을 수 있다. 이때는 특별한 상황이었는데 에이전트뿐 아니라 행사를 주최했던 회사의 홍보 에이전시 측에도 내 선을 그었다. 결국 이 이야기를 직접 전한 건 홍보 에이전시였기 때문이다. 이메일을 받자마자 홍보 담당자가 열심히 사과하며 자신도 그날 행사장에 있었는데 내가 한 번도 공격적인 모습을 보인 적이 없으며 내가 했던 모든 말과 열정적인 모습이 정말 좋았다고 말했다. 그러면서 이 문제를 CEO에게 전할 것이며 그날 행사를 촬영한 영상이 있으니 대화도 전부 녹화되었을 거라고 말해주었다. 그날 오후에 CEO로부터 사과 이메일을 받았고 CEO는 이 문제를 해결하기 위해 함께 점심을 하자고 제안했다. 내가 선을 그을 때 그러는 것처럼 나는 하고 싶은 말을 했다. 그래서 점심 식사 제안은 문제를 해결하거나 내 기분을 나아지게 하려는 게 아니라 CEO가 자기 마음의 불편함을 덜고 이 상황을 온라인에 공개하지 않겠다고 내게 약속받기 위해서임을 짚었다.

이런 사정으로 나는 다시는 이 회사와 함께 일하지 않는 방법을 택했다. 당신도 상황에 따라 상대와 다시는 함께 일하지 않는다거나 회사를 완전히 떠나는 방법을 택할 수 있다. 돈을 받는다는 이유로 절대 학대, 가스라이팅 혹은 모욕적인 행동을 감수하면 안 된다. 이런 문제로 직장을 그만두려면 경제적인 여유가 있어야 한다는 점은 나도 인정한다. 하지만 프로답지 못한 커뮤니케이션이 이어지는 환경에 머물면 정신 건강에 무척 해롭다. 우리가 깨어 있는 시간 대부분을 직장에서 보낸다는 사실을 기억하자. 해로운 분위기 속에서 그렇게 긴 시간 동안 있으면 자존감뿐 아니라 자아를 바라보는 일반적인 인식까지 좋지 않은 영향을 받게 된다.

나답게 선 긋는 TIP

요즘 스마트폰에는 대부분 정해진 시간이 되면 알림이 자동으로 꺼지는 기능이 있다. 지금 당장 사무실 밖에서는 업무를 제한하는 기능을 설정해보자. 휴대폰으로 받는 알림을 살펴보고 꺼도 되는 알림은 무엇인지 정하자. 특정 시간이 지나면 이메일 알림을 제한하거나 사무실에서 나오면 핸드폰을 무음으로 돌려보자. 이런 식으로 이메일이나 전화를 제한하면 쉬는 시간을 더 잘 보낼 수 있다. 급한 일을 놓치지 않을까 걱정된다면 특정 연락처만 예외로 수신되도록 하는 기능도 있으니 활용해보자. 그런 기능을 사용하면 예를 들어 상사로부터 오는 전화만 빼고 다른 전화는 전부 무음으로 할 수 있다.

연인편: 사랑은 프리패스 티켓이 아니다

사랑하는 사람과의 관계는 어디까지가 내게 허용되는 영역이고, 어디서부터가 상대의 영역인지 정확히 알고 서로의 선을 존중할 때 가장 잘 유지된다. 사랑하는 사람과의 관계에 선이 있다는 건 각자의 시각을 존중하며 서로의 의견을 맞추려 하지 않고 각각의 의견이 공존함을 뜻한다. 두 사람이 별개의 일정을 유지하고 서로에게 각자 우선순위의 일이 있음을 존중한다. 사람들은 대부분 이런 생각을 가지고 관계를 시작한다.

하지만 사랑하는 사람과의 관계에서 선을 그어야 정서적으로 행복할 수 있다고 이야기하면 종종 반발에 부딪친다. 아닌 게 아니라 여러 미디어에서는 연인이나 배우자를 통해 행복을 얻는 것이 당연하다는 식의 모습을 보여주곤 한다. 또 사랑하는 사람을 최우선순위에 두는 걸 당연하게 여긴다. 자신도 충족시키지 못한 욕구를 상대방이 채워주며 그런 사람이 곁에 있으면 불안함도 사라질 거라 기대하는 모습이 일반적으로 보여진다. 하지만 나는 관점이 다르다. 무엇이 당신을 행복하게 하는지 스스로도 모르는데 연인이나 배우자가 어떻게 당신을 행복하게 해줄 수 있을까? 스스로를 사랑하지 않는데 연인이 배우자가 사랑을 주리라는 확신을 어떻게 가질 수 있을까? 당신 안에 존재하는 상처를 다른 사람이 고쳐줄 거라 기대해선 안 된다. 자신의 욕구를 스스로 채우고 자신이 원하는 바를 스스로 얻으면 자기가 해야 할 일을 남에게 기대하는 일은 줄어든다.

두 사람이 각자 자신의 자존감과 정신 건강을 유지하는 일에 책임질 때 가장 건강한 관계를 맺을 수 있다. 물론 연인과 배우자는 당신을 지지하는 사람들이다. 그렇지만 결국 자존감과 정신 건강은 자신의 책임이자 자신의 몫이다. 사랑하는 사람에게 덜 의존한다고 사랑이 줄어들지 않는다. 오히려 상대를 그저 필요에 의해 곁에 두는 게 아니라 정말 원하기 때문에 곁에 둔다는 의미다. 원하는 것과 필요로 하는 것의 차이점은 '자유로움'에 있다. 우리 사회는 다른 사람을 필요로 하는 관계를 낭만적으로 묘사해왔다. 하지만 나는 가장 낭만적인 관계는 다른 사람을 필요로 하는 관계가 아니라 필요한 사람이 아니어도 어쨌든 곁에 있기를 원하는 관계라고 생각한다. 사실 누군가를 필요로 하는 건 관계에서 낭만을 지우는 지름길이다. 사랑은 자유로이 주어질 때 가장 빛을 발하며 상대에 대한 기대로 가득 찰 때 빛을 잃는다.

선을 긋는 기준을 정하는 데 이른 시기란 없다

처음 알아가는 단계에서나 데이트하는 단계에 이르러서도 사람들은 선 긋는 걸 피하려 한다. 선을 긋기에는 아직 너무 이르다고 생각하기 때문이다. 너무 심각한 이야기라고 생각하는 사람도 있고 이렇게 빨리 그런 요구를 할 순 없다고 걱정하는 사람도 있다. 소통에 대한 대화를 나누는 건 진지한 관계의 커플들만 하는 거라고 오해하는 사람도 있다. 전부 잘못된 생각이다.

선과 선 긋는 방법을 배워야 하는 이유는 자신이 어떻게 대접받고 싶은지 '기준'을 정하는 일이기 때문이다. 우리는 새로 만난 사람과의 관계에서 기대하는 기준을 선례로 남긴다. 사실 어떤 행동을 받아들인다는 선례를 남겨놓은 뒤에는 그 행동을 고쳐달라고 요구하기가 훨씬 더 어렵다. 상대방이 주려고 하는 것에 기준을 맞추지 말고 스스로 결정을 내리자. 당신이 정한 기준을 단단히 지키고 상대가 그 기준을 맞추지 못한다면 맞출 수 있는 다른 사람을 만나자.

데이트를 시작한 지 얼마 되지 않아서 선 긋기를 처음 했을 때는 이상하고 부자연스런 느낌이었다. 우리가 데이트한 지 한 달째 됐을 때였는데 남자친구의 가족에게 일이 생겼다. 그 말은 우리가 세운 계획을 취소해야 할지도 모른다는 뜻이었다. 나는 상황을 이해했고 그에게 내가 다른 계획을 세울 수 있도록 시간이 될지 안 될지 정오까지는 알려달라고 말했다. 하지만 남자친구는 저녁 9시가 되어서야 연락을 했다. 우리가 데이트하기로 했던 시간은 저녁 7시였는데 말이다. 남자친구가 메시지를 보냈을 때 나는 괜찮지 않다고 말하고 애초에 약속을 취소하고 다시 잡는 편이 나았을 거라고 이야기했다. 순식간에 대화는 말싸움으로 번졌다. 그는 내게 그날 책 원고를 거절당한 일 때문에 과민반응을 보인다고 비난했다. 그러고선 일단 자러 가라고, 내일 아침에 이야기하자고 했다. 남자친구의 소통 방식에는 잘못된 구석이 수백만 개였다. 그중에서도 가장 기분 나빴던 부분은 마치 내가 어린아이인 양 자러 가라는 '지시'를 내린 일이었다. 하지만 대화가 비생산적으로 이루어지고 있었기에 나는 그날 밤 더 이상의 대화를 그만두었다.

　다음 날 남자친구는 마치 아무 일도 없었다는 듯 내게 메시지를 보냈다. 나는 어제 일에 대해 이야기할 건지 물었고, 그는 내게 책에 대해 이야기하고 싶은 거냐고 물었다. 나는 아니라고 답하며 우리가 싸운 일에 대해 이야기하고 싶다고 말했다. 나도 그를 따라 아무 일도 없었던 척하고 싶은 마음이 컸다. 하지만 선을 배우는 여정에는 마음이 불편한 쪽을 선택하는 일도 들어 있다. 나는 남자친구에게 책 원고를 거절당한 일로 생긴 감정과 일정을 알려주지 않은 그를 향한 감정을 분리할 줄 아는 사람이며, 어젯밤의 대화는 전체적으로 내게 매우 중요하다고 말했다. 우리는 긴 대화를 나누었고 모든 문제를 해결하고 나자 나는 필요한 일에 목소리를 낸 스스로가 자랑스러웠다.

　스스로 아무것도 아닌 일로 소란을 떠는 건지 의심스러울 때 나는 데이트를 취소해주는 예의도 없는 사람과 만나고 싶은지 스스로에게 물어보았다. 데이트를 취소하지 않았다는 문제보다 남자친구와의 대화 자체가 내가 잘못된 관계를 맺고 있음을 가장 잘 보여주었다. 남자친구와의 대화를 통해서 그는 사과를 하지 못하며 자신의 말에 책임지지 않고, 불편한 대화를 하기보다 아무 일도 없었던 척하기를 좋아하는 사람이라는 게 드러났다. 이 모든 이유로 그의 매력이 감소했다. 나는 관계에서 훌륭한 소통을 가장 큰 가치로 여기는 사람이기 때문이다. 내가 설정한 선을 생각하니 그는 내 남자친구로 적합하지 않은 사람임이 드러났다.

상대가 아직 나에게 잘 보이려 하는 초반에 자기 방식대로 행동한다면 관계가 진전될수록 상대의 행동은 더 나빠질 것이 명백하다. 처음부터 선을 그어야 한다고 생각하는 이유는 바로 이 때문이다. 나의 욕구가 중요하다는 걸 깨달을수록 나에 대한 의심이 생기는 일도 줄었다. '별것도 아닌 일로 소란을 피우는 거야'라는 마음의 소리도 내 목소리가 아니란 걸 깨닫고 나자 무시하기 쉬워졌다. 그건 내 감정과 필요를 가스라이팅하는 데 능했던 전 남자친구의 목소리였다. 더 많은 걸 요구하고 데이트 상대에 대한 기준을 높이는 일을 계속하자 건강한 소통을 하는 심플한 관계가 생겨났다. 그러므로 스스로 의심이 든다 해도 안심하라. 예전과는 다른 태도를 취할 만한 충분한 보상이 당신을 기다리고 있으니 말이다.

가벼운 관계에도 선을 그을 수 있을까

그렇다. 그냥 가볍게 데이트를 하는 사이에서도 선은 그을 수 있다. 나는 가벼운 사이라 해도 상대방이 내 시간을 존중해주기를 원한다. 특히 데이팅 앱이 등장한 이후로 마지막 순간에 약속을 취소하는 일이 너무 일반화되어서 종종 이 부분에 선을 그어야 할 때가 있다. 한 번은 어떤 남자와 만날 약속을 정하고 있었는데 그는 일정이 확실하지 않다면서 내일 연락하겠다고 말했다. 아무리 가벼운 관계라 해도 내게는 있을 수 없는 일이었다. 더 나은 조건의 사람이 나타나면 취소할 수 있는 선택지 같은 취급을 받는 건 싫다. 그래서 나는 이렇게 말했다.

"그런 식으로는 할 수는 없어요. 시간이 된다면 지금 알려주세요. 안 된다면 저는 다른 약속을 잡겠어요."

그러자 바로 답장이 왔다.

"좋아요, 깍쟁이 아가씨. 오후 3시로 해요."

내일 일정이 확실하지 않다고 그렇게 사람이 이렇게 빨리 구체적인 시간을 말하다니 재미있었다. 바뀐 건 그의 일정이 아니라 나를 존중하는 그의 마음이었다. '좋아요, 깍쟁이 아가씨'라고 말한 건 주도권을 일부러도 되찾으려는 우스운 자존심이겠지만 나를 우선순위에 올린 것으로 보아 나를 존중하는 마음이 커졌다는 걸 알 수 있었다. 마찬가지로 나는 급작스런 데이트 신청을 받으면 가지 않는다. 그런 메시지를 받으면, 특히 늦은 밤이라면 이렇게 답장을 보낸다.

"데이트 신청 고맙지만 나랑 시간을 보내고 싶다면 미리 알려줬으면 해요."

전에는 남들이 나를 어떻게 볼지 몹시 걱정해서 '태평한' 사람으로 보이고 싶은 때가 있었다. 그때의 나였다면 내일까지 기다리라는 남자의 말에 알겠다고 하고 약속이 취소되면 속상해했을 것이다. 지금의 나는 선을 그어 내 시간을 존중해달라고 요구함으로써 그런 상황을 피한다. 주어진 조건을 그대로 받아들이지 말라. 자신이 원하는 바가 있다면 단단히 요구하자.

호구가 되느니 까다로운 사람이 되는 게 낫다

사람들은 연애를 시작한 지 얼마 되지 않았을 때 상대에게 최고의 모습만을 보이고 싶어한다. 이 점은 모든 연애 관계에서 문제가 될 수 있지만 흔히 여성이 성격이 원만하고 까다롭지 않은 척할 때, 즉 남성이 데이팅 앱의 프로필에 이상형이라고 즐겨 광고하는 여성상의 모습을 연기할 때 문제가 될 때가 많다. 연기한다고 말한 건 그 모습이 진짜 모습이 아니고 현실적인 모습도 아니기 때문이다. 데이팅 앱에 '성격이 원만하다'거나 '까다롭지 않은' 사람이 이상형이라고 써놓은 데이팅 앱에 남자들을 보면 보면 이 남자는 필요한 게 없는 파트너를 원한다는 소리로 들린다. 필요한 게 없어서 남자에게 아무것도 기대하지 않고 무엇보다 아무런 사건을 (예를 들어 커뮤니케이션 방식을 두고 대화를 나눠야 하는 일) 일으키지 않을 여자 말이다. 즉 우리가 선을 긋거나 필요한 걸 요구할 때마다 아무것도 아닌 일로 소란을 떤다고 말할 그런 남자의 마음을 얻고 싶다면 계속 성격이 원만한 척하며 사귀면 된다. 그렇지 않다면 선을 처음부터 그어야 한다.

애정을 지나치게 요구한다거나 잔소리가 심하다는 표현은 여성을 공격하는 무기로 자주 사용된다. 여성은 '애정을 지나치게 요구한다'라는 상대방의 말을 들으면 자신이 욕구를 가져도 되는 건지 의심하게 된다. 또 '잔소리가 심하다'라는 말을 들으면 원하는 바를 말해도 되는 건지 의심하게 된다. 그러나 모든 사람의 욕구는 타당하다. 우리의 감정도 마찬가지다. 어떻게 느끼든 그게 우리의 느낌이고 다른 사람 때문에 자신의 감정이 타당하지 않다고 생각하는 일은 없어야 한다.

선을 긋는 사람(그리고 이기적인 사람!)이 된다는 건 자신의 욕구가 무엇이든 그 욕구는 중요하고 성취할 만하다는 걸 깨닫는 것이다. 상대방이 나보다 원하는 바가 적어도, 전 남자친구에게 더 많은 걸 요구했더니 미쳤다는 소리를 들었더라도 말이다. 모든 사람의 욕구는 서로 다르다. 남들보다 커뮤니케이션을 더 원하는 사람도 있고 안정감을 더 원하는 사람도 있으며 개인 공간을 더 원하는 사람도 있다. 누구의 욕구는 타당하고, 누구의 욕구는 이상하다가 아니라 누구의 욕구가 더 나와 맞는지 찾는 과정이다. 핵심은 우리의 욕구를 바꾸는 게 아니라 우리의 욕구를 충족시켜줄 수 있는 사람을 찾는 것이다. 기준을 낮추면 자존감과 자기 가치도 낮아진다. 우리의 욕구를 충족시킬 준비가 된 사람에게는 지나치게 많은 걸 요구할 수가 없다.

혼자가 될 거라는 두려움에 대처하기

연인 관계에서 사람들이 선을 긋지 않는 주된 이유는 상대가 떠나는데 대한 두려움이 있기 때문이다. 선을 긋는 걸 두려워할 수는 있지만 두려움을 선을 긋지 않을 핑계로 삼아선 안 된다. 두려워도 일단 선을 그어라. 선을 그었다는 이유로 떠나는 사람이 있다면 그 사람은 당신이 함께하고 싶은 사람은 아닐 것이다.

영화 〈겨울왕국 2〉에는 내가 좋아하는 대사가 있다. 안나가 사과를 했을 때 크리스토프가 말한다. "괜찮아요, 내 사랑은 약하지 않아요."

좋은 관계를 맺고 있다면 그 안의 사랑은 선을 그었다는 이유로 사라질 만큼 약하지 않다. 선을 그어서 사람들이 나를 사랑하지 않을까 봐 두렵다면 어린 시절에 벌로 사랑을 빼앗기고 보상으로 사랑이 주어졌을 가능성이 크다. 건강한 관계라면 사랑이 이런 식으로 사용되어서는 안 된다.

이것이 바로 나쁜 연애를 하는 것보다 혼자인 게 낫다는 생각을 마음에 꼭 새겨두어야 하는 이유다. 누구나 형편없는 사람과 데이트할 수 있다. 하지만 선이 있는 사람과 없는 사람 사이에는 큰 차이가 있다. 선이 있는 사람은 형편없는 데이트 상대를 더 빨리 끊어낸다. 선이 있는 사람은 만나는 상대가 자신이 원하는 조건을 맞출 수 없는 사람이라면 맞춰줄 수 있는 다른 사람을 찾아간다. 당신의 조건을 맞출 수 있는 사람은 세상에 단 한 명밖에 없다는 식의 결핍의 사고방식을 버려야 한다.

내게 맞는 사람이 세상에 한 명 이상 있다는 마음을 가지면 선을 그을 때 데이트를 대하는 에너지가 바뀐다. "네가 이러이러한 필요를 채워줬음 좋겠어."라는 말과 "내겐 이러이러한 필요가 있어. 네가 채워줄 수 있어?"라는 말의 차이와 같다. 후자를 묻는 사람은 상대의 대답에 신경 쓰지 않는다. 전자의 질문은 나의 필요와 욕구를 채우기 위해서는 상대방에게 의존해야 한다는 의미를 내포하고 있지만 후자의 질문은 나에게는 원하는 바가 있고 상대방이 그것을 잘 채워줄 수 있는 사람인지 확인하겠다는 의미가 담겨 있다. 이를 확인할 유일한 방법은 자신의 욕구를 표현하고 상대가 선을 넘었을 때 알려주는 것이다. 그렇다. 선을 그으면 함께 있는 사람을 잃을 가능성도 있다. 하지만 나와 맞지 않는 사람을 잃는 것뿐이다. 그리고 그건 나와 맞는 사람을 찾는 데 한발 더 가까워졌다는 뜻이다.

연인 사이에서도 사생활은 필요하다

연인 관계가 깊어짐에 따라 점점 개인은 정체성을 잃고 상호의존적이 되며 상대로부터 빠져나오기가 어려워진다. 사회적으로도 사람들은 '내 반쪽' 같은 표현으로 상호의존적 관계를 장려하고 갈라놓을 수 없는 커플을 낭만적으로 묘사한다. 갈라놓을 수 없는 사이라는 건 커플이 거의 하나의 정체성을 가지고 산다는 얘기다. 페이스북 계정을 하나로 공유하는 커플이 있다는 걸 알고 있는가? 아니면 약속 상대에겐 묻지도 않고 연인과 함께 나타나는 친구가 있는가? 이런 커플은 개인으로서 각자의 정체성을 유지하기보다 관계 자체가 정체성이 된 사람들이다.

상대를 위해 만사를 제쳐두는 모습이 로맨틱하다며 이상적인 모습으로 여기곤 하지만 사실 그렇지 않다. 그건 오히려 관계 안에서 자신을 잃어버리는 지름길이다. 한 친구가 자기 남자친구와의 연락 문제로 고민을 이야기를 했던 때가 생각난다. 그의 남자친구는 회의 중이라도 연인의 메시지에 답하기 위해 잠시 자리를 비우곤 했다. 어느 날 친구가 내게 이런 메시지를 보냈다.

내가 너에 대해 인정하는 것 중 하나가 네겐 선이 있다는 거야. 그래서 네 의견이나 조언이 필요해. 만약 네가 바쁘거나 피곤하면 난 알 수 있어. 나를 위해 만사를 제쳐두지 않고 '바빠서 지금은 힘들다'고 네가 말할 테니까. 내 남자친구는 나를 위해 만사를 제쳐두는 사람이야. 운전할 때도 내 메시지에 답하고 회의 자리에서도 빠져나와 내 메시지에 답해. 그래서 남자친구가 바쁠까 봐, 내가 민폐를 끼치는 상황일까 봐 두려워 메시지를 못 보내겠어. 남자친구가 말을 안 하니까 말이야. 너에게 메시지를 보낼 때 난 그렇게 생각하지 않아. 그런 상황이라면 네가 선을 그을 거라는 걸 아니까. 그래서 이상한 소리인 것 같아도 상대를 위해 만사를 제쳐두지 않는 사람이 오히려 상대를 배려하는 사람 같아.

연애할 때 좀 더 이기적으로 구는 편이 장기적으로는 관계에 도움이 되는 이유를 친구의 고민 문자가 잘 보여주었다. 연인 사이에서는 두 사람의 분리된 개인으로 관계를 바라보아야 한다. 하나의 팀처럼 행동하되 각자의 자율성을 유지해야 한다. 그렇지 않으면 문제가 발생한다. 흔히 보는 예가 '비밀이 없다'면서 다른 사람의 개인적인 이야기를 연인에게 말하는 친구들이다. 아니다. 이 친구들은 비밀이 없는 게 아니라 선이 없는 것이다. 내게도 이런 일이 있었다. 내가 한 친구에게 개인적인 이야기를 했는데 어느 파티 자리에서 친구의 남자친구가 무심결에 내가 친구에게 했던 이야기를 꺼내는 것이 아닌가. 나는 친구를 따로 불러 그가 어떻게 그 이야기를 알고 있는지 물었다. 그녀는 남자친구와 자신은 서로 모든 걸 공유한다고 말했다. 하지만 그녀가 공유한 이야기는 '내 이야기'였지 그녀의 이야기가 아니었다. 그녀의 남자친구가 사람들 앞에서 말해버린 이야기는 분명 그의 이야기가 아니었다.

이처럼 모든 걸 공유하는 상황에서 커플은 사생활과 정직함을 혼동한다. 친구 커플은 정직한 관계를 맺기 위해선 모든 이야기를 공유해야 한다고 생각했다. 거의 공공 '하이브마인드'hive mind(다수의 개체를 지배하는 하나의 정신을 뜻하며 지식이나 의견을 공유하고 무비판적 화합이나 집단지성을 산출하는 군체의식—옮긴이) 같다. 하지만 이런 행동은 친구 관계에서의 신뢰를 깨뜨리는 행동이다. 친구에게 말한 이야기가 연인 간에 상호 소유의 정보가 되어서는 안 된다. 나는 친구에게 이야기하기로 한 것이지 그녀의 남자친구에게 하려는 게 아니다. 친구는 그 점을 존중해야 한다. 이런 선을 그으려면 자신과 연인을 분리할 수 있어야 한다.

많은 사람이 연인과 자신을 분리하지 못하는 문제로 많이 싸운다. 연인 관계에서 흔히 시간 엄수에 관한 문제를 둘러싸고 싸움이 일어나는 걸 볼 수 있다. 한 사람은 시간 맞춰 준비하는 걸 좋아하는데 다른 한 사람은 항상 늦는다. 그러다 보통 제시간에 준비를 끝낸 사람이 상대방에게 화를 내면서 싸움이 시작된다. 이렇게 되는 까닭은 자신을 상대와 하나라고 여기기 때문이다. 때때로 상대에게 놔두고 가겠다고 무의미한 협박을 하기도 한다. 하지만 서로가 분리된 존재라는 걸 알면 선을 그을 수 있다. 상대에게 나갈 시간을 말하고 그때까지 준비를 못한다면 지금 나가니 약속 장소에서 만나자고 이야기하라. 약속 장소에 따로 가는 게 싫다면 상대는 다음부터 제시간에 외출 준비를 마칠 것이다. 드물게 이런 방식을 화가 난 나머지 최후의 수단으로 강요하는 모습을 본 적이 있다. 최후의 수단은 선이 아니다. 선을 벌주는 것으로 생각하지 말고 서로가 한 사람의 개인으로서 자신을 책임져야 한다는 걸 인정하는 방법으로 생각하자. 그렇게 하면 두 사람은 각각 개인적으로 결정을 내릴 수 있다. 관계에서 자신을 분리하고 상대방은 내 책임이 아니라는 걸 이해하라. 그렇게 선을 그을 때 개인적인 결정을 내리는 일이 가능해진다.

연인과 싸울 때 이렇게 대처하세요

모든 관계에서 불화를 해결하는 법을 아는 건 중요하지만 연인 관계에서는 특히나 더 중요하다. 오래된 연인일수록 더욱 그렇다. 상대방이 나를 너무 잘 알아서 어떤 버튼을 누르면 반응이 나올지 정확히 파악하고 있기 때문이다. 이는 가족 간의 친밀함과 비슷하다. 책《결정적 순간의 대화》를 보면 사람들은 의견 충돌을 일으킬 때 세 가지 유형으로 나뉜다고 한다. 싸움의 주제에서 벗어나 위협하고 모욕적인 말을 하는 유형, 말없이 화내는 유형, 그리고 터놓고 솔직하게 효과적으로 말하는 유형이다.

위협하고 모욕적인 말을 하는 첫 번째 유형에는 쉽게 선을 그을 수 있다. 상대에게 "그런 말을 하지 말라."고 이야기하면 된다. 상대가 소리를 지르거나 목소리를 높일 때도 똑같이 말한다. 상대방을 존중한다면 말할 때도 정중해야 한다. 그래도 상대방이 차분하게 말하지 못한다면 문제에 대한 대화를 시작하기 전에 상대가 감정을 처리할 수 있도록 시간을 준다. 상대가 모욕하는 말을 멈추지 않는다면 그 말이 초래할 결과를 알려준다. 다시 한번 그런 말을 하면 자리를 떠날 것이며 더는 나쁜 말을 하지 않게 되었을 때 이야기하러 오라고 말하는 것이다. 어떤 대화에서도 상처주는 말은 설 자리가 없으며 의견이 다르다는 이유로 누군가에게 상처를 주어서는 안 된다.

논쟁에서 누가 이기거나 진다는 생각을 버려야 한다. 내가 상대에게 맞서는 게 아니다. 나와 상대방이 함께 눈앞의 '문제'에 맞서는 것이다. 서로를 문제를 해결하는 하나의 팀으로 바라보면 사고방식을 빨리 바꿀 수 있다. 상처되는 말을 던지며 서로를 적대시하는 습관이 있다면 함께 심호흡을 하고 말한다. "우리는 같은 팀이야. 그리고 내가 널 사랑한다는 것과 이 문제를 해결하고 싶어한다는 걸 떠올렸으면 해." 이렇게 하면 놀랍게도 대화의 초점을 다시 맞출 수 있다. 우리가 선을 그으려는 상대방을 문제와 동일시하지 말자. 누군가는 이렇게 말할 것이다. "그 사람이 그렇게 행동하지 않았다면 제가 선을 그을 일은 없었을 거예요." 그러면 나는 이렇게 대답할 것이다. "당신이 선을 그었다면 그 사람은 그렇게 행동하지 않았겠죠." 연인 간에 서로 원하는 목표를 이루는 데 초점을 맞추고 두 사람 사이의 소통은 팀워크라 생각하자.

두 번째 유형으로 말없이 씩씩대기를 좋아하는 사람이 있다. 상대를 말없이 대하는 건 침묵을 무기로 사용하는 행위다. 마릴린 완Marilyn Wann이 쓴 책《뚱뚱해! 그래서?》Fat! So?라는 책에 멋진 표현이 나온다. "조용히 있는 건 나를 함부로 대해도 된다는 동의의 표현이었다·. (…) 하지만 나는 무엇보다 그런 대접을 받는 데 동의할 수 없다." 상처되는 말을 들었을 때 우리는 그냥 '흘려보내'거나 '꾹꾹 참는다'. 은유적인 표현이 아니라 글자 그대로의 의미다. 그런 감정을 마음에 쌓아두면서 대신 빈정거리는 식으로 티를 낸다. 상대가 선을 넘었지만 표현하지 못해서 쌓이는 분노를 그런 식으로 발산하는 것이다. 안타깝게도 빈정거림과 침묵으로 대하는 태도는 보통 상황을 악화시킨다. 대개 상대는 자신이 무슨 일을 저질렀는지 모르고 화가 난 쪽은 '당연히 알아야지'라는 생각에 말해주고 싶어하지 않기 때문이다. 연인과의 관계를 좋아지게 만들 가장 간단한 방법은 상대방이 내 마음을 다 알아주겠지 하는 기대를 하지 않는 것이다. 상대방이 내 마음을 읽으려면 내가 매번 같은 반응을 보이고 매우 예측하기 쉬운 사람이어야 한다. 하지만 우리는 로봇이 아니다. 사람의 반응은 예측할 수 없다. 사람은 변하고 특히 자기계발을 하고 있다면 더욱 변화하기 쉽다. 우리가 변하면 반응도 달라질 것이고 우리의 욕구 또한 변하게 된다.

상대가 내가 무엇을 원하는지 알아맞히지 못한다고 해서 그 필요를 채울 능력이 없다는 뜻은 아니다. 어떻게 해야 하는지 말해주면 대부분의 사람은 도와주고 싶어한다. 상대를 침묵으로 대하는 태도는 존중과 신뢰를 무너뜨린다. 상대를 벌하기 위해 침묵으로 일관하기보다 "저기, 난 널 무시하는 게 아니야. 다만 지금 이야기할 힘이 없어."라고 말하는 편이 좋은 관계를 위한 건강한 방법이다. 자신의 약한 부분을 드러내고 말하기만 하면 상대가 곁에 있어줄 거라 믿어라. 만약 싸울 때 상대방이 침묵을 택하는 사람이라면 다음 문장을 사용해보자.

"우리가 싸울 때 네가 감정을 처리할 공간을 필요로 하는 사람이라는 건 알겠어. 그런데 우리가 언제 대화를 계속할 수 있을지 시간을 알려줄 수 있을까? 네가 갑자기 말을 안 하면 우리 관계가 끝일까 봐 나는 걱정돼. 예를 들어 네가 세 시간이 필요하다고 말해주면 내 불안을 잠재울 수 있을 거고 그럼 정말 고마울 거야."

마지막으로 터놓고 솔직하게 효과적으로 소통하는 유형이 있다. 이는 가장 이상적인 유형으로 커플 사이에 이런 소통 방식이 자리를 잡았다면 어떤 문제도 해결할 수 있다. TV 드라마 〈그레이 아나토미〉에 이런 장면이 나온다. 신랑이 결혼식에서 바람을 맞았다. 사람들이 그에게 신부가 오기를 더 기다릴 건지 물어보자 신랑이 대답한다. "누군가와 결혼 행진을 하게 되는 때까지 왔다면 그 사람은 신뢰와 믿음을 얻은 거죠. 그녀는 믿음을 얻은 것이고 전 그녀를 믿어줄 겁니다. 그녀는 믿음을 얻을 자격이 있어요."

나는 '긍정적인 면을 본다'는 말을 믿지 않는다. 위험 신호를 간과한다는 뜻이라고 생각하기 때문이다. 하지만 모든 대화에 임할 때는 상대를 믿으면서 시작해야 한다고 생각한다. 이 사람과 사귀게 된 데는 이유가 있었을 것이다. 어떤 일이 일어나기도 전에 최악의 상황을 가정하지 말고 머릿속에서 최악의 '만약'을 그리지 말자.

지출 부담을 좀 더 공평하게 나누고 싶거나 잠자리가 만족스럽지 않을 때 이야기할 수 있는가 하는 문제는 동전의 양면과 같다. 상황에 따라 자기 의견을 이야기해야 할 때도 있고 하지 말아야 할 때도 있기 때문이다. 상황의 맥락이 어떻든 이런 이야기를 꺼낼 자신감이 있어야 한다.

연애 이야기를 할 때마다 사람들은 주로 사랑 이야기를 가장 많이 한다. 누군가를 사랑할 수 있지만 가치가 전혀 맞지 않는 사람이라면 때로 사랑만으로는 충분하지 않다. 사랑은 상대방의 나쁜 점을 얼마나 참을 수 있는지로 판단하는 게 아니다. 상대를 얼마나 사랑하는지보다 내가 어떤 대우를 받는지가 훨씬 중요하다. 존중 없는 사랑은 의미가 없다. 그리고 장기적인 관계를 쌓기 위해서는 자신의 커뮤니케이션 스타일을 파악하고 상대와 의견이 충돌할 때 이를 해결하는 법을 아는 것이 가장 중요하다.

노력하지 않아도 좋은 관계를 이룰 수 있다는 얘기는 말도 안 되는 소리다. 모든 관계에는 노력이 필요하다. 사람은 변하기 때문이다. 상대방과 함께 같은 방향으로 변화하고 있는지 알기 위해서는 서로 솔직해질 수 있는 안전한 타이밍이나 방법을 통해 정기적으로 확인해보는 게 좋다. 매주 '결혼 회의'를 하는 사람도 있고, 월별로 확인하는 걸 좋아하는 사람도 있고, 자동차 안전 검사를 하듯이 매년 하는 사람들도 있다. 빈도를 어떻게 정하든 커플로서 상대와 함께 질문을 떠올리고 답을 적어둔다. 이는 다음번에 이야기할 때 어느 부분에 변화가 있는지 확인해보면 도움이 된다. 다음과 같은 질문을 사용해보자.

1 우리 관계의 어느 부분에서 감사함을 느끼는가?

2 다른 어떤 부분에서 더 감사함을 느끼고 싶은가?

3 우리가 분명히 해야 할 선이 있는가?

4 지난주/지난달/작년에 우리 관계에서 어려운 점이 있었는가?

5 우리가 함께 보내는 시간의 양에 만족하는가?

6 우리의 성생활에 대해 어떻게 생각하는가?

7 우리의 재정 상태나 비용을 분담하는 방식에 우려스러운 부분이 있는가?

8 내가 무엇을 할 때 상대가 사랑받는다고 느끼는가?

9 어떻게 하면 다음주/다음달/내년에 상대가 더 사랑받고 있다고 느낄 것인가?

10 서로 솔직한 이야기를 나눈 뒤로 내가 상처주는 행동이나

말을 한 적이 있었는가?

11 우리가 설정해야 할 새로운 선이 있는가?

12 상대는 내게 무슨 이야기를 하고 싶어할까?

13 우리 관계에서 정말 좋아하는 부분은 무엇인가?

친구편: '평생 갈 절친'보다 '존중받는 친구'가 좋다

친구 관계에서 건강한 우정을 지키기 위해서는 선이 매우 중요하다. 우리 사회에서 연인 관계를 위해 노력하는 건 일반적인 일이지만 친구 관계는 왠지 특별한 노력이나 소통 없어도 유지될 거라는 기대가 있다. 하지만 절대 그렇지 않다! 모든 관계가 그렇지만 우리의 삶은 변화하고 그런 삶의 변화는 친구 관계의 역학을 바꾼다. 사는 곳이 바뀌든 직업이 바뀌든 우리 인생의 이행기에서 모든 친구 관계가 그대로 남지는 않는다. 또한 자기계발에 관심을 가지기 시작하면 어쩔 수 없이 많은 변화를 겪게 되고 그런 우리의 성장을 친구들이 항상 쉽게 받아들이지도 않는다.

선을 설정하는 방법을 배우는 건 소통하는 방법을 배우는 일이기도 하다. 자기 신뢰와 자기 가치를 지닌 사람이 되겠다면 남을 험담하는 나쁜 습관을 버려야 한다. 친구 모임에서 다른 사람을 험담하는 친구가 있다면 당사자가 상대에게 직접 이야기하게끔 해야 한다. 당신도 마찬가지로 누군가와 문제가 있다면 직접 가서 이야기해야 한다. 특히 여자들의 모임에서는 다른 사람을 험담하거나 한 사람을 두고 함께 싫어하면서 유대를 쌓기도 한다. 함께 싫어하는 사람을 두고 맺은 유대관계는 끈끈할지 몰라도 바탕에 독성이 있는 사이다. 친구가 다른 사람 험담하는 것을 즐긴다면 당신도 험담의 대상이 될 수 있다는 사실을 기억하라. 그리고 당신이 다른 사람을 험담하는 사람이라면 단언하건대 친구 관계에 항상 어느 정도의 불신이 있다.

나와 친구들 모임에서는 '다른 사람 험담하지 않기'를 규칙으로 삼는다. 한 사람이 다른 사람을 험담하기 시작하면 누군가 간단하게 "그렇게 얘기하는 건 좋지 않아."라거나 "그럼 가서 그 사람에게 얘기해."라고 이야기해준다. 때로는 그냥 "그러지 마, 우리 그것보단 나은 사람들이잖아."라고 말하기도 한다. 우리 사이는 학교 다닐 때 배웠던 여자들의 우정이나 소위 여자들과 친분 쌓는 법과는 완전히 다르며 신뢰를 바탕으로 우정을 쌓았다는 의미다. 또한 내가 없는 곳에서 누군가 내 험담을 하면 내 친구가 나서서 멈춰줄 수 있다고 생각하면 정말 위안이 된다. 보다 높은 기준을 지키는 우정을 가지니 건강한 소통이 이루어지는 기분이었다.

건강한 소통과 함께 얻은 건 정직한 친구들이었다. 이 친구들을 사귀기 전에 나는 친구란 본질적으로 '예스맨'이라고 생각했다. 내 말이 무조건 맞다고 이야기해주는 사람을 친구라고 생각한 것이다. 하지만 이젠 '예스맨'은 그저 메아리 같은 존재며 그런 친구는 '무의미한 격려'를 해줄 뿐이라는 걸 안다. 시험 보기 전날 밤 술 마시러 가고 싶다고 하면 그렇게 하라고 한다. 집에서 공부해야겠다고 하면 그러라고 한다. 전부 좋은 의도겠지만 냉정하게 보면 내가 무슨 말을 하든 그저 내가 한 말을 다시 강조할 뿐이다. 나만의 소리를 찾고 선을 긋게 되자 나는 그런 무의미한 격려가 내 에고를 북돋우기는 하지만 내게 전혀 도움이 되지 않는다는 걸 깨달았다. 진짜 친구는 내가 책임을 지게 하고 어리석은 생각에 맞서게 돕는다. 또한 "그래, 그가 나빴어. 하지만 너도 그렇게 행동하면 안 되는 거였어."라며 사과해야 할 때를 알려준다. 진짜 친구의 의견은 내 의견이 달라져도 바뀌지 않았다. 친구의 말이 내가 듣고 싶어하는 말이 아닌 때가 많았고 이에 약간 적응을 해야 하기는 했다. 그렇지만 친구가 진실만을 말할 것을 이제는 안다. 이는 내가 한 개인으로서 성장하기 시작했다는 뜻이다.

우리 사회는 친구와의 관계에서 헤어짐에 대해 자주 이야기하지 않는다. '평생의 우정'을 중요시 여기고 친구를 잃는 걸 개인의 실패라 여기기 때문이다. 우리 사회가 이 문제에 대해 이야기하지 않는 건 우정이 끝난 데는 내가 '나쁜 친구이기 때문'이라고 믿기 때문이다.

나는 이런 생각을 완전히 바꾸고 싶다. 내게 '좋은 친구'가 다른 사람에게는 '해로운 친구'일 수 있다. 더 정확히 표현하면 해로운 사람보다는 '해로운 역학 관계'와 '해로운 행동'이 라고 할 수 있다. 우리의 행동이 우리의 존재 자체를 규정하는 것은 아니기 때문이다. 우리가 다른 사람에게 얼마나 좋은 친구인가 하는 문제를 우리가 얼마나 좋은 사람인가의 문제로 정의하는 걸 그만두어야 한나. 객관적으로 모든 사람에게 좋은 친구일 수 있는 사람은 없다. 당신의 모든 비밀을 아는 사람이 다른 친구의 뒷담화를 하는 사람일 수 있다. 관계를 끊는 게 두렵다는 이유만으로 누군가를 곁에 둔다면 결국엔 그 친구에 대한 원망을 품게 되고 여기서부터 피할 수 없이 험담이 시작된다.

서로 선을 긋지 못한 친구와 결별하고 새롭게 건강한 친구 관계를 맺는 여정을 지나면서 나는 우정에 대한 개념이 완전히 바뀌었고 지금까지 늘 배웠던 내용들과 맞서게 되었다. 이를 통해 크게 세 가지 교훈을 얻었다.

우정에도 유효기간이 있다

우정이 남아 있지 않다면 친구 관계를 정리하는 편이 더 건강하고 유익한 길이다. 유효기간이 지난 친구 관계는 관계를 끝내는 것보다 유지하는 게 실패라고 할 수 있다. 하지만 친구 관계가 끝났다고 해서 함께 보낸 시간이 전부 실패라는 의미는 아니다. 우정은 당신이 기억하는 것만큼 진짜였다. 지난날에는 매우 도움이 되는 관계였고 사랑과 공감, 서로에 대한 지지가 넘쳤으며 인생의 특정 시점에서 필요했던 완벽한 관계였다. 그런 관계였다 해도 여전히 끝은 있을 수 있다. 친구로 지낸 기간이 길었든 짧았든 상관없이 우정은 당신의 삶에 가치를 가져다주었다. 친구 관계가 끝난다고 해도 그 친구가 당신에게 가져다준 긍정적인 영향까지 사라지는 건 아니다.

'언제든 찾아갈 수 있는 절친'은 존재하지 않는다

지금도 기억날 만큼 학창 시절 크나큰 슬픔을 느낀 순간이 있었다. 내가 슬펐던 이유는 영화 속에서 종종 묘사되곤 하는 '언제든 찾아갈 절친'이 내겐 없다는 생각 때문이었다. 내게는 그런 헌신적인 친구, 무슨 일이 있어도 전적으로 의지할 친구가 없었다. 나는 친구로서의 나에 대해 '함께하기는 너무 부담스럽고', '어려우며', 그저 '짧게 만나면 좋은 사람'이라고 생각했다. 그러다 드디어 절친이라 부를 수 있는 그런 사람을 찾았다. 우리는 영화 속에 나오는 관계와 정말 똑같았다. 친구는 새벽 3시에 아무런 연락 없이 울면서 우리 집을 찾아왔고 나는 친구를 들어오게 했다. 나는 만사를 제쳐두고 친구 곁에 있었다. 그러다 우리 둘 다 성장하게 되었고 나는 어른의 우정은 이런 식으로 이루어지지 않는다는 걸 깨달았다. 상호의존적인 우리의 관계가 건강한 관계가 아니라는 사실을 알게 되었다.

이제 나는 언제나 찾아가는 사람이 있어야 한다고 생각하지 않는다. 한 사람에게 의존해 내가 필요로 하는 것을 전부 달라고 하는 건 그 사람에게는 매우 부담스러운 일이다. 때로는 두 사람이 동시에 나쁜 일을 겪게 되어서 다른 사람의 정신 건강을 돌볼 여유가 없을 수 있다. 나는 자기 자신을 스스로 도울 수 있어야 다른 사람도 도울 수는 있다는 사실을 진심으로 믿는다. 그리고 이 말을 뒤집어 생각하면 다른 사람을 돌보느라 바쁜 사람은 자기 자신을 돌보지 못한다는 뜻이다. 이는 한 친구가 자신의 문제를 해결하느라 바쁘다면 당신은 다른 사람을 찾아야 한다는 뜻이기도 하나. 한 사람이 당신의 모든 문제를 도와줄 수 없고 당신이 힘든 일을 겪을 때마다 도와줄 수도 없다. 이것이 바로 당신만의 '지원 시스템'을 갖추어야 하는 이유다.

어른이 되면서 학창 시절 친구와 예전처럼 가까이 지내지 못하는 까닭은 삶이 복잡해지면서 친구들 사이에 실제로 그리고 비유적으로 '거리'가 생기기 때문이다. 여기에 연인이나 배우자, 특히 아이가 생겼을 때는 더욱 그렇다. 아무리 당신을 사랑하는 사람이라도 하루 종일, 매일 당신을 지지할 감정적인 여력이 있지는 않다. 모든 우정은 단계를 거친다. 친구와 가까이 지내는 정도와 연락을 나눠야 할 정도는 계속 변화한다는 점을 받아들이자.

우정은 시험하는 게 아니다

"먼저 연락하는 걸 멈추고 지금 당신이 얼마나 많은 '죽은 식물'에게 '물'을 주고 있는지 확인하라."

이처럼 진짜 친구가 누구인지 가려내는 방법을 알려주는 우정에 관한 문구가 많다. 소셜미디어와 관련된 비슷한 뜻의 문구도 있다. 내가 게시한 글에 좋아요를 누르지 않는 친구는 진짜 나를 지지하는 친구가 아니라는 식의 이야기다. '나를 좋아한다면 …할 거야'라는 문장 속에는 같은 사고방식이 담겨 있다.

우정을 시험하는 일은 그만두자. 당신의 소셜미디어 게시글에 댓글이 없다는 데 너무 큰 의미를 부여하지 말라. 친구가 통과할지 떨어질지 보기 위해 몰래 우정을 시험하는 대신 친구와 소통을 시작하라. 소통이 잘 되는 친구를 원한다면 당신이 먼저 시작해야 한다. 친구가 그리웠다면 그랬다고 이야기하자. 친구에게서 거리가 느껴지면 무슨 일인지 물어보자. "네가 나를 좋아한다면 …해야 해."라는 말 대신 "네가 나를 좋아하는 건 알지만 …해줄 수 있어?"라는 말로 바꾸자.

우정(아니면 일반적으로 관계)을 시험한다는 생각은 유년 시절에 필요한 관심과 사랑을 받지 못하고 필요한 걸 요구했을 때 무시당하거나 놀림받은 데서 비롯된다. 그러므로 당신이 하려는 일은 자신이 사랑받고 있는지 '확인'하려는 것이다. 아이였을 때는 누군가 듣고 와주지 않을까 싶어서 방에서 크게 소리내어 운다. 10대였을 때는 말다툼 도중에 방을 뛰쳐나가면서 누군가 따라 나와 내가 괜찮은지 확인해주기를 바란다. 어른이 되어서는 친구에게 싸움을 걸고 친구가 문제를 해결할 만큼 곁에서 오래 버티는지 확인한다. 우리는 자라면서 잘못된 방식을 배웠다. 아이였을 때나 10대였을 때나 주변 사람들이 자신을 좋아하게끔 하려 애썼고 실제로 호감을 얻기 위한 방식으로 행동했다. 하지만 성인이 된 우리에게는 자유가 있다. 우리는 새로운 사람을 선택할 수 있다. 관계를 시험하는 일의 문제는 우리가 불신을 원칙으로 시험을 시작한다는 데 있다. 상대는 자신이 시험당하고 있다는 사실조차 알지 못하는데 말이다.

내가 경험했던 일을 예로 들려주겠다. 그때 나는 절친이 새로운 일을 시작했다는 사실을 깜박 잊었다. 만일 친구가 그 일로 우리 우정을 시험하기로 했다면 나는 통과하지 못했을 것이다. 내가 친구 일을 기억하지 못했던 까닭은 당시 내 문제에 골몰하느라 너무 바빴기 때문이다. 친구가 새로운 일에 관한 이야기를 하고 나서야 내가 친구 일을 까먹고 있었다는 사실을 깨달았다. 나는 더 빨리 물어보지 않아서 미안하다고 사과했고 그 일은 그렇게 넘어갔다. 하지만 친구가 내 기억력이나 내가 취하지 않은 행동을 기준으로 내 마음을 헤아렸다면 그냥 지나가지 못했을 것이다.

친구가 무언가를 눈치 채거나 알아주지 않아서 사랑받지 못한다거나 거부당한 느낌이 든다면 그렇다고 솔직하게 말하라. 내가 기억해주지 않아서 친구의 기분이 언짢았다면 나는 친구가 직접 이야기해주었을 거라 믿는다. 또 친구가 화를 냈다면 나는 내가 잘못했으며 그에게 일어난 일을 기억했어야 한다고 사과했을 것이다. 제대로 된 친구는 관심을 가져주고 사과하고 상대에게 더 잘하려 한다.

우리는 스스로 책임을 져야 하고 거절당한 게 아닌데 거절당했다는 표시를 찾으려 하면 안 된다. 소셜미디어에 올린 글에 '좋아요'를 누르지 않는다거나 메시지를 많이 보내지 않는다고 '나를 좋아하지 않는다'는 의미를 부여하면 자신에게 상처줄 의미만 더 만들어낼 뿐이다. 그러지 말고 당신이 원하는 바나 필요한 것을 요구하자. 친구를 믿고 그들이 내게 필요한 것을 줄 수 있도록 기회를 주자. 그들이 내게 필요한 바를 채워주지 못한다면 새로운 사람을 찾자.

당신을 잘 알고, 당신이 특정 방식으로 행동하는 데 익숙한 사람들이 주위에 있으면 과거의 모습으로 돌아가 선이 사라지기 쉽다. 이미 굳어진 패턴을 가진 관계를 바꾸려면 시간이 걸린다. 내가 내 삶을 완전히 변화시키는 데 5년이나 걸린 이유가 여기에 있다. 변화는 하루아침에 이루어지지 않고 선형적으로 이루어지지도 않는다. 그 과정에서 당신은 실수를 저지를 것이고, 당신의 선에 맹점이 있을 수도 있다. 이 모든 변화를 하루아침에 해내야 한다는 부담감에 짓눌리면 이 책을 치워버리고 다시는 보지 않거나 아무 일도 하지 않을 것이다.

선을 긋는 것으로 이뤄지는 성장이 짧은 기간이 아닌 긴 시간이 걸리는 일이라는 점을 알아야 한다. 선을 긋고 나서 일주일만 따로 떼서 보면 성공과 실패를 반복하는 롤러코스터를 탄 듯하지만 한 해 동안 자신의 성장을 돌아보면 스스로 놀라게 될 것이다. 변화에 적응하던 나의 5년의 시간을 되돌아보면 스스로 얼마나 변했는지 믿을 수 없는 순간들이 정말 많다. 내 주위 사람들도 내가 정말 변했다고 느끼고 있다.

변화가 내일 당장 일어나리라 너무 기대하지 마라. 완전히 달라진 자신의 모습을 그리지 말고 이번 주에는 지난주보다 선을 10퍼센트 정도 더 그어보는 걸 목표로 삼는다. 자, 앞으로 10주간 매주 그렇게 하면 어떻게 될까? 이제 훨씬 더 잘할 수 있을 것 같다는 생각이 든다. 그렇지 않은가? 평생 동안의 시간을 생각하면 10주 정도는 투자할 만한 가치가 있다.

가족편: 소중하니까 예의가 더 필요한 거야

우리는 가족 관계를 통해 사랑을 이해할 뿐만 아니라 소통하는 법을 배운다. 부모님으로부터 효과적으로 커뮤니케이션하는 법과 강하게 선을 긋는 법을 배울 수도 있지만 때론 정반대인 경우도 있다.

우리 사회는 종종 어른들에게는 적용하지 않는 아이들만을 위한 규칙을 만든다. 그러다 보니 혼란이 생긴다. 예를 들어 학교 안에서는 아이들에게 조용히 앉아 배운 걸 당연하게 받아들이라고 말한다. 하지만 일터의 어른들은 자신감 있고, 자기 의견을 표현하고, 독창적인 생각을 가지는 사람을 원한다. 이런 변화는 부자연스러울 뿐 아니라 어린이가 청소년으로, 청소년이 성인으로 적응하는 데 불필요한 어려움을 준다. 어른으로서 상대가 보여줬으면 하는 의사소통 방식을 아이들에게도 그대로 가르쳐라. 별도의 규칙이나 다른 규정은 없다. 아이가 커서 직장에서 다른 사람에게 소리 지르는 사람이 되지 않았으면 하는가? 그렇다면 집에서도 아이들에게 소리 지르지 말라. 선을 배우기에 너무 어린 나이는 없다.

학급 친구들과의 사이에서 그어야 할 선부터 가르치기 시작하면 편리하다. 내 친구 제니와 제니의 딸 페넬로페를 예로 들 수 있다. 페넬로페는 학교에서 험담하기를 좋아하는 여자애와 어울렸다. 엄마인 제니가 다른 사람을 험담하는 건 좋지 못한 일이라고 가르쳤기 때문에 페넬로페는 엄마에게 친구가 다른 사람을 험담하면 얼마나 불안해지는지 이야기했다. 제니는 딸에게 네 마음을 친구에게 이야기하라고 조언했고, 다음 날 페넬로페는 학교에 가서 친구에게 말했다. "난 네가 다른 사람 험담하는 게 싫어. 나와 친구가 되고 싶다면 다른 사람 험담은 그만했으면 해." 그다음 날 친구는 페넬로페의 선을 시험하면서 다시 다른 사람의 험담을 하려 했다. 페넬로페는 선을 단단히 지키며 말했다. "어제 얘기했지. 네가 계속 다른 사람 험담을 하면 난 너와 친구로 지낼 수 없어."

이 이야기를 들었을 때 나는 무척 놀랐다. 10살에 선 긋는 걸 배웠다면 내 인생은 얼마나 편했을까? 친구 관계에 그냥 맞추려 하지 않고 높은 기대를 가졌다면 얼마나 좋았을까? 페넬로페는 강하게 선을 그을 줄 아는 사람으로 자라고 있다. 페넬로페의 엄마인 제니가 선을 잘 긋는 사람이기 때문이다. 제니와 페넬로페의 이야기는 아이들이 어떻게 우리가 하는 말이 아닌 행동을 따라 하는지 보여준다. 튼튼한 선을 긋는 방법을 가르치고 싶다면 우리가 튼튼한 선을 지니고 아이에게 자신의 선을 그을 수 있도록 권해야 한다. 자신과 좋은 관계를 맺으면 자동적으로 다른 사람과의 관계도 더 건강해진다.

가족은 선을 긋기 가장 힘든 관계임이 틀림없다. 우리가 맺은 관계 중에서 가장 오래됐기도 하고 가족과 함께 있으면 과거의 소통 방법으로 돌아가기 때문이다. 이에 더해 우리 사회에서는 '가족이기 때문에' 가족 중 누군가 자기 좋을 대로 우리를 대해도 받아들인다. 하지만 나는 가족에게는 다른 규칙이 적용되어야 한다는 생각에 동의하지 않는다. 나는 다른 누군가에게 어떤 대우를 받고 싶은가와 같은 기준을 가족에게도 적용한다. 관계의 역학을 바꾸는 일은 때로 힘든 싸움과도 같다. 만일 당신이 이런 상황에 처해 있다면 선을 그음으로써 부모 세대의 패턴을 바꿀 능력이 있음을 보여줘라. 한 가지 멋진 사실은 당신이 자기계발에 투자하는 사람이라는 점이다. 가족 안에서 통용되는 소통 방식에 익숙하지만 수년 동안 그렇게 해왔다고 해서 그 방식을 받아들여야 한다는 뜻은 아니다. 내가 소통을 잘하지 못하는 원인이 부모님에게 있더라도 소통을 잘할 수 있도록 문제를 고치는 건 내 책임이라는 걸 알아야 한다.

사실 전통적인 가정과 기성세대에서는 가족 간 존중이 어떻게 양방향으로 이루어져야 하는지에 대해 대화를 잘 나누지 않는다. 아이가 집을 편안하고 안전한 곳으로 느낀다면 부모뿐 아니라 형제자매나 다른 가족 구성원에게도 자신의 선을 알릴 수 있어야 한다. 이런 건강한 가족 관계는 다음의 네 가지 요소로 구성되어 있다.

1. 상처받은 마음을 드러낼 수 있는 안도감: 아이들이 감정을 드러내도 괜찮다고 느끼는 것. 심지어 부모의 말과 행동으로 상처받았을 때도 마음을 표현할 수 있는 것.

2. 원하는 바를 말할 수 있는 안전함: 아이들이 자신의 한계를 알고 무엇이 자신을 불편하게 하는지 아는 것. 그리고 처벌의 두려움 없이 불편함 점에 대해 말할 수 있는 것.

3. 관계의 분리: 아이들이 자신과 각 가족 구성원과의 직접적인 관계에만 책임을 다하면 된다는 사실을 아는 것. 다른 사람들 간의 관계에 개입되지 않는 것.

4. 사과할 수 있는 힘: 어른이 아이에게 잘못한 점을 사과하는 것. 부모도 잘못했음을 기꺼이 인정하는 것.

자녀는 부모의 반응을 먹고 자란다

아이들이 잘 자라려면 부모와의 관계에서 자신의 감정을 그대로 표현할 수 있어야 한다. 또한 자신의 감정이 과소평가되거나 잘못된 것으로 취급을 받을 거라는 걱정 없이 안심할 수 있어야 한다. 많은 부모가 아이의 감정을 대하는 걸 불편해한다. 때론 단순히 아이들의 감정을 돌봐줄 시간이나 에너지가 없어서 아이들의 감정을 과소평가하거나 잘못됐다고 취급한다. 사소한 일을 예로 들면 아이가 침대 아래에 있는 괴물이 무섭다고 말할 때가 그렇다. 아이는 이 말에 부모가 어떻게 반응하는지 보고 앞으로 무서움을 느낄 때 어떻게 해야 할지 학습한다. 물론 부모도 사람이기에 항상 최고의 모습을 보여줄 수 있는 상태나 상황일 수는 없겠지만 평균의 법칙을 써보자. 아이들 이야기의 90퍼센트를 자상하게 들어준다면 아이들은 부모의 자상한 반응을 학습할 것이다. 나머지 10퍼센트의 경우에는 나중에 이야기하자고 한다.

아이들에게 도움을 주는 가장 좋은 방법은 부모가 자신의 감정을 편안하게 느끼는 것이다. 부모가 자신의 감정을 편안하게 느낄 수 있으면 아이들의 감정 표현도 억누르지 않게 된다. 이처럼 자녀와 안심하고 감정을 드러낼 수 있는 관계를 쌓으면 아이들은 자신이 어떤 감정을 느끼는가와 상관없이 상대에게 사랑받으리란 것을 알게 된다. 즉 부모에게 화가 났을 때도 표현할 수 있는 안전한 양육 환경 속에서 성장한다.

이러한 양육 환경을 갖추는 데 흔히 걸림돌로 작용하는 것이 아이들의 삶, 관계, 신체, 진로에 대해 부모가 결정할 권리가 있다는 잘못된 생각이다. 많은 가족에게서 나타나는 아주 흔한 모습인데 이는 종종 애정이라는 이름으로 포장된다. "너를 위해 하는 말이야."라거나 "내가 아니면 누가 너한테 이런 말을 해주겠니?"라는 식이다. 항상은 아니어도 대부분 좋은 의도에서 하는 말이지만 이렇게 부모가 자녀의 생각을 재단하려 하기 때문에 아이들은 자신의 마음을 감추게 된다. 비판은 사랑이 아니다. 이러한 비판은 아이들의 자존감에 영향을 미친다. 부모로서 내가 무조건 옳다고 생각하면 아이들의 의견은 틀린 소리가 된다. 부모가 아이를 비판하면 아이는 자기 자신을 사랑하지 않는 아이로 성장한다. 그리고 어렸을 때 들었던 말이 내면의 소리가 된다. 부모가 아이를 비판하면 아이는 자신은 충분히 좋은 사람이 아니며 일이나 학업도 충분히 잘하지 못한다는 자아상을 형성하게 된다.

마찬가지로 가족 중 어느 한 사람의 감정이 가족 전체의 분위기를 정하고, 그 사람의 감정이 다른 구성원의 감정보다 우선시될 때 가족들은 감정을 드러내지 않는 게 낫다고 생각한다. 이런 경우라면 가족 전체의 감정에 영향을 주는 그 가족 구성원에게 선을 그어야 한다. 누구나 감정을 가질 수 있다. 하지만 그 감정이 다른 사람에게 영향을 주어서는 안 된다. 한 사람의 기분이 방 안의 공기나 집안의 분위기를 정해서는 안 된다.

부모의 존중이 존중받는 어른을 만든다

자기만의 분명한 선이 있고 자신 있게 욕구를 표현하는 아이로 키우고 싶다면 어린 시절부터 선을 긋는 법과 욕구를 잘 표현하는 법을 길러주어야 한다(물론 쉬운 일은 아니다). "내가 그렇게 말했으니까." 혹은 "내가 네 엄마니까." 같은 말은 소통이 잘 이루어지지 못하도록 막는 표현으로 아이가 긍정적인 질문 태도를 갖지 못하게 한다. 아이들은 자신의 욕구를 말해도 괜찮다고 느끼면 부모와 거리가 필요한지, 아니면 부모의 관심이 더 필요한지 솔직하게 말한다. 부모가 아이들과 매 순간을 함께 보내려 하면 아이들은 독립을 배울 수 없다. 부모들이 아이들과 늘 함께하려는 이유는 종종 자신의 욕구를 채우는 일에 아이들을 이용하기 때문이다. 반대로 부모와 충분히 함께 시간을 보내지 못한 아이들은 방치되었다고 느끼고 자신의 욕구가 중요하지 않다고 여기게 된다. 우리는 아이들과 지나치게 얽히거나 아이들을 방치하는 양극단 사이의 중간 지점을 찾아야 한다. 그래야 부모와 자녀가 서로의 욕구를 존중하면서 건강한 독립을 이룰 수 있다.

다양한 선의 종류(43~50쪽)를 소개할 때 들었던 예를 보면 우리 사회는 아이가 원하지 않는데도 친척이나 누군가를 안아주라고 자주 강요를 한다. 이건 아이들에게 신체의 선이 중요하지 않다고 가르치는 셈이다. 그러는 대신 선택권을 아이에게 주고 아이의 선택을 존중하자. 그러면 아이는 병원 진료실이나 대중교통 혹은 거리에서 누군가 신체의 선을 침범했을 때 자신의 몸을 어떻게 보호해야 하는지 알게 된다. 그리고 자신의 불쾌함과 싫은 마음을 무시하는 태도가 반드시 예의 바른 일이라고 배우지 않게 된다.

같은 맥락에서 어릴 때부터 아이의 프라이버시와 성향을 존중해줘야 한다. 어릴 때 배운 방식을 어른이 되어도 사용하기 때문이다. 어릴 때 아이의 프라이버시와 성향을 존중해주면 아이는 누군가 자신이나 자신의 성향을 존중하지 않을 때 목소리를 높여야 한다는 것을 배운다. 건강한 부모-자녀 관계에서는 아이들도 부모에게 선을 그을 수 있다. 선은 양방향으로 설정할 수 있기 때문이다. 예를 들어 부모님이 마음대로 계속 당신 방에 들어온다고 해보자. 부모님에게 잠시 이야기를 나눌 시간을 달라고 하자. "드릴 말씀이 있는데 괜찮으세요?"라고 말하며 부모님이 당신의 이야기에 귀를 기울일 수 있도록 하자. 부모님이 대화에 완전히 집중할 수 있는 적당한 시간을 골라야 한다는 걸 잊지 말자. 만약 설거지나 다른 일을 하고 있다면 중요한 이야기이니 다른 일을 끝마칠 때까지 기다리겠다고 말한다.

"노크 없이 제 방에 들어오실 때 저는 침입당하는 느낌이 들어요. 저도 때로 혼자 있는 시간이 필요하고 방문을 닫았다는 건 혼자 있고 싶다는 표시예요. 그런 제 마음을 정말 존중해주셨으면 좋겠어요. 부모님께서 방문을 닫으시면 부모님께서 혼자만의 시간을 가지실 수 있도록 저도 노크할게요."

부모님이 계속 선을 넘으면 다음과 같이 말하면서 선을 더 강화한다.

"노크해달라고 이미 부탁드렸는데 지키지 않으셔서 이제 프라이버시가 필요할 때는 문을 잠그려고 합니다. 그렇게 하는 편이 부모님과 건강한 관계를 유지할 방법이라고 생각해요. 이해해주셨으면 좋겠어요."

자녀의 거절 의사를 존중하는 것이야말로 아이들에게 선을 가르치는 가장 좋은 방법이다. 아이들이 "안 돼요. 제 방에 들어올 수 없어요."라고 말한다면 그 뜻을 존중해주자. 아이와 이야기를 하고 싶다면 아이들의 욕구를 존중하면서도 부모의 필요를 채울 수 있다. 간단하게 이렇게 말하면 된다. "좋아. 들어가지 않을게. 그런데 네가 밖으로 나올 수 있을까? 너와 이야기하고 싶단다." 아이가 거절한다는 이유로 부모가 벌을 내리는 경우가 너무 많다. 그 결과 우리는 어른의 말을 거절할 때 죄책감이나 부끄러움을 느낀다. 우리는 아이들에게 자신의 마음을 존중함으로써 다른 사람의 거절도 존중하라고 가르쳐야 한다.

'가족'이 부담이 되지 않게

가족 안에서도 집단의 역학이 발생하고 가족 구성원이 각자의 관계를 분리할 수 없다면 집단의 역학은 각 구성원 간의 관계를 더 복잡하게 만든다. 최근에 들은 내 고객의 예를 들려주겠다. 이 고객의 부모님은 친척들과 사이가 나빴다. 하지만 내 고객은 삼촌, 사촌들과 연락하며 지내고 싶었다. 우리는 이 문제를 두고 그가 부모님과 어떻게 선을 긋고 소통할 수 있는지에 대해 많은 대화를 나누었다. 부모님은 아들이 누구와 관계를 맺는지 간섭할 권리가 없다. 형제들과 연락하지 않는 길을 택한 건 부모의 선택이지 아들의 선택이 아니기 때문이다. 가정 밖에서 개인의 관계가 분리되듯이 가정 내에서도 구성원 간의 관계는 분리되어야 한다. 예를 들어 배우자와의 싸움에는 아이들을 개입시키지 않아야 한다. 그렇지 않으면 아이들은 부모의 하소연을 들어주는 절친한 친구나 심리치료사 역할을 해야 한다는 부담을 느낀다. 그리고 아이들은 부모 중 어느 한쪽의 편을 들거나 어떤 사건의 사실 관계를 확인해달라는 요구를 받으며 가슴이 찢어지는 기분을 느낀다. 자녀를 이런 식으로 이용하는 건 불공정하면서 부도덕한 일이다. 부부 관계 문제에 조언을 얻기 위해 찾는 사람이 자녀가 되어서는 결코 안 된다. 자녀와의 관계는 반드시 애정 관계와 분리해야 한다. 이혼을 했거나 배우자와 애정이 없는 관계에서도 마찬가지다. 여기가 바로 선을 그어야 할 부분이다. 부모의 관계 문제는 부모가 책임져야 할 일이지 자녀에게 그 부담을 넘겨선 안 된다. 부모는 두 사람 모두 성인이며, 부모의 애정 관계는 부모가 책임져야 할 몫이다. 성인인 자녀라 해도 부모가 자신들의 불화 문제에 계속 개입시키려 하면 불편함을 표현해야 한다. 예를 들면 다음과 같이 말할 수 있다.

"아버지! 어머니랑 싸우실 때 저를 끌어들이면 제가 힘들어요. 저는 어느 한 분 편을 들고 싶지 않고 두 분의 불화 때문에 저와 두 분 사이의 관계가 영향을 받는 것도 원하지 않아요. 그러니 전 더 이상 두 분의 관계에 개입하지 않을 거예요. 이제부터 엄마와의 문제는 친구분과 이야기하시면 좋을 것 같아요. 그게 아빠와 제 관계에도 더 좋을 거예요."

이런 이야기를 부모 모두에게 하는 것이 중요하다. 그래야 어느 한쪽에서 비난받는다는 느낌을 받지 않는다. 가능하다면 두 사람이 같이 있는 자리에서 이야기하면 더 좋다. 그러면 자녀가 그은 선이 부모 모두에게 적용된다는 점을 알릴 수 있다. 부모님과 이런 대화를 나눈 다음 날, 두 분이 어떤 일로 말다툼을 벌이고 있다고 해보자. 어머니가 어떤 말을 했다고 아버지가 비난하고 어머니는 그런 말을 한 적 없다고 부인하는 상황이다. 아버지가 자녀에게 묻는다. "어제 너희 엄마가 그렇게 말한 걸 너도 듣지 않았니?" 자녀는 선을 그었기 때문에 이제 이 대화에서 빠질 수 있다. 이때 다음과 같은 몇 가지 말로 대답할 수 있다.

- 저와 관계없는 일이에요.
- 전 이 대화에 끼지 않을 거예요.
- 두 분 문제는 두 분이서 해결하세요.
- 두 분이 문제의 당사자잖아요. 저는 아니에요.

아니면 그냥 침묵하는 방법을 선택할 수도 있다. 부모는 누구 말이

맞고 그른지 자녀가 대답해주면 문제가 빨리 해결된다고 생각하지만 그건 사실 상황을 더 복잡하게 만들 뿐이다. '삼각화'triangulation 현상이 일어나기 때문이다. 삼각화란 1966년 정신과 의사 머레이 보웬Murray Bowen이 개발한 이론으로, 어떤 관계가 갈등 상황에 있을 때 종종 한 사람이 압박감을 완화하기 위해 제3자를 개입시키는 현상을 설명한다.

근본적으로 이 의사소통 방법은 세 사람 사이에 역학 관계를 만드는 데 가족 구성원 누구와도 가능하다. 부모와 한 명의 자녀 사이에서나 세 명의 형제자매 사이, 아니면 한 명의 부모와 두 명의 자녀 사이에서도 일어날 수 있다. 어떤 관계에서 발생하든 두 사람이 나머지 한 사람과 맞설 때나 다른 사람을 내리눌러 기분을 풀려고 사용할 때는 가족에게 해로운 의사소통 방법이다. 라이프 코칭 분야에서는 이를 두고 누군가를 한 걸음 앞섰다고 표현한다. 하지만 누군가를 한 걸음 앞서기 위해서는 다른 사람은 한 걸음 뒤처져야 한다. 세 사람 사이의 역학 관계를 보여주는 예로 '카프만의 드라마 삼각형'Karpman Drama Triangle이 있는데 여기서 세 사람은 박해자, 희생자, 구원자의 입장에 선다(실제가 아닌 말다툼 상황 중에 사람들이 취하는 입장을 나타내는 표현이다).

예를 들어 딸이 부모님 중 한 사람에게 선을 침범한다는 문제를 제기했고 이야기를 들은 부모가 소리를 지르기 시작했다고 하자. 다른 한 부모가 소리를 듣고 방으로 들어와 딸에게 묻는다. "지난주에 있었던 일을 왜 이야기하는 거니? 다 지난 일이잖아." 이렇게 말하는 그 부모는 구원자 역할에 뛰어들면서 딸을 희생자 입장으로, 처음 딸과 이야기를 나누던 배우자를 박해자의 역할로 밀어넣었다. 하지만 입장은 바뀔 수 있다. 이제 공격받았다고 느낀 딸이 소리 지르며 욕하기 시작하면 부모 양쪽이 다 박해자의 입장이 된다. 이처럼 각 역할은 뒤집어지고 바뀌지만 어떤 식이든 기분 좋은 사람은 없다. 이 삼각관계에서는 세 가지 입장에서 각각 보아도 기분 좋은 일이 아니기 때문이다. 희생자는 아무것도 제대로 할 수 없다고 느끼고, 박해자는 자신의 잘못이 아니라는 생각이 확고하고, 구원자는 모두가 그만 싸웠으면 한다. 그러다 보니 모두 무력하고 속수무책이라고 느낀다. 이 삼각관계는 아무것도 해결하지 못하며 상황을 복잡하게 만들기만 한다. 이러한 삼각관계의 역할과 흔히 나타나는 역학 관계에 대해 알고 있으면 그런 관계에 끼지 않고 빠져나올 수 있다. 다른 사람의 관계에는 개입하지 않고 자신과 관계없는 대화에는 끼지 않음으로써 이러한 삼각의 역학 관계가 일어나는 걸 막을 수 있다.

부모가 확연하게 편애를 해서 사랑받는 아이와 희생자 아이의 구도가 생길 때도 삼각의 역학 관계가 나타날 수 있다. 한 아이는 잘못된 일은 절대 할 리 없고 다른 한 아이는 제대로 하는 게 하나도 없다는 식이다. 두 아이 모두 부모의 자존감을 지키기 위해 이용되는 것이므로 이는 어느 쪽 아이에게도 좋지 못하다. 사랑받는 아이는 비현실적인 사랑의 기반을 유지해야 한다는 압박을 느끼면서 위험을 감수하는 일은 거의 하지 않는다. 이 아이는 자신의 가치를 지키려면 완벽한 사람이 되어야 한다는 메시지를 내면화한다. 자신이 높은 평가를 받는 유일한 이유는 부모가 원하는 모습을 하고 있기 때문이고, 있는 그대로의 자신의 모습을 드러내면 사랑의 기반은 무너지고 수치심을 주게 되리라고 생각한다.

반면 희생자 입장에 놓인 아이는 부모로부터 늘 비난을 받는다. 그러다 보니 아무리 열심히 노력해도 결코 충분하지 않다는 메시지를 내면화한다. 이 아이들의 내면에는 큰 원망과 분노가 깃들어 있고 가족의 체제를 따르지 않기 때문에 항상 '별종'으로 비친다.

편애의 역학 관계에서는 사랑받는 아이와 희생자 아이 모두 고통받으며 여기서 벗어나려면 사랑받는 아이와 희생자 아이 모두 그런 꼬리표가 자신을 정의하지 않는다는 점을 깨달아야 한다. 편애 관계가 또 하나의 삼각 역학임을 알고 자신의 힘을 되찾으며 이러한 편애가 자기 잘못으로 발생하지 않았다는 사실을 깨닫는 게 가장 좋다.

자녀에게 모범이 되는 '사과하는 부모'

부모가 절대 사과하는 법이 없는 가정에서 자라는 아이들이 많다. 그런 가정의 부모들은 대개 자신이 사과하고 잘못을 인정하면 부모로서의 힘과 통제력을 잃을 것이라 생각한다. 이런 믿음 속에는 사과하는 행위가 '약함을 드러내는 일'이라는 생각이 내포되어 있다. 하지만 사실은 정반대. 사과를 하면 상대에 대한 존중이 커진다. 사과는 곧 약함을 드러내는 일이라는 식의 사고방식은 아이들에게 삶의 필수적인 기술을 가르치지 않는 문제로 이어진다. 그러나 어릴 때부터 사과하는 법을 가르쳐야 한다. 사람이라면 실수하는 게 당연하다. 아이들에게 부모도 결점이 있는 사람이고 실수를 하며 필요할 때는 사과하는 게 좋다는 생각을 가지게 하자. 그러면 아이들은 존중받는다고 느끼면서 자신의 행동과 실수를 한층 조심하게 된다.

많은 성인들조차 제대로 사과하는 법을 모른다. 부모-자녀 관계에서 잘 이루어지는 일이 아니기 때문에 아이들에게 사과하는 법을 알려주면 앞으로 아이들에게 큰 도움이 될 것이다. 책《당신, 왜 사과하지 않나요?》에 따르면 가장 좋은 사과 방법은 짧게 하는 것이다. "안 하느니만 못하게 될 위험이 있으니 사과에 설명을 담지 말라. 문제가 된 일에 대해 이야기할 기회가 사과할 때만 있는 게 아니다. 사과는 앞으로의 소통을 위한 기반을 쌓는 것과 같다." 존중은 상호 간에 이루어지며 우리가 잘못에 책임을 질 때 시작된다는 점을 알아야 한다. 좋은 소통 방법을 가르치려면 모범을 보여야 한다. 어른이 잘못을 저지르면 사과하고 그래서 아이들이 그 모습을 따르게 해야 한다. 아이들은 사과하는 일이 상대에게 지는 게 아니며 부끄러운 일도 아니라는 걸 배우게 될 것이다.

부모와 성인 자녀의 올바른 관계 설정

자녀가 성인이 되는 건 부모와 자녀 양쪽 모두에 힘든 일이 될 수 있다. 부모 입장에서 성인 자녀와 건강한 선을 설정하려면 자녀가 부모외는 다른 한 사람이라는 걸 인정하는 일부터 시작해야 한다.

　자녀는 부모가 성취하지 못한 꿈을 이뤄주는 분신이 아니며 부모의 소유물도 아니다. 자녀 인생의 모든 부분에 의견을 낼 권리가 있다고 생각하고 자녀가 원하지도 않은 의견을 자유롭게 표현하는 부모를 많이 본다. 선이 없는 사람을 보여주는 전형적인 예다. 그러나 그래선 안 된다. 아이는 엄마의 몸 밖으로 나온 순간(아니면 어떤 식으로든 부모의 인생에 들어온 순간)부터 부모와 별개의 인간이며 부모가 항상 동의할 수는 없는 결정을 내릴 것이다. 아이가 의견을 구하면 그때 부모의 의견을 표현하라. 아이 스스로 결정내릴 수 있는 지식과 정보를 가졌다는 점을 존중해주어라. 아이가 실수하는 것 같다는 생각이 든다면 실수를 경험할 수 있도록 두어라. 부모도 실수를 저지르며 부모가 아무리 아이를 사랑해도 아이가 자신만의 인생 교훈을 얻는 걸 막을 수는 없다.

　자녀의 입장에서는 어떨까? 어른 대접을 받기 위해 가족 내 역학 관계에 변화를 만드는 가장 좋은 방법은 스스로 어른처럼 행동하는 것이다. 예를 들어 주말에 본가에 들렀을 때 친구 부모님 댁에 머무는 것처럼 행동해보자. 친구 부모님 댁이라면 식사 후에 부엌으로 그릇을 옮겨다 놓지 않겠는가? 자고 일어난 후 침대를 정돈하고 방 청소하는 걸 두 번 고민할까? 그렇게 하는 게 예의 바른 행동이기 때문이다. 그러니 부모님과의 관계가 변했음을 알리는 방법으로 친구 부모님 댁에서 지키는 선을 본가에서도 설정해보자. 부모님은 자녀의 변화를 눈치챌 것이다. 만약 이를 언급하지 않으신다 해도 새로 지켜야 할 선에 대해 이야기를 꺼낼 좋은 디딤돌이 된다.

가족이라고 관계 단절의 예외가 될 수는 없다

'피는 물보다 진하다'라는 식의 옛말이 많다. 이런 옛말에는 가족은 유일하게 선을 긋지 않아도 되는 예외적인 존재고 아무리 선을 자주 침범해도(심지어는 학대를 해도) 가족 관계는 영원하다는 생각이 담겨 있다. 하지만 나는 이 생각에 동의하지 않는다. 우리가 가족을 선택할 수는 없지만 가족을 곁에 둘지 여부는 선택할 수 있다. 우리 사회는 여전히 가족 간의 관계를 끊는 일을 매우 지탄받을 일로 규정하고 금기시한다. 그래서 여러 이유로 가족을 떠난 사람들은 큰 수치심을 느끼곤 하는데 자신을 일종의 '실패자'로 인식하기 때문이다. 이러한 사회적 메시지의 문제는 대개 가정에서 학대받는 입장에 있는 사람에게 책임을 전가한다는 점이다. 그렇게 사회는 학대를 용납하지 않는 건 관계의 실패라는 메시지를 보낸다.

영국 해리 왕자비인 메건 마클을 예로 들어보자. 언론은 아버지와 연락을 끊었다는 이유로 그녀를 비난했다. 마클은 냉담하고 잔인하고 무정한 딸로, 그녀의 아버지는 힘없는 희생자로 그려냈다. 오직 아프다는 이유로 딸의 프라이버시를 침해하는 게 아무 문제가 되지 않는다고 주장하는 가난하고 약한 남자로 그렸다. 메건 마클의 아버지는 정서적인 조종을 가하는 방식으로 언론을 이용했다. 누군가 선을 계속 침범하면 가장 마지막 단계는 생판 남에게 하듯 접촉을 끊고 관계를 단절하는 것이다. 그건 마클의 권리이고 개인적으로 나는 분명 엄청난 고통을 가져다준 아버지와 연락을 끊고 자신을 보호한 그녀가 매우 용감했다고 생각한다. 두 사람 사이에 진짜 무슨 일이 있었는지는 누구도 알지 못하며 우리와는 상관없는 일이다. 그럼에도 아버지와 접촉을 끊은 사람을 대하는 대중의 반응을 보니 가족과 선을 긋는 사람을 우리 사회가 얼마나 비난하는지 분명히 알 수 있었다.

상대가 가족이라고 해서 학대를 참아야 하는 건 아니다. 가족과 관계를 끊어도 괜찮다. 다른 가족과의 관계 때문에 그 사람과 관계를 끊지 못하겠다면 가족과 함께하는 시간과 만나는 기회를 제한하라. 가족은 변하지 않는다는 걸 받아들이고 상황이 나아지리라는 기대는 접어두자. 학대를 가하던 사람이 갑자기 다정해진다면 과거의 행동을 떠올리고 찰나의 다정함이 주는 착각에서 벗어나자. 다정함은 순간일 뿐이다. 그 사람이 당신을 사랑한다 해도 그는 사랑을 전하는 법을 모르는 사람이다.

종종 사람들은 사랑하는 가족 곁에서 최악의 모습을 보인다. 자신이 어떻게 대하든 떠나지 않고 참아줄 거라는 절대적인 믿음이 있기 때문이다. 가족이 곁에 있다는 생각에 안정감을 얻어 마음이 편할 수는 있지만 우리는 스스로 더 높은 기준을 지켜야 하며 가족이라는 이유로 소중한 관계를 무례하게 대해서는 안 된다. 선을 그으면(그리고 가족이라고 해서 그의 인생에 우리의 자리가 있다거나 우리의 인생에 그 사람의 자리가 있지는 않다는 점을 이해하면) 오히려 가족과 더 건강한 관계가 이어진다. 누군가의 존재를 당연시하면 항상 원망으로 이어지기 때문이다. 원망의 감정을 해결할 가장 좋은 방법이 바로 선을 긋는 것이다.

나답게 선 긋는 TIP

가족이 모두 지켜주길 바라는 나만의 선을 적은 목록을 만들어보자. 이는 건강한 상호 작용을 보장하는 아주 효과적인 방법이다. 가족이 함께 둘러앉아 다같이 목록을 작성하는 게 제일 좋다. 가정 내 규칙과 달리 선에 대해서는 가족 구성원 누구나 발언권을 가져야 한다. 아이들이 선을 지킬 수 없다고 생각한다면 타협안을 찾을 수 있도록 아이들의 생각을 이야기할 기회를 준다. 예를 들어 아이들 중에 한 명이 다른 사람 방에 있는 물건은 무엇도 만져서는 안 된다는 규칙을 정하고 싶어한다고 하자. 그러면 부모는 다음과 같이 이야기한다. "네가 말하는 선에 동의할게. 그렇게 하는 대신 이제 네가 매일 아침 침대를 정리하고 매일 저녁 빨랫감을 세탁 바구니에 가져다 넣을 책임이 있다는 거야." 아이들에게 부모도 부모의 선을 그을 수 있다는 걸 설명하면 가족 전체가 동의할 수 있는 결론을 얻을 수 있다.

시간편: 다른 사람의 시간도 내 것만큼 소중하다

나의 시간이 소중한 만큼 다른 사람의 시간을 존중하는 것 역시 정말 중요하다. '세상에서 가장 비싼 건 시간'이라는 관용구는 우리가 자신을 소중하게 여기기 시작하는 순간부터 사실이 된다. 나의 가치를 믿기 시작하면 내 시간 또한 소중하며 나와 함께 시간을 보내는 건 누구에게나 특별한 일이라는 점을 알게 된다.

시간의 소중함과 자기 가치가 연관되어 있는 이유는 자신이 가치 있다고 믿을 때 내가 지닌 시간의 가치 또한 커지기 때문이다. 사람들이 나와 시간을 보내고 싶어하는 이유가 더는 놀랍지 않다. 나를 견디는 사람들 사이에 둘러싸여 있지 말라. 그 대신 나와 내 존재를 축하해주는 사람들과 함께하기 위해 적극적으로 주위 사람을 선택하자.

누군가를 계속 기다리게 만들고 늦게 나타나고 마지막에 만남을 취소하는 일은 상대에게 내 시간이 당신의 시간보다 더 중요하다고 이야기하는 것과 같다. 생각이 부족하거나 부주의해서 그렇게 되었다고 해도 상대의 시간은 낭비해도 된다는 메시지가 내포되어 있다. 인간이 쓸 수 시간은 24시간으로 정해져 있으므로 낭비해도 되는 시간을 가진 사람은 아무도 없다. 상대가 당신의 시간을 존중하길 바란다면 당신도 상대의 시간을 존중해야 한다. 예를 들어 당신이 막판에 약속을 취소했다고 하자. 상대는 당신을 만나기 위해 다른 누군가와의 약속을 거절했을 수 있다. 당신이 약속을 취소해야 한다는 사실을 미리 알려줬더라면 상대는 다른 사람을 만날 수 있었을 것이다.

시간의 선을 잘 지키는 좋은 방법은 '솔직해지는 것'이다. 아직 집에 있으면서도 이제 지하철을 탄다고 말하는 친구를 본 적 있을 것이다. 그렇게 말하는 이유가 무엇이든, 그저 습관이든 아니면 후폭풍이 두려워서든 그의 행동은 무례한 짓이다. 내게도 이런 친구가 있는데 선을 긋기 전에는 항상 진짜 만나려는 시간보다 한 시간을 앞당겨 약속 시간을 정하는 방법을 썼다. 그러면 대부분 같은 시간에 만났다. 때로는 친구가 일찍 오기도 했고 그럴 때면 나에게 '늦지 말라고 잔소리를 하면서 정작 늦는다'고 친구가 화를 냈다. 또 때로는 약속 시간을 한 시간 앞당겨 잡아도 여전히 만나고 싶은 시간보다 더 늦게 나타나기도 했다. 그래서 약속 시간을 앞당기는 방법으로는 우리 문제를 해결할 수 없었다. 나를 한 시간씩 기다리게 하는 건 무례한 행동이라고 말했으면 충분했을 일이지만 나는 우리 관계가 끝났다는 걸 알리고 싶지 않았다. 실제로 그 친구와의 관계가 끝났을 때 약속 시간 문제가 주요 원인 중 하나였다. 마지막으로 이야기를 나누었을 때 나는 친구에게 '신뢰할 수 없는 사람'이라고 했고, 친구는 약속시간에 맞춰 제때 온 적이 거의 없다는 내 말에 크게 불쾌해했다.

약속 시간을 지키지 않는 문제보다 나를 더 기분 나쁘게 만들었던 부분은 친구가 나를 정직하게 대하지 않았다는 점이었다. 그 시절로 다시 돌아간다면 나는 이런 행동에 대해서는 처음부터 선을 더 강하게 그을 것이다. 우리가 출발해야 하는 시간이 9시라면 나는 친구에게

9시에 떠날 거라고 말하고 약속 시간에 친구가 나타나지 않아도 친구 없이 혼자 출발할 것이다. 한 번은 수화기 너머로 샤워기 소리가 들리는데도 지금 가고 있다는 소리를 들으며 식당에서 친구를 두 시간이나 기다린 적도 있었다. 요즘은 그런 일이 생기지 않는다. 약속 시간에서 20분이 지나면 내가 자리를 떠나기 때문이다. 예전에는 두 시간씩 기다리면서 마음속에 원망이 쌓여갔지만 친구가 도착해도 절대 말하지 못했다. 그때 만일 20분 동안 기다리다 자리를 떠났다면 물론 그래도 화는 났겠지만 두 시간 늦게 나타나면서 자기는 기다릴 가치가 있는 사람이라는 농담을 던지는 친구를 볼 때만큼 화가 쌓이지는 않을 것이다. 모든 건 소통의 문제고 정직함이 소통의 질을 향상시킨다.

늦을 거라는 이야기를 전하면 상대방에게는 몇 가지 선택지가 생긴다. 예를 들어 아직 집을 나서지 않았다면 나중에 나올 수 있다. 또한 얼마나 늦을지 솔직하게 말하면 상대방은 기다릴지 말지 결정할 수 있다. 첫 데이트를 예로 들면 만나기로 한 시간까지 메시지를 보냈다면 나는 30분 동안 기다릴 것이다. 예를 들어 저녁 7시에 만나기로 했는데 상대가 20분 정도 늦을 것 같다면 7시까진 내게 늦는다는 사실을 일러주어야 한다. 30분이나 기다린다니 너무 오래 기다린다고 생각하는 사람도 있을 테고 30분으로는 충분하지 않다고 생각하는 사람도 있을 테다. 내가 기다릴 시간을 30분으로 정한 이유는 런던 지하철 운행이 너무 불안정해서 온 세상 계획을 다 세워두었어도 지하철에 갇혔을 땐 꼼짝없이 한동안 갇혀 있어야 한다는 사실을 계산했기 때문이다. 내게 중요한 건 기다려야 할 시간을 계산하는 일보다 '소식을 전하는 방식'이다. 소통하는 모습을 보면 데이트하고 싶은 상대인지 아닌지가 드러난다.

한번은 같은 주에 두 번의 첫 데이트가 있었는데 어쩌다 보니 두 남자 모두 약속 시간에 늦었다. 한 남자는 약속 시간 10분 전에 메시지를 보내 30분 늦을 거라 전했다. 나는 기다리기로 했고 도착하자마자 그는 늦어서 미안하다고 사과했다. 2차에서 내가 돈을 내겠다고 하자 그는 거절하며 말했다. "아닙니다, 그러지 마세요. 제가 늦었으니 제가 내겠습니다." 그는 늦는다는 걸 미리 알려주었고, 사과했으며, 지각을 보상하려 했다. 이에 비해 같은 주에 했던 다른 데이트에서 남자는 약속 시간 10분 뒤에야 10분 늦을 거라는 메시지를 보내왔다. 하지만 15분이 지나도 오지 않았고 나는 "10분 더 기다렸다 그때까지 안 오시면 저는 갈게요."라고 메시지를 보냈다. 그랬더니 곧 도착한다고 답이 왔다. 그는 10분이 더 지난 뒤에야 나타나서는 사과도 없이 "오, 자리 맡으셨네요. 좋아요!"라고 말할 뿐이었다. 내가 두 남자를 위해 각각 기다린 시간은 같았다. 그러나 첫 번째 남자와는 다음 데이트 약속을 잡았고 두 번째 남자와는 그러지 않았다. 첫 번째 남자와 그 뒤로 세 번 더 만났고 그는 단 한 번도 약속 시간에 늦지 않았다. 첫 번째 데이트 날에는 운이 나쁘게도 차가 막혀서 늦었지만 그의 행동을 통해 지각이 드문 사람이고 상대방의 시간을 존중하는 사람이라는 걸 알 수 있었다. 첫 데이트에서는 보통 가장 좋은 모습을 보이려 한다는 점을 생각하면 첫 데이트 날조차 시간 약속을 지키지 못하는 사람이라면 만나고 1년이 지나도 시간 약속을 지킬 가능성은 거의 없다고 봐야 한다. 물론 나도 약속 시간에 늦을 때가 있다. 그러나 나는 평소 믿을 만하고 시간을 잘 지켜온 이력이 있는 사람이기에 예상치 못한 일로 늦거나 약속을 취소한다 해도 사람들이 너그럽게 받아줄 것이다. 습관적으로 약속을 취소하는 사람이 아니기 때문이다.

약속을 취소할 때는 어떻게 말해야 할까

약속에 늦는 것과 마찬가지로 툭하면 약속을 취소하는 사람도 실망스럽다. 내가 아는 대부분의 성인은 바쁜 삶을 살고 있다. 내가 시간을 냈다는 얘기는 시간이 많아서가 아니라 상대방을 우선순위에 두었기 때문이다. 일상에서 모든 사람을 위해 시간을 낸다는 건 어려운 일이며 약속을 지키지 않으면 일은 더욱 어려워진다.

하지만 선을 잘 그으면서 약속을 취소할 방법이 있다. 물론 그러려면 노력을 많이 해야 한다. 내가 하는 일의 특성상 보통은 갑작스럽게 일할 기회가 생기기 때문에 나는 약속을 많이 취소하곤 한다. 그렇다는 걸 알고 있기 때문에 나는 한 달 이상 뒤의 약속을 잡아야 할 때는 약속 상대에게 내가 약속을 취소하게 될지 모른다고 미리 일러둔다. 최근에 친구와 함께 뮤지컬 〈해밀턴〉을 보러 가기로 했을 때도 그랬다. 구할 수 있는 가장 빠른 날짜의 입장권이 두 달 뒤였고 거기에 맞춰 날짜를 정하고 예매를 했지만 나는 친구에게 일이 생길지 모르고 그렇게 되면 나는 뮤지컬을 보는 대신 일을 하러 가야 한다고 말해두었다. 친구는 이해한다며 일단 예약하자고 했다. 한 달이 지났을 때 일이 들어왔고, 일이 들어오자마자 나는 친구에게 말했다. 미리 말해둔 덕분에 친구는 괜찮다고 받아주었다. 친구는 개의치 않고 여동생과 뮤지컬을 보러 갔고 약속을 지키지 못한 사람은 나였으므로 나는 티켓 값을 잃어도 괜찮았다. 이에 대해 친구와 미리 소통해두었기 때문에 우리는 아무 문제가 없었다.

때로 이보다 더 막판에 약속을 취소해야 하는 상황이 생기면 나는 항상 의뢰받은 일이 얼마나 중요한 일인지 가늠해본다. 실제로는 '일'과 '친구' 사이에서 결정을 한다는 걸 인지하는 게 중요하다. 드물게 일을 택했던 경우는 장기 프로젝트였거나 예상치 못하게 해외에 가야 해서 일에 쏟는 노력이 더 커진 경우였다. 이럴 때는 약속을 취소하면서 바로 어떤 날짜로 약속을 바꾸면 좋을지 물어본다. 그리고 다음 만남의 모든 계획을 내가 세우고 다른 약속으로 만났을 때와 차이가 느껴지도록 한층 노력을 기울인다. 정말 약속 날짜 직전에 약속을 취소하는 때에는 다시 약속을 잡아 만났을 때 식사 비용을 낸다거나 사과의 의미로 꽃을 보내는 등 뭔가 특별한 일을 해준다. 당신이 이렇게 해야 한다는 건 아니지만 나는 내가 친구들과의 우정을 소중히 여긴다는 걸 친구들이 알아줬으면 하는 마음에서 이렇게 하기로 했다. 나처럼 미안한 마음에 특별한 일을 해주지 않아도 자주 있는 일이 아니라면 대부분은 약속 날짜를 다시 잡기만 하면 상대방은 상황을 이해해줄 것이다.

내가 약속을 취소당하는 입장일 때에도 쉽게 받아들이는 편이다. 내가 예측하기 어려운 일을 하고 있을 뿐 아니라 사람들과의 만남보다 일이 더 우선순위에 있다는 걸 완전히 이해하기 때문에 더 관대하게 받아들이는 편이다. 약속 취소가 상대를 얼마나 좋아하고 관심을 가지는지를 나타내는 지표라고 생각하지 않는다. 그건 다만 사람들마다 우선순위가 다르다는 걸 알려줄 뿐이다. 나는 항상 일보다 사람에 우선순위를 두지만 내가 뭐라고 다른 사람의 우선순위를 평가하고 무엇을 우선순위에 두어야 한다고 결정할 수 있을까? 개인적으로 일 때문에 약속을 취소하는 건 내게는 선을 넘는 일이 아니다. 위에서 이야기한 조건만 지킨다면 말이다. 미리 알려주고, 미안해하고, 약속을 다시 잡으려 하면 그걸로 나는 만족한다. 내가 선을 그을 때는 약속을 취소하는 일이 반복적으로 일어나고 내 시간을 존중하지 않는다는 점이 분명해졌을 때다.

약속을 취소하는 태도가 문제다

사실 나는 약속을 너무 많이 취소하는 친구와 절교한 적이 있다. 만나려고 노력하는 사람이 나 혼자라는 사실을 깨달은 후 2년간 이 친구를 만나지 않았다. 우리가 마지막으로 만났던 날, 그날은 이미 세 번의 약속을 취소한 뒤에 정한 날짜였다. 마침내 친구를 만났더니 친구는 아무런 말도 없이 자기 엄마와 함께 나타났다. 친구 어머니가 화장실에 가고 난 뒤에야 친구는 어머니와 함께 온 이유를 설명했다. 엄마와 공방에 함께 있었는데 엄마도 가고 싶다고 하셔서 거절할 수 없었다고 말이다. 이전에 나는 친구의 어머니를 뵌 적이 없었고, 친구를 2년 동안이나 만나지 못했기에 하고 싶은 말이 산더미였지만 전에 뵌 적도 없는 친구 어머니 앞에서 개인적인 이야기를 하고 싶지는 않았다. 차라리 친구가 약속을 취소하는 편이 더 나을 뻔했다. 그날 저녁 식사 후에 친구가 만회할 기회를 달라며 그다음 주에 둘이서만 저녁을 먹자고 했다. 만회하겠다고 말만 하는 것과 실제 행동으로 옮기는 건 다른 문제다. 친구가 말한 '다음 주'는 다음 달이 되어도 얘기가 없었고 마침내 나는 친구의 말을 믿지 않게 되었다. 친구는 어떤 문제가 생겼을 때만 내게 전화를 했고 내 도움을 받고 나면 다시 사라졌다. 그러고선 다시 2년이 지난 뒤에야 또 나타났다. 친구는 저녁을 먹자고 했고 나는 친구에게 우리가 약속을 잡는다면 취소할 수 없으며 만약 또 취소한다면 너와 약속 잡는 건 이번이 마지막일 거라고 이야기했다. 친구는 이에 동의했고 우리는 약속을 잡았다. 하지만 만나기로 한 날짜 이틀 전 친구는 메시지를 보내 월요일과 화요일을 헷갈렸다며 저녁 먹기로 한 날짜를 바꿀 수 있는지 물었다.

"미셸! 나 월요일과 화요일을 헷갈렸어. 혹시 3일 대신 2일에 볼 수 있을까?"

만약 친구가 보낸 메시지에 불편하게 해서 미안하다는 사과의 말이 있었다면 내가 정한 선을 내려놓았을 뿐 아니라 친구를 더 존중했을 것이다. 나는 이렇게 답장을 보냈다.

"안녕! 나 2일에는 시간이 안 돼. 그리고 난 일정이 꽤 빡빡하게 차 있어. 우리 그냥 만나지 않는 게 제일 좋을 것 같아."

나는 첫 메시지는 항상 길게 보내기보다는 짧게 보낸다. 내가 정해 둔 선에 따라 친구가 네 번째로 약속을 취소하면 관계를 끊기로 했기 때문에 큰 힘 들이지 않고 간단한 메시지로 대화를 시작하는 게 딱 좋았다.

"아아아아, 그래도 난 널 만나고 싶어. 내가 그냥 실수한 거야. 이건 어때? 내가 어떻게 하면 좋을지 네가 말해주면 안 될까?"

친구가 메시지에 쓴 말은 흥미로웠다. 그녀는 첫 문장에서는 약속 날짜를 바꾸는 게 내게 어떤 영향을 미칠지 이야기하는 대신 자신의 욕구만을 내세우고 있었다. 그러다 두 번째 문장에서는 갑자기 방어적인 자세를 보였다. 이렇게 두 문장만 봐도 친구는 자신의 행동에 대한 책임을 느끼지 않았고, 그런 점에서 이 우정은 내게 필요하거나 내가 원하는 우정이 아니라는 사실을 확인할 수 있었다. 나는 이렇게 답장을 썼다.

"사만다, 솔직히 말해 네가 약속 날짜 바꾸는 거 이번이 네 번째야. 약속 날짜를 자주 바꾸는 네 태도만큼 약속을 취소하는 일이 사실 문제는 아니야. 그런데 내가 더 이상 우리가 친하게 지내던 그 시절의 나와 같은 사람은 아닌 것 같아."

한때는 정말 가까운 사이로, 둘이서 한 달 동안 여행을 가기도 했던 우리의 우정을 존중하는 마음에서 나는 이유를 설명했다. 하지만 메시지를 주고받는 동안 우리의 우정이 항상 어떤 식으로 작동해왔는지 깨달았다. 과거와 다른 점이 있다면 나는 이제 내 시간도 친구의 시간만큼 중요하다는 걸 아는 자존감을 갖추었다는 것과 선을 긋는 방법에 대한 기술도 익혔다는 점이었다.

"들어봐, 내가 정말 미안해. 진짜 실수했어! 그래도 솔직히 말해 이건 좀 너무한 것 같아. 네가 언제 시간이 되는지 말해준다면 난 기꺼이 네 시간에 맞출 수 있어."

언제가 됐든 누군가가 '들어봐'라고 시작하는 메시지를 보낸다면 그건 공격이다. '네가 보고 싶어'라는 말과 마찬가지로 친구는 앞서 내가 보낸 메시지의 내용을 무시하고 이 순간 자신이 원하는 바를 우선시하고 있다. 그리고 처음으로 사과하는 말을 꺼냈지만 나 또한 미안하다는 말을 해야 할 사람처럼 몰아갔다. 너무하다는 비난은 아주 전형적인 비난이며 상황의 주도권을 잡고자 할 때 쓰는 말이다.

"괜찮아, 네겐 그렇게 느낄 권리가 있어."

이 메시지는 대화를 마무리하려고 꺼낸 말이자 친구에게 '너무하다'는 말을 들으면 물러서곤 했던, 그녀가 알던 과거의 나는 지금의 나와 다르다는 걸 보여주는 방법이었다.

"널 만나고 싶어."

그녀는 자신의 욕구를 또 반복해서 말했다.

"내가 너무하다고 생각하는 거 이해해. 하지만 난 지금까지 누구에게도 네 번의 기회를 준 적은 없었어. 네 번의 기회를 주었는데 넌 책임감을 느끼는 대신 내게 죄책감과 수치심을 주려 하니 씁쓸하네. 솔직히 말해 이건 우정이라고 할 수 없어. 특히 다시 쌓는 게 좋을 우정이라면 말이야. 안녕."

앞의 메시지만 보내고 그냥 멈출 수도 있었지만 나는 개인적으로 가능하면 결론을 짓는 편을 좋아한다. 또한 상대를 존중하는 마음을 가진 적이 있었다면 그게 비록 과거의 일이라 해도 가능한 관계를 마무리 짓고 이해를 구하려 한다. 한 번 그렇게 하고 나서 그냥 둔다. 마지막 메시지를 보내고 나서 내가 더 이상 답하지 않는데도 그녀는 이후로 10분 동안 계속 메시지를 보내왔다. 그녀에게 선이 없다는 걸 보여주는 또 다른 표시였다. 그때 나는 친구의 전화번호를 차단했다.

앞서 이야기했던 많은 상황과 마찬가지로 친구 관계를 끊게 되는 대화에서는 처음부터 항상 안고 있었던 문제가 나타난다. 상대의 반응 속에는 우리에게 필요한 답이 들어 있다. 친구 관계가 끝나는 원인이 실제 트리거가 된 문제 때문인 경우는 드물다. 그보다는 이미 존재하는 문제를 강조하는 '대화'(소통)로 관계가 끝난다. 친구가 습관처럼 약속을 취소하는 문제는 우리 우정이 시작될 때부터 문제였다. 나는 약속을 정하고 지키기 위해 친구보다 더 많이 애썼지만 친구는 자기가 필요할 때만 내게 연락했다. 하지만 나는 친구와 연락하지 않은 2년 동안 많이 변했다. 친구는 선을 잘 긋는 새로운 내 모습을 알지 못했고, 그래서 내가 처음 선을 그었을 때 진지하게 받아들이지 않았다. 당신 역시 이런 경험을 하게 될 것이다. 당신이 변하면 상대는 그에 따라

강한 반응을 보인다. 당신이 그은 선이 상대에게는 충격이기 때문이다. 하지만 이 책에서 소개한 많은 예에서 그랬듯 약속을 막판에 취소하는 친구의 행동은 관계에 있는 더 큰 문제를 나타내는 조짐이었다. 선을 긋기 시작하자 애초에 존중이 결여되어 있던 모습이 드러났을 뿐이다.

나답게 선 긋는 TIP

만일 여러분이 자주 약속을 취소하고 항상 약속 시간에 늦는 사람이라면 몇 가지 현실적인 해결책을 써야 한다.

나의 경우 수첩을 이용하곤 했는데 한 주의 일정을 시각적으로 확인하는 데 큰 도움이 되었다. 지금은 휴대폰 일정 관리 애플리케이션을 사용하여 시간을 더 효과적으로 관리한다. 어딘가 가야 할 때는 출발 시각 한 시간 전에 알람을 맞추고, 출발 시간 10분 전에도 알람을 맞춰 준비를 어서 마무리하고 집을 나설 수 있도록 한다.

아이들에게나 써야 할 방법처럼 보이지만 제시간을 맞추기 위해 도움이 필요하다면 이 방법들을 써서 실천해보자. 알람을 써서 도움을 받아야 한다니 애들 같고 귀찮다는 식의 생각은 유치하다. 어른이라면 자신의 약점을 인정하고 약점을 고칠 현실적인 해결책을 찾아야 한다.

감정편: 감정을 돌보는 일을 타인에게 미루지 마세요

사랑하는 사이든 우정을 나누는 사이든 모든 관계에는 기대하는 바가 있다. 좋은 친구나 연인이 되기 위해서는 상대의 말을 잘 들어주는 사람이 되어야 한다. 친구가 전화를 걸면 받아주고, 운이 나빴던 하루를 보낸 배우자가 집으로 돌아오면 옆에 앉아 상대의 불평을 들어준다. 그럴 때면 배우자는 스스로 소화할 시간을 가지지 못한 날 것 그대로의 감정을 마구 쏟아낸다. 본질은 배우자가 날 것의 감정을 스스로 마주하거나 생각하기 불편하여 상대 배우자에게 감정을 떠넘기는 것이다. 우리 사회의 일상적인 대화 방식으로 일반화되어 있는 모습이지만 사실 이건 감정을 버리는 행위다. 누구나 다른 사람의 감정을 받아주는 역할을 해본 적 있겠지만 또한 누구나 감정을 쏟는 가해자가 된 적도 있다.

예전에 나도 다른 사람을 감정 쓰레기통으로 취급했던 적이 있다. 무슨 일이 생기면 부정적인 감정에서 오는 불편함을 빨리 없애고 싶어서 친구 여섯 명에게 메시지를 보냈다. 친구 한 사람의 답장을 기다리지 않고 메시지를 복사한 뒤 붙여넣어 연락처에 있는 친구 모두에게 보내곤 했다. 그러다 어느 친구가 답장을 보내 내 괴로움이 가라앉아야 메시지 보내는 걸 멈췄다. 감정을 버리는 것보다 더 나쁜 행동은 무엇일까? 감정 버리는 짓을 열 명에게 하는 것이다. 특히 심했을 때 나는 한 친구에게 전화를 걸어 이야기를 다 끝내고 난 뒤 다른 친구에게 또 전화해 같은 대화를 반복하곤 했다.

이건 누군가 더는 자기 집에 두고 싶지 않은 것들을 가방에 담아 그 걸 우리 집 문 앞에 버리고 도망가는 일과 똑같다. 이제 우리는 가방을 버리고 간 사람을 위해 쓰레기 가방을 자세히 살펴봐야 하고 그 안의 내용물 때문에 짜증이 나게 된다. 감정을 버리는 일도 같은 식으로 작동한다. 한 가지 차이가 있다면 상대의 집이 아니라 몸에 버리고, 물건이 아니라 감정과 에너지를 버리는 것이다. 이렇게 자신의 가방을 상대의 집에 버리고 가는 상황에서 그는 좋은 친구도, 배우자도 아니다. 마찬가지로 상대가 버린 가방을 받아준다고 해도 그건 그를 위하는 행동이 아니다.

다른 사람에게 감정을 버린다는 얘기는 자기 감정을 정리하는 법을 절대 배우지 않을 거라는 뜻이다. 그는 다음번에 쓰레기가 또 쌓이면 또다시 당신에게 감정을 버릴 것이다. 처음에는 듣고 흘리겠지만 두 번째는 당신도 점점 짜증이 난다. 그러다 보면 당신이 어떤 상황에 처해 있는지 확인도 하지 않은 채 자기 할 말만 하는 상대에게 점점 원망이 쌓이게 된다. 이런 마음이 쌓이기 전에 선을 잘 긋는 사람이라면 가방을 다시 돌려주고 말한다. "난 너를 정말 사랑하지만 아무런 예고 없이 그냥 나타날 순 없어. 이 모든 쓰레기를 너희 집에 두는 게 짜증 나고 불편한 거 알아. 하지만 이건 내 쓰레기가 아니야. 내 것이 아니고 내가 책임져야 할 일도 아니야. 난 네가 이 감정 쓰레기를 스스로 자세히 살펴보는 동안 네게 힘이 되어줄 수 있을 뿐이야."

이번 장을 쓰고 있는 바로 지금 코로나 감염으로 나는 현재 자가격리 4일 차에 들어섰다. 책이 출판될 때는 이 이야기가 과거의 이야기가 되어 있기를 온몸으로 바라고 있다. 그리고 이 모든 시련이 끝나고 생활이 일상으로 돌아갔기를, 그때 당시 우리가 얼마나 코로나 이야기만 했는지를 떠올리고 싶다. 모두가 코로나와 관련한 메시지를 보냈고, 소셜미디어에도 코로나 관련 게시물만 올렸고, 어디를 봐도 코로나 이야기를 피할 수 없을 것 같았다. 나는 사람들에게 자가격리 중인 이유를 말하지 않았는데 그건 내가 현재 코로나 확진 판정을 받았기 때문이다(코로나 바이러스를 견뎌낸 미래의 나에게 미리 축하를 보낸다). 나는 세상에 히스테리와 공포를 더하고 싶지 않았고 그래서 나의 확진 사실을 알리지 않았다. 나를 팔로우하는 30만 명의 사람들에게도 마찬가지였다. 나 말고도 이미 걱정거리는 충분했기 때문이다. 하지만 내 친구들과 팔로워들은 확진 사실을 모르기에 나는 매일 계속해서 몹시 감정적이고 격앙된 메시지를 받고 있다. 지금 내게는 전부 다소 부담스럽다. 내 몸과 마음의 건강을 위해 나를 돌보는 일을 정말 우선시해야 한다. 사람들에게 감정 쓰레기와 관련된 선을 긋는 법을 가르치기에 이보다 더 좋은 시기가 있을까? 이렇게 말해보자.

친구: 안녕! 나 코로나 바이러스에 대한 얘기를 너와 좀 나누고 싶은데 괜찮니?

나: 음, 아니. 솔직히 말해 나 지금 좀 버거워.

친구: 괜찮아? 너의 이야기를 나눌 만한 사람 있어?

'코로나 바이러스'라는 단어를 무엇이 됐든 감정적으로 힘들게 하는 일로 바꿔보자. 감정을 쏟아내기 전에 상대의 상태를 확인하기만 해도 세상은 지금보다 훨씬 좋아질 것이다. 첫 번째 메시지를 받으면 사람들은 자신의 몸 상태를 확인하고, 정신적으로 괜찮은지 살펴보고, 상대의 부탁을 거절할 기회를 가진다. 자신의 문제가 아닌 대화에는 참여하지 않으면서도 상대를 친절하고 다정하게 대할 수 있다. 우리가 대화할 때 이런 에티켓을 갖춘다면 세상 많은 사람이 느끼는 부담감이 사람 사이에 꼬리에 꼬리를 물고 전해지지 않을 것이다. 두 번째 사람이 솔직하게 대답하지 않았다면 어떻게 될까? 다른 사람의 감정을 처리할 마음의 공간이 없는데 첫 번째 사람에게 감정을 떠넘기게 했다면 두 번째 사람 역시 자기 이야기를 털어놓으러 다른 사람을 찾아갈 가능성이 높다. 계속되는 악순환 속에 갇히게 되는 것이다.

순간적으로 치밀어 오르는 감정에 대처하기

그렇다면 우리는 어떻게 자신의 감정을 다른 사람에게 책임 지우지 않고 스스로 관리할 수 있을까? 우선 자신이 감정을 쓰레기 버리듯 하고 있다는 점을 깨달아야 한다. 사소한 예를 들면 나는 세 명의 다른 인플루언서들과 함께 어느 행사에서 강연을 했다. 행사가 끝나고 인스타그램에 내 개인적 기억에 대해 감정을 담아 사진 밑에 글을 썼다. 그런데 한 시간 후 다시 인스타그램에 들어갔다가 다른 인플루언서가 내 글을 거의 토씨 하나 틀리지 않고 똑같이 베껴 올린 걸 보게 되었다. 다른 글이었다면 아마 그렇게까지 화가 나지 않았을 텐데 이 글은 내가 쓰면서 울었던 글이었다. 내게는 큰 의미가 있는 글이었기에 나는 즉시 분노가 일었다. 나는 세 명의 친구에게 메시지를 보냈고 친구들은 '웬일이야 정말 짜증 난다'는 모범 답안으로 답장을 주었다. 그렇게 화가 가라앉고 있었는데 다른 친구 한 명이 "나 그 사람 사진 밑에 댓글 달았어."라며 메시지를 보내왔다. 갑자기 심장이 멈추는 것 같았다. 나는 이 문제로 사건을 일으키고 싶지는 않았다. 내 친구는 그 사람의 게시글에 "어디서 본 듯한 글이네요…."라고 은근히 공격하는 댓글을 달았다. 이건 내가 상황에 대처하려던 방법이 아니었다. 나는 친구에게 댓글을 지우라고 말했고 다행히 그 인플루언서는 댓글을 보지 못했다. 이 일로 앞서 있었던 일에 대해서 더는 생각하지 않게 되었다.

순간적으로 감정이 치밀어 오를 때면 항상 사건 그 자체보다 더 큰 무언가가 있다. 그렇다. 누군가 내 글을 베낀 건 짜증 나는 일이지만 그 정도로 화나게 할 일은 아니었다. 그건 그 아래 다른 무슨 일이 있다는 뜻이다. 알콜중독자 치료 모임에서 자주 사용하는 표현이 있다. "어떤 일에 감정적이 된다면 그건 '사건'이 있었다는 얘기다." 내가 화를 내지 않고 앉아서 잘 생각해봤더라면 내가 화가 난 이유는 글을 베낀 상대방이 나를 투명인간 취급했다는 생각이 들어서였음을 알 수 있었을 것이다. 나는 인정을 받는 것에 가장 큰 가치를 두는 사람이었다.

그래서 한층 격렬하게 화가 났다. 인스타그램에 올린 글에 적은 내 개인적인 이야기는 거절당하는 일에 대한 것이었고 그래서 글을 쓰는 동안 나는 이미 마음이 약해져 있었다. 다른 인플루언서가 그 글을 베끼자 나는 거절에 관한 내 이야기 자체가 거절당하는 느낌을 받았다. 나는 일상에서 일어나는 모든 상황에 과거의 상처를 치유할 기회가 들어 있다고 생각한다. 하지만 나는 그 기회를 이용해 상처를 치유하는 대신 화를 내고 말았다. 그에 따라 또 다른 상황이 생겨났고 이에 대처하느라 감정을 제대로 정리할 수 없었다. 친구는 좋은 뜻을 가지고 나를 위해 같이 화를 냈다. 나는 내 화를 친구에게 넘겼고 친구는 마치 자기 일인 양 직접 분노해 행동했다. 우리 둘 다 선이 없었던 것이다. 나는 잠시 멈춰 스스로 분노를 본질이 무엇인지 살폈어야 했고, 친구는 나를 위해 내 감정을 대신 전해서는 안 될 일이었다. 감정의 주인이 누구인지 알지 못하면 인생이 꽤 복잡해진다.

이제 내게는 선이 있고 비슷한 상황이 닥치면 가슴에 손을 얹고 심호흡을 한 뒤 내가 무엇을 느끼고 있는지 스스로 물어보면서 대처한다. 이 느낌은 그냥 분노일까? 슬픔도 합쳐진 걸까? 이 일은 어린 시절의 어떤 기억을 불러오는가? 그래도 여전히 분노가 남아 있으면 그때는 이 분노가 과거의 기억 때문이 아니라 전적으로 눈앞의 상황에서 비롯됐다는 걸 안다. 그런 경우에는 친구에게 미리 간단히 주의를 준다. "나 화났어. 잠시 너한테 털어놓아도 될까?" 그러고 나서 친구에게 이야기한다. 우리는 사람이기 때문에 100퍼센트 감정을 혼자 정리할 수 없다. 하지만 먼저 물어볼 수는 있다. 상대에게 먼저 물어보는 일은 내게는 예의고 매너이며 상대방이 다른 사람의 감정까지 추가로 감당할 수 없는 상황이라면 그렇다고 말할 수 있는 기회를 주는 것이다.

위에서 소개한 예는 다소 사소한 일이었지만 그보다 심각한 상황에서도 나는 마찬가지로 대처했다. 2019년 크리스마스 이브날 가족 중 한 명이 암에 걸렸다는 소식을 들었다. 나는 가족이 아닌 누군가와 정말 이야기를 나누고 싶었다. 아주 무겁고, 감정적으로 격앙된 대화가 될 것이었으므로 나는 친구들에게 미리 메시지를 보냈다. "안녕! 바쁘니?" 아니면 "시간 될 때 전화 좀 해줄래?" 같은 내용이었다. 내가 선을 설정한 지 꽤 몇 년이 지났기 때문에 친구들은 이런 메시지가 '이건 중요한 일이야'라는 뜻이라는 걸 안다. 하지만 사안의 중대함을 듣고 죄책감을 느끼기 전에 미리 바쁘다고 말할 기회를 주는 일이기도 하다. 친구의 가족이 암에 걸렸다는 이야기를 듣고 너무 바쁘다고 말할 수 있는 사람은 세상에 정말 몇 명 없을 것이다. 그래서 나는 친구가 바쁜지 차라리 먼저 알고 싶다. 메시지를 보고 친구들은 이렇게 답장을 했다. "나 지금 다른 사람들이랑 같이 있어. 몇 시간 뒤에 전화해도 될까?" 아니면 "응. 지금 모든 일을 잘 해내려고 애쓰는 중이야. 너 괜찮아?" 이건 내가 다른 사람을 찾아야 한다는 신호다.

당시 내게는 곁에 있어주고 매일 안부를 확인하는 좋은 친구가 두세 명 있었다. 일주일에 한 번씩 메시지를 보내 내가 어떻게 지내는지 확인해주는 친구도 있었지만 다른 한 명은 그때 막 아기를 낳아서 당시 내 삶에서 완전히 사라져 있는 상태이기도 했다. 어느 친구가 더 좋은 친구라고 할 수는 없다. 한때는 곁에서 작은 도움만 주던 친구가 살다가 다른 일이 생기면 매일 우리 집에 와주는 친구가 될 수도 있는 법이다. 마찬가지로 나도 내게 다가온 위기에 대처하느라 절친이 엄마가 되었는데 가보지 못했다.

　사람들과 감정을 나누는 방식에 선을 긋는 법을 배우고 나자 다른 사람이 나와 감정을 나누려 할 때 선을 지키는 일도 훨씬 더 쉬워졌다. 나는 라이프 코치라는 직업 특성상 친구들을 상담해주는 경우가 많다. 친구들에게 나는 무슨 일이든 안 좋은 일이 생기거나 조언이 필요할 때 찾아야 할 사람이다. 뭔가 일이 풀리지 않으면 기대어 울고 싶은 사람이다. 그러나 솔직히 말해 직업과 개인 생활 양쪽에서 모두 이런 역할을 맡으면 힘이 든다. 그래서 내가 친구들과의 관계에서 찾은 방법은 그들이 조언을 요청하지 않을 때도 라이프 코치로서 조언을 해주는 것이었다. 실제로 어느 친구가 내가 라이프 코치라서가 아니라 그냥 자기 이야기를 들어줄 것 같아서 찾아온 적이 있었는데 나는 라이프 코치로 일할 때처럼 다음과 같이 간단히 물었다. "내가 이야기를 들어주길 바라니, 아니면 조언을 해주길 바라니?"

　또한 나는 누군가의 메시지에 즉각 대답해야 할 필요를 느끼지 않는다. 평소 업무상 휴대전화를 많이 사용하는데 소셜미디어도 확인해야하고 업무상 논의도 메신저로 많이 하기 때문이다. 내가 '온라인' 상태에 있어도 누군가와 수다를 떨 만큼 여유롭지 않을 수도 있다는 얘기다. 그래서 나는 바쁘다고 말하는 법과 이야기를 나눌 수 있는 다른 시간을 정하는 법을 배웠다. 그냥 이렇게 간단히 말하면 된다. "안녕! 나 지금 일하고 있어. 오늘 저녁 6시에 이야기할 수 있을까?" 이렇게 말하니 내 일과 마음 건강을 우선시했다는 죄책감이 완전히 사라졌다. 예전에 나는 내가 '좋은 친구'라는 점을 몹시 자랑스러워해서 자신을 돌보지 않았지만 최근에는 나만의 시간과 에너지를 그 어느 때보다 중요하게 여긴다.

나는 예전에 의료 트라우마로 외상 후 스트레스 장애 진단을 받았다. 5년에 걸쳐 병에서 회복되었지만 최근 있었던 어떤 일 때문에 갑자기 과거의 단편들이 떠올랐고 상처를 치유하기 위해 라이프 코치를 찾았다. 치유 과정이 너무 힘들었기에 내겐 시간과 에너지가 거의 남아 있지 않았다. 그러던 어느 날 친구가 커피를 마시러 가자고 청해서 나는 사과하며 지금은 함께 어울릴 감정적 여력이 없으니 나중에 연락하겠다고 말했다. 또 당시 무대 쇼를 준비하는 일을 돕기로 되어 있었는데 주최자에게 솔직하게 터놓고 행사를 도울 마음의 여유가 없다고 이야기했다. 행사에는 참여하겠지만 무대 뒤 준비까지 도울 힘은 없다고 말이다. 심지어 가장 친한 친구들에게도 선을 그었다. 친구와 가까워지면 가까워질수록 더 솔직해졌다. 절친이라면 이미 선을 긋는다는 걸 알고 있기 때문이기도 했지만 내가 보다 가볍게 선을 표현할 수 있게 되어서이기도 했다. 어느 날 내 절친이 남자친구 문제로 괴로워하고 있었다. 그런데 그녀는 그 관계를 위해 무엇도 하려고 하지 않았고 나는 말했다. "나 네 얘기를 들어줄 감정적 여력이 없어." 친구는 이야기하지 않았고 우리는 그렇게 넘어갔다. 선을 긋는 데 익숙하지 않은 친구 사이에서는 무정하다고 할 수 있겠지만 선을 긋는 게 당연한 관계가 되면 이런 일은 아무것도 아니다.

선을 긋는 일은 결코 냉정한 것이 아니다

언젠가 선 긋기에 대해 열띤 논쟁을 불러일으킨 트윗을 본 적이 있다. 그 트윗을 둘러싼 논쟁은 선을 그은 사람이 매우 딱딱하게 선을 표현했다는 사실에 있었다. 나는 가장 친한 친구와 그 트윗 내용에 대해 이야기했다. 나는 친구에게 선을 그을 때 아주 가볍게 이야기한다는 점을 말했고, 친구는 가볍게 이야기해주는 편이 더 인간적으로 느껴지고 내가 평소 말하는 방식과 같아 더 좋다고 했다. 또한 상황상(전 남자친구 이야기) 내 대답이 적절했다고 하며 만약 엄마가 돌아가셨다고 했다면 내가 그냥 "네 이야기 들을 감정적 여력이 없어."라고 하지는 않았을 것이라고도 했다. 친구의 말이 맞았다. 친구의 어머니가 돌아가신 상황이었다면 나는 분명 그렇게 대답하지는 않았을 것이다.

온라인에서 선과 감정적 여력을 둘러싼 논쟁이 이루어질 때면 선을 긋는 건 비인간적인 일이라고 말하기 위해 극단적인 상황을 예로 드는 댓글들이 많이 달린다. 이를테면 자동차 사고로 아버지가 돌아가셨는데 "자, 누가 죽었다면 영업일 기준 5~7일 뒤에 다시 오라고 말해."와 같이 말도 안 되게 대꾸하라는 식이다. 선을 긋겠다고 마음먹을 때는 상식을 바탕으로 해야 한다는 사실을 잊어버리고선 말이다. 선이 전하는 메시지를 완전히 무효화시키려는 의도다.

선을 긋는 건 당신의 선택이므로 적절하다고 생각할 때만 그으면 된다. 트위터 댓글에 올라오는 잘못된 선의 예를 보면 내가 전해 들었던 어떤 상황이 항상 떠오른다. 한 친구의 어머니가 정말 갑작스럽고 충격적인 방식으로 세상을 떠났다. 내 친구는 가장 가까운 친구 세 명에게 장례식이 끝날 때까지 일을 함께하며 도와달라고 부탁했다. 세 친구 가운데 한 명은 감정적으로 불안정한 상황이었지만 친구를 위한 의무감과 거절하면 안 될 것 같다는 생각에 그렇게 하기로 했다. 장례식장에서 버티기 위해 그녀는 술을 정말 많이 마시고 줄담배를 피워댔다. 장례 예배 중에도 담배를 피웠고 술에 취해 장례식의 모든 게 얼마나 소름끼치고 이 자리가 얼마나 불편한지 큰 소리로 말했다. 결국 다른 친구 한 명이 그녀를 집에 데려다줘야 했고, 그 결과 어머니를 잃고 슬픔에 잠긴 친구는 세 명이 아닌 남은 한 명에게 기댈 수밖에 없었다. 물론 그 친구가 술에 취하지도, 담배를 피우지도, 큰 소리로 이야기하지도 말았어야 한다고 말하기는 쉬울 것이다. 하지만 처음부터 장례식에서 함께할 감정적 여력이 없다고 솔직하게 말했다면 전부 피할 수 있었을 일이다. 어머니를 잃고 슬픔에 빠진 친구를 포함해 모든 사람이 장례식장에서 일어났던 일보다는 그 편을 더 선호했을 게 분명하다.

사람들이 죽음과 관련된 극단적인 예를 들면 나는 항상 이 이야기를 들려준다. 사람은 누구에게나 한계가 있다. 자신이 얼마나 감당할 수 있는지 스스로에게 솔직해지는 편이 어쩌면 의무감에 어떤 일을 하다가 상처 입은 사람의 가슴에 상처를 더하는 것보다 낫다. 처음부터 거절하는 편이 상대에게, 또 자신에게 더 친절한 일일 수 있다.

핵심은 자신에게 도움이 안 되는 일이라면 아무것도 하지 않거나 아무 일에도 신경 쓰지 않는 냉정한 사람이 되지 않는 것이다. 선을 긋는 목적은 선택과 자유를 이루기 위해서다. 자유롭게 선택할 수 있다면 주변 사람을 돕는 쪽을 적극적으로 선택하는 경우가 많다는 사실을 깨닫게 될 것이다. 하지만 내가 다른 사람을 도울 능력이 되는지 살펴보는 일이 먼저다. 그리고 나의 희생을 바탕으로 하지 않을 때에만 남을 도와야 한다.

나답게 선 긋는 TIP

감정적으로 무거운 주제를 다룰 때는 조심하지 않으면 대화가 정말 순식간에 나쁜 쪽으로 흘러갈 수 있다. 의미를 부드럽게 전하는 표현을 의식적으로 사용하면 정말 강력한 의사소통의 수단이 될 수 있다. "…하는지 궁금했어."라거나 "혹시 …해줄 수 있어?"처럼 의미를 부드럽게 전달하는 표현을 덧붙이면 정말 도움이 된다. 방어적이지 않게 선을 긋고 원만한 결과를 얻고 싶을 때 나는 일부러 부드러운 표현을 사용한다. 휴대폰 메시지나 이메일처럼 글로 적어서 선을 전달할 때는 의도와 다르게 해석될 수 있기 때문이다. 또는 짧은 말로 선을 전하고 싶지만 짧은 표현이 불쾌히게 들리지 않도록 하고 싶을 때는 "나 화나지 않았어."라고 이야기할 때 거의 항상 이모티콘을 붙인다. 우습게 들리겠지만 "그땐 시간이 안 될 것 같아."라고 하는 것과 "그땐 시간이 안 될 것 같아T-T"는 매우 다르게 해석될 수 있다.

실천편: 친절하고 다정하게 건강한 선 긋기

선을 그을 때 어떤 표현을 써야 하는지 묻는 사람들이 많다. 사실 진짜 표현 어구가 궁금하다기보다 말할 '방법'을 묻는 경우가 대부분이다. 사람들은 보통 선에 대해 예의 바르게 말하는 법을 알고 싶어하는데, 이 경우 예의 바름에 집착하는 모습에서 여전히 답을 통제하려고 시도한다는 점을 알 수 있다. 아무리 예의 바르게 이야기해도 우리가 선을 그으려는 상대방은 여전히 좋지 않은 반응을 보일 것이다.

선을 그을 때는 마음에서 우러나는 이야기를 하는 게 가장 좋다. 생각하는 바를 말하고, 말하는 바를 생각하는 것이다. 더도 없고 덜도 없다. 솔직하게 말하면 예의 없는 사람이 될까 봐 걱정될 수 있지만 선은 친절하고 다정한 말로도 그을 수 있다. 나는 특히 직설적으로 말하는 편이라서 상대방이 덜 불쾌하도록 문장 끝에 이모티콘이나 하트를 하나 붙이기도 한다. 다음에 나오는 실천 팁은 여러분이 선을 그을 때 사용할 수 있는 표현의 예시들이다.

다음은 여러 상황에서 선을 그을 때 사용할 수 있는 표현들이다. 상대를 얼마나 사랑하는지 말할 때는 분위기가 밝아지도록 사랑하는 마음의 예를 들어라. 상대가 어떻게 의식하지 못한 채 선을 넘었는지 이야기할 때는 그 사람이 썼던 표현을 그대로 사용하라. 이건 뉘앙스의 문제. 각자 정한 선을 다른 사람에게 전할 때는 뉘앙스가 매우 중요하다.

· 상황: 아내가 자신이 앓고 있는 정신질환 이야기를 매일 제게 퍼붓 듯 쏟아냅니다. 어떻게 하면 증상이 점점 심해지는 것 같다고 친절하게 말할 수 있을까요?

· 예: 사랑하는 여보, 한 가지 이야기해도 될까? 당신이 정신 건강 문제로 고생하고 있다는 거 알고 나도 당신을 도와주고 싶어. 당신을 정말 사랑해. 그런데 우리 관계를 가장 건강하게 지키려면 나 자신도 돌봐야 해. 우리 둘 모두를 위해 당신이 정신 건강 문제를 이야기하고 싶을 때 나한테만 의지하려 하지 않는 게 중요해. 이야기하기 전에 내게 먼저 물어보거나 내 안부를 확인해주면 정말 도움이 될 것 같아. 그래야 내가 정신적으로 준비할 기회를 얻을 수 있어. 내가 당신에게 이야기를 털어놓기 전에 확인하듯 말이야. 그러면 우리 관계는 서로 지지하는 관계라고 느껴질 수 있을 거야.

· 상황: 여자친구와 제 어머니가 잘 지내지 못합니다. 자주 제게 와서 이 문제로 서로를 비난합니다. 정말 마음이 아픕니다.

· 예: (여자친구에게) 어머니가 한 말에 기분 상했다는 거 이해해. 하지만 네가 어머니와 직접 이야기하는 방법을 알았으면 해. 어머니와 네 관계

를 해결하는 건 내 책임이 아니고, 어머니에게도 이 점은 똑같이 말씀드릴 거야. 그리고 어머니 이야기를 할 때 존중을 담아줬으면 해. 어머니가 너에 대해 무례하게 이야기하는 것도 난 참지 않을 테니까 말이야.

(어머니에게) 제 여자친구를 마음에 들어하시지 않는다는 거 알아요. 하지만 제가 여자친구로 선택한 사람이라는 사실을 존중해주셨으면 해요. 어머니가 동의하지 않는 선택이라는 건 이해하지만 그렇다고 제 여자친구에게 무례하게 구셔도 되는 건 아니에요. 여자친구에게도 어머니에 대해 무례하게 이야기하지 못하게 할 거예요. 그러니 어머니도 제 여자친구에 대해 무례하게 말씀하시지 않았으면 좋겠어요.

- 상황: 친구들이 제 메시지에 답을 하지 않는 걸 보니 저한테 화가 났나 봐요. 제가 뭐라고 해야 할까요?
- 예: 안녕! 메시지에 답이 없는데 괜찮은 건지 궁금해. 우리 사이에 문제가 있다면 해결할 수 있도록 내게 말해줬으면 좋겠어. 보고 싶다.

- 상황: 친구들이 자기 마음대로 한 번씩 제 트라우마를 꺼내 이야기해서 그때마다 트라우마가 다시 떠올라 힘들어요. 친구들에게 그만하라고 어떻게 말해야 할까요? 친구들에게 그만하라고 어떻게 말해야 할까요?
- 예: 내 인생에서 그때는 정말 힘든 시기였어. 네가 경고도 없이 그때 이야기를 꺼내면 나는 방심하고 있다가 차라리 잊었으면 하는 기억이 다시 떠올라. 내 바람을 존중해서 다시는 그때 이야기를 꺼내지 않는다면 정말 고마울 거야.

- 상황: 상사가 자꾸만 정해진 마감 기한이 아닌 그 일주일 전에 결과물을 가져오라고 합니다. 미칠 것 같으면서 제가 일을 못한다는 생각이 들

어요. 그만하시라고 어떻게 말하면 좋을까요?

- 예: 안녕하세요! 팀장님께서 정해진 마감일보다 빨리 일 처리를 요구하시는 경향이 있단 걸 알았어요. 전 절대 마감일을 넘겨 결과물을 제출한 적이 없습니다. 말씀하신 마감 일자를 제가 지킬 거라고 믿어주시면 감사하겠습니다. 결과물을 확인하시기 위해 마감 일자를 더 당기고 싶으시다면 그것도 정말 괜찮습니다. 하지만 저희 모두 지킬 수 있는 날짜로 정해주시면 좋겠습니다. 그러면 제가 업무의 우선순위를 정해 급한 일부터 처리하는 데 정말 도움이 될 거예요. 감사합니다.

- 상황: 상사가 자주 소리를 지릅니다. 그만하시라고 어떻게 말해야 할까요?
- 예: 부탁드리건대 그런 식으로 말씀하지 말아주세요. 직장에서 소리를 지르는 건 적절하지 않다고 생각합니다.

- 상황: 친구가 항상 성형수술에 대해 이야기하는데 듣고 있으면 제 외모에 자꾸 불만이 생겨요. 그만 얘기하라고 해도 될까요, 아니면 제가 이기적인 걸까요?
- 예: 성형수술 이야기를 들으면 나에 대해 부정적인 생각이 들어. 우리 다른 이야기하자.

- 상황: 제 말을 절대 듣지 않는 친구가 있어요. 제가 이야기를 하면 더 좋은 이야기를 꺼내 무시해버려요. 답답해요. 하지만 먼저 문제 해결도 해보지 않고 친구 관계를 끝내고 싶지는 않아요. 어떻게 말하면 좋을까요?
- 예: 우리 우정을 유지하려면 내가 말할 때는 들어줬음 좋겠어. 내 말

이 끝나지 않았는데 대화의 중심을 다시 네 쪽으로 끌어가면 너와 이야기하는 게 어려워져.

- 상황: 예전에 제게 해로운 영향을 주었던 친구가 동네로 다시 이사를 왔습니다. 저와 같은 대학을 다니게 되어서 저와 다시 친구로 지내기를 원해요. 친구로 지내고 싶지 않다는 말을 어떻게 전하면 좋을까요?
- 예: 안녕! 네가 동네를 떠났을 때와 지금의 난 정말 달라졌어. 난 네가 떠났을 때 알던 사람과 같은 사람이 아니고, 지금 우리가 친구가 되는 게 서로에게 좋은 일인지 모르겠어. 하지만 앞으로 즐거운 시간 보내길 바랄게.

- 상황: 친구가 저를 친구 이상의 감정으로 좋아한대요. 우정에 영향을 주지 않으면서 고백을 거절하려면 어떻게 해야 할까요?
- 예: 안녕! 말해줘서 고마워. 정말 네 솔직한 마음에 감사하다고 생각해. 나는 친구로서 너를 소중히 여기고 우리 우정을 계속 지키고 싶어. 나는 우리 사이를 그 이상으로 보진 않아. 넌 내게 아주 소중한 사람이고, 네가 내게 고백하는 데 얼마나 용기를 냈을지 알아. 알려줘서 고마워.

- 상황: 여동생이 허락 없이 자꾸 제 사진과 동영상을 찍어서 온라인에 올려요. 제가 얼마나 못생겨 보이는지 농담하면서요. 정말 화가 나는데 어떻게 하면 그만두라고 할 수 있을까요?
- 예: 내 사진을 계속 찍는 거 난 괜찮지 않아. 네가 하는 농담 재밌지 않고 정말 상처가 돼. 그만하라고 부탁할게. 내 부탁에 귀기울여 주길 바라.

- 상황: 여자친구가 저보다 연봉이 높아요. 그녀가 고르는 식당은 보통

비싼 곳이라 저에게 경제적으로 상당히 부담이 됩니다. 이런 상황을 어떻게 바꿀 수 있을까요?

· 예: 나 외식하는 거 좋아해. 그런데 다른 레스토랑은 어떨까? 이 레스토랑은 내 예산을 벗어나는 곳이야. 난 돈에 대한 부담 없이 당신과의 시간을 즐길 수 있었으면 해.

· 상황: 제 상사는 소소한 것까지 감독하기를 좋아하고 업데이트를 달라며 끊임없이 업무 중에 끼어듭니다. 전 일에 집중하기가 어렵고, 상사의 닦달에 준비가 다 되지 않은 채 결과물을 냅니다. 어떻게 하면 그만하시라고 부탁할 수 있을까요?

· 예: 저희가 하는 일에 정말 관심을 쏟는다는 거 알고 있습니다. 저 또한 그렇다고 말씀드리고 싶어요. 업데이트를 원하실 때 주의가 흐트러져 제가 원하는 만큼 효율적으로 일하기가 어렵습니다. 제가 일을 마무리하자마자 업데이트해드려도 될까요? 그렇게 하면 일을 마친 뒤 보내드리기 전에 재검토할 수 있을 것 같습니다.

· 상황: 양아버지가 아이들이 있는 곳에서 담배를 피우십니다. 전 간접흡연이 걱정돼요. 밖에 나가서 피우시라고 말씀드리면 제 말을 듣지 않습니다. 어떻게 해야 할까요?

· 예: 집 안에서 담배 피우는 건 안 된다고 말씀드렸어요. 밖에 나가서 피우시지 않을 거라면 가능하면 저희 집에 오시지 않는 게 좋겠어요. 전 아이들을 보호하는 데 필요한 일이라면 뭐든지 할 거예요. 저희 집의 규칙을 존중해주세요.

THE
JOY OF
BEING
SELFISH

제5장

나보다 나를 더 행복하게
할 사람은 없다

이제 인생의 변화를 일으킬 도구를 다 갖추었으니 직접 변화를 만들어
야 할 때다. 노력하다 보면 우리가 알아차리기도 전에 인생의 변화가
나타나기도 한다. 처음에는 주변 사람들이 당신의 변화된 모습을 불편
해하지만 시간이 흘러 새로운 균형을 찾고 선이 있는 게 당연해지면
선을 긋는 게 가치 있는 일임을 알게 된다.

　내가 온라인에서 선을 그으라는 조언을 하기 시작한 이래로 매일 도
착하는 메시지를 통해 관계에 선을 긋는 일이 사람들의 인생에 얼마나
긍정적인 효과를 가져다주었는지 직접 확인해볼 수 있었다. 이제 삶이
단순해졌으며 자신이 원하는 바를 말하는 게 얼마나 해방감을 주는지
모른다는 이야기를 가장 많이 듣는다. 배우자와 감정 쓰레기를 둘러싼

선을 설정했다고 이야기하며 단 한 번의 대화로 관계가 정말 좋아졌는데 왜 진작 이야기하지 않았는지 모르겠다는 메시지도 받는다. 처음으로 친구에게 선을 그었는데 생각했던 것보다 훨씬 효과가 있었다는 메시지도 받았다. 사람들은 계속되던 문제에 마침내 목소리를 냈던 때를 이야기하고 분명하고 확실하게 자기 생각을 이야기하니 정말 자신감에 찬 느낌이 들었다고 전해주었다. 매번 메시지를 받을 때마다 나는 더욱더 선이 지닌 힘에 확신을 갖는다.

나를 사랑하는 데 남의 인정은 중요하지 않다

선을 긋기 시작한 뒤 내 인생이 얼마나 변했는지 설명하거나 수치적으로 나타내기는 어렵다. 다만 내 삶의 모든 영역에서 선을 설정하게 되었다는 말은 할 수 있다. 선을 더 잘 그을 수 있게 되었을 뿐 아니라 선을 훨씬 더 존중하게 되었다. 선을 긋는 것과 존중하는 것은 함께 이루어진다. 누군가 내게 선을 그으면 내 안에서 상대를 자랑스러워하는 마음이 작게 피어난다. 결과적으로 내게 불편함을 가져다주지만 누군가 자신을 돌보고 할 말을 하는 모습은 아름답기 때문이다.

　연애 관계에 있어서는 남자친구에게 받는 대우가 선을 긋기 전과는 비교할 수 없을 정도로 달라졌다. 가끔씩 과거의 삶을 돌아보면 지금의 나와 과거의 내가 같은 사람이라는 걸 믿을 수 없게 되는 순간이 있다. 연애와 관련해 내게 그런 순간이 찾아온 건 다섯 번 데이트 했던 남자와 그만 만나기로 했을 때였다. 전에는 상대에게 헤어지자고 하면 당연히 상처받는 말을 듣곤 했는데 이 남자가 헤어짐을 기꺼이 받아들일 뿐 아니라 솔직히 말해줘서 고맙다고 하는 걸 보고 내가 데이트하는 사람들의 품격이 달라졌다는 걸 알았다. '너무 좋은' 여자친구이던 시절은 이제 사라졌다.

친구 관계를 살펴보면 현재 내게 남은 친구들은 매우 특별한 사람들이다. 친구들의 '대이동'을 겪는 동안 성인이 되어 새로운 친구를 찾는 일은 불가능하다고 스스로를 설득했던 기억이 난다. 나는 사람들에게는 친구를 사귈 시간이 없고 시간이 있다 해도 옛 친구와 함께 보낼 뿐 새로운 친구를 사귀지는 않을 거라고 스스로에게 말했다. 얼마나 잘못된 생각을 하고 있었는지 모르겠다. 옛 친구를 잃는 가슴 아픈 시기를 지나 내게 진심으로 신경 써주는 사람들을 찾아서 난 정말 기쁘다. 대이동의 해로부터 약 1년이 지나 아빠가 암 진단을 받았고 인생에서 가장 힘든 시기가 시작되었다. 내가 그 시간을 버틸 수 있도록 도와준 사람들은 새 친구들이었다. 예전에 친구라 불렀던 사람들에 대해서는 이렇게 이야기할 수 없었을 것이다.

선을 그었기 때문에 예전의 친구를 전부 잃었지만 그 덕에 그 자리에 더 좋은 친구들을 얻게 되었다. 내 곁에는 나를 존중하는 사람들이 많다. 아주 오랫동안 사람들이 나를 좋아해주기만을 바랐던 과거의 나는 믿지 못했을 테지만 사람들의 사랑을 받는 것보다 존중을 받는 편이 훨씬 더 기분이 좋다. 내가 존중하는 사람들에게 존중받고 그들을 사랑하는 사람들이라고 부를 수 있다는 건 특별한 일이다. 지금 내 친구 관계는 매우 단순하다. 친구 모임에서 다른 사람을 험담하거나 뒷담화하는 행위를 없애고 나니 집단의 역학 관계가 쉬워졌다. 어렸을 때 바랐던 것처럼 친구들 사이에 자연스런 편안함과 신뢰가 있다.

난 이제 함께하기에 마땅한 친구들을 얻었고 내 곁에는 신뢰할 수 있는 사람들만 남았다. 물론 그렇다고 우정을 잃은 고통이 사라지지는 않겠지만 그 모든 일을 다시 겪어야 한다 해도 나는 똑같이 할 것이다. 지금 내 삶을 함께하는 사람들을 보면 우정을 잃는 고통도 전부 겪을 가치가 있는 일이었기 때문이다. 만일 친구가 정말 자신의 모습을 비추는 거울이라면 나는 기쁜 마음으로 친구 누구든 내 모습이라 자랑스럽게 말할 수 있고 나도 친구들의 모습이라 말할 수 있다. 하지만 몇 년 전에는 이렇게 말할 수 없었을 것이다.

일에 대한 부분을 이야기하자면 나는 요즘도 나를 '선 긋기의 여왕'으로 부르는 메시지를 매일 받는다. 나를 칭찬하는 말이고 영광스러운 일이지만 솔직히 나의 내면 아이에게는 충격적인 일이었다. 가장 간단한 선을 정하는 일에도 쩔쩔맸던 과거의 나는 내가 이런 모습이 되리라고 생각조차 하지 않았다. 선을 그어서 긍정적인 일만 생겼다면 아마도 태만해졌을 것이다. 나는 선을 긋기 전보다 훨씬 미움받았고 미움받는 일이 선을 긋는 여정의 일부라는 게 정말 싫었다. 하지만 선을 그으려면 미움을 받아야 했고 그건 선택의 문제가 아니었다. 그 때문에 힘겨워했던 때도 있었다. 그럼에도 계속 앞으로 나아갈 수 있었던 건 지금 겪는 이 시련은 선을 긋는 일이 그저 익숙하지 않아서 생기는 일이라는 사실을 알았기 때문이었다.

오랫동안 내 인생의 목표는 모든 사람으로부터 사랑받는 일이었다. 하지만 그건 불가능했고 해서는 안 되는 일이었다. 나는 자신을 잃었고 내가 누구인지 몰랐다. 내가 아는 나는 마음에 들지 않는 것 투성이였다. 그때는 모든 사람이 나를 좋아했지만 나는 내가 싫었다. 나는 지금 나의 삶의 방식이 훨씬 좋다. 전보다 나를 싫어하는 사람이 많아졌지만(특히 온라인상에서!) 있는 그대로의 나를 좋아할 수 있게 되어 인생이 훨씬 더 즐거워졌다. 자신의 모습으로 존재한다는 이유로 미움받지만 그럼에도 계속 자신의 모습이기를 선택할 때면 어떤 해방감이 느껴진다. 내가 나를 사랑하는 데 다른 사람의 인정을 받아야 할 필요는 없기 때문이다. 그리고 잠시 생각해보면 다른 사람의 미움을 받지 않으려면 선을 긋는 일을 포기하는 것뿐 아니라 자신감도 버려야 한다.

작고 사소한 행복을 지키는 나만의 선

이 책을 읽고 알게 된 것들을 실천했을 때 어느 날 문득 자신이 변했음을 깨닫게 되고 자신이 그은 선이 얼마나 튼튼한지 믿을 수 없게 될 것이다. 아니면 변화의 작은 순간들을 느끼고 서서히 성장하면서 소소한 깨달음을 얻을 수도 있다. 내가 기억하는 순간은 어느 날 저녁 한 친구가 내가 가고 싶지 않은 하우스 파티에 가자고 나를 설득하던 때다. 친구가 한 번 이야기해서 나는 싫다고 말했다. 친구가 두 번 권했을 때는 이미 거절했다고 말했고, 세 번째 권했을 때 나는 그냥 '선'이라고 말했다. 대화는 거기에서 끝났다. 우리는 둘 다 웃으며 대화를 마무리했다. 선을 그었다고 말하는 법을 배우는 데 그렇게 오랜 시간이 걸렸는데 이제는 거의 선을 그을 필요도 없다는 사실에 미소지을 수밖에 없었다. 이제는 '선'이라는 단어를 말하기만 해도 대화가 끝나버리니까 말이다. 이런 순간에는 과거의 내 모습을 떠올릴 수 없지만 나는 어린 시절의 내 모습도 자랑스럽다. 온갖 실수를 저질렀던 나, 정말 좋은 뜻으로 한 일 때문에 결과적으로 큰 상처를 입던 나였다. 선이 없었던 그 시절 그 사람이 지금의 내가 되었다. 어린 시절의 내가 없었다면 지금의 나도 존재하지 않을 것이다. 하지만 지금의 나를 그때의 나로 혼동하는 사람이 있다면 나는 선을 그을 것이다.

선을 긋는 여정을 시작할 때는 강력한 선이 있는 삶이 어떤 모습인지 그리기 어렵다. 스스로 그런 삶을 살기 전에는 완전한 그림을 보여줄 방법이 없다. 나는 지금 이 마지막 장을 쓰면서 친구와 함께 휴가를 보내는 중인데 작고 사소한 순간에 선을 잘 그었음을 보여준 사건들이 몇 번 있었다. 한 번은 친구와 패들보딩을 하기로 한 날에 벌어졌다. 해변으로 갔는데 도착하자마자 나는 마음이 바뀌어버렸다. 날씨가 너무 추웠기 때문이다. 나는 추워서 패들보딩을 하고 싶지 않다고 말했고 친구도 대답했다. "그래, 좀 춥다. 그치?" 친구도 바다에 들어가고 싶어하지 않았다. 하지만 그때 이런 생각이 들었다. 내가 패들보딩을 하기 싫다는 생각을 말하지 않았으면 어땠을까? 둘 다 사실은 하고 싶지 않은데 서로를 재밌게 해주려고 결국 패들보딩을 하지 않았을까? 어리석은 소리처럼 들리지만 이런 일이 항상 일어난다. 선은 사소한 순간 속에 있다. 친구는 해변의 반대편을 구경하러 갔다. 나는 가고 싶지 않았기 때문에 친구는 혼자 갔다.

선은 우리가 분리되어 있는 사람이라는 사실을 일깨워준다. 나는 친구를 실망시킬까 걱정하지 않고 친구는 즐거운 시간을 보내는 데 내가 필요하지 않다. 점심을 먹으러 가려는데 친구는 별로 배고프지 않다고 해서 나는 혼자 갔다. 선이 없는 삶을 살았다면 나는 말을 꺼내기가 어려워 조용히 배고파하며 있었거나 내 욕구는 중요하지 않다는 생각에 친구는 그렇지 않은데 혼자 배고픔을 크게 느낀 나를 부끄러워했을 것이다.

선이 사소한 순간에 있음을 보여주는 또 다른 예는 친구가 하이킹을 가고 싶어했을 때였다. 그때 나는 여전히 코로나에 걸렸던 몸을 회복하는 중이었다. 코로나 때문에 체력이 떨어졌고 그 말은 친구와 나의 걷는 속도가 완전히 다르다는 뜻이었다. 친구는 내가 걷는 속도에 맞추어 걸었고 어떤 식으로든 불평하거나 투덜거리거나 한숨 쉬지 않았다. 친구가 그럴 사람이라는 뜻이 아니라 우리가 선을 미리 정해두었다는 뜻이다. 이제 나는 더 이상 선을 침범당할 때까지 그냥 두지 않는다.

끝까지 자신을 사랑하고 안아주기

지난 5년의 여정을 지나는 동안 선이 한 번도 무너지지 않았던 것은 아니다. 대신 나는 선이 무너졌다는 걸 빨리 알아챌 수 있게 됐다. 더는 자신을 합리화하지 않고 전에는 하지 못했던 방법으로 선을 그을 수 있다는 자신감이 생겼다. 선을 강하게 그을 때마다 말도 안 되는 일은 참지 않게 되었고 무례한 일에 대한 참을성도 적어졌다.

물론 지금도 때때로 실수를 저지른다. 때로 너무 지나치게 말할 때도 있고 순간적으로 할 말을 머뭇거리기도 한다. 그게 인간이다. 오랫동안 아주 깊이 밴 행동이 있으면 우리는 과거의 패턴으로 돌아가기 쉽다. 하지만 감사하게도 선을 긋는 데는 시간 제한이 없다. 내가 자신을 용서하는 한 잘못을 눈치채면 바로 고칠 수 있다는 뜻이다. 선을 긋는 행위의 뿌리에는 자기애가 있다는 사실을 떠올리자. 나를 보호하기 위해 만든 도구로 자신을 상처 입힌다면 아무런 소용이 없다는 걸 기억하자. 시간이 흐르면 어떤 어려운 대화라도 헤쳐나갈 수 있는 소통의 기술이 생긴다. 그리고 그런 자신감이 생기고 나면 자신을 신뢰할 수 있게 된다.

지금 아는 것을 알지 못했던 어린 시절의 자신을 친절히 대하자. 인생의 어느 시점에서는 선이 없는 생활에도 목적이 있었다. 무엇보다 먼저 다른 사람을 돌봤던 건 자신을 보호하기 위한 방법이었고 그런 습관과 행동을 버리기까지는 시간이 걸린다. 자신을 친절히 대하고 실수를 허용하라. 실수를 용서하고 실수로부터 교훈을 얻어라.

당신은 지금 신나는 새로운 여정을 막 시작하려는 출발점에 서 있다. 곧 만나게 될 새로운 자신의 모습을 기대하라. 새로운 자신에게도 깃털이 헝클어지는 일이 있겠지만 그래도 괜찮다. 당신이 그은 선이 불편하다고 불평하는 사람을 만날 때마다 '내가 옳은 길로 가고 있구나!' 하고 생각하라. 그리고 누군가가 당신에게 이기적이라고 한다면 이제 그 말에 흔쾌히 "그렇다."고 답하라. 결국 이기적으로 구는 것만큼 나를 사랑하는 일도 없으니 말이다!